复旦卓越·21世纪管理学系列

工作分析：
基本原理、方法与实践

（第二版）

潘泰萍　主编

JOB ANALYSIS

复旦大学出版社

内 容 提 要

本书是一本系统介绍人力资源管理的基础工具——工作分析的教材。全书包括工作分析概述、工作分析的方法、工作分析的流程、工作分析的结果、工作设计、工作评价、工作岗位分类和工作分析系统评估8章。

本书通过对工作分析概念、方法、流程和应用的全面介绍，以及对以工作为导向和以人员为导向的多种工作分析系统的详细分析，帮助读者形成对工作分析全面而系统的认识，进而指导在具体的人力资源管理实践中对工作分析的应用。全书语言通俗易懂，每章均有学习要点、导读案例、图表示例、学习资料、讨论案例和复习练习题，是一本理论与实践紧密结合的教材。

本书适合普通高等院校人力资源管理、劳动经济、社会保障专业及相关经济管理专业师生作为教材使用，也可作为企业人力资源主管的参考书。

前　言

随着经济全球化的发展,人力资源管理的重要性已经被越来越多的企业所认同。一个企业要有效地进行人力资源管理,一个重要的前提就是要了解各种工作的特点以及能胜任各种工作的人员的特点,这就是工作分析的主要内容。工作分析就是确定完成各项工作所需技能、责任和知识的系统过程。工作分析是一种重要的人力资源管理技术,是人力资源管理体系建设的基础。本教材希望通过对工作分析概念、方法、内容、流程和应用的全面介绍,帮助学生形成一个对工作分析全面而系统的认识和把握。

本教材的内容和编写体例主要有以下三个特点:

第一,坚持工作分析相关知识的应用性。在对工作分析理论进行梳理的基础上,重点阐述工作分析的各种技术与操作方法,期望能够指导读者在具体实践中对工作分析进行专业的应用,以达到理论与实践的结合与统一。

第二,尽量保证工作分析相关内容的翔实和完整。本书包括工作分析概述、工作分析的方法、工作分析的流程、工作分析的结果、工作设计、工作评价、工作岗位分类、工作分析系统评估八章内容,从理论和实践的角度对工作分析进行全面系统的阐述。

第三,体例结构新颖独特,方便学生使用。本书各章都设有学习重点、导读案例、关键概念、学习资料、课后讨论案例和复习思考题,形式活泼、内容丰富,便于学生学习和理解。

本教材的框架结构、大纲等经由主编策划,由编写组全体成员讨论确定。参加编写的成员及分工如下：第一、二章由潘泰萍（博士，中国劳动关系学院劳动关系系教授）撰写；第三、四章由郭宇强（博士，中国劳动关系学院劳动关系系副教授）撰写；第五、六章由张艳华（博士，中国劳动关系学院劳动关系系副教授）撰写；第七、八章由初浩楠（博士，中国劳动关系学院劳动关系系讲师）撰写。

  全书由主编潘泰萍统稿，郭宇强、张艳华和初浩楠三位老师在百忙之中参与本书的编写并提出了许多建设性的意见和建议，复旦大学出版社的宋朝阳编辑对本书的出版给予了大力支持。在此，谨向他们表示最真挚的感谢。

  此次是根据多年来热心读者使用后的建议和当前工作分析领域理论与实践的最新前沿进行修订的，主要工作在征求所有编写人员的基础上由主编潘泰萍完成。在写作过程中，作者阅读、参考、吸收、引用了大量国内外学者、同仁的研究成果和文献。正是他们的思想启迪了我们的灵感，正是他们的成果铺就了我们的成书之路。对于这些研究成果的作者，我们表示最衷心的感谢，并致以敬意！由于能力和水平所限，书中难免存在一些缺点和不当之处，恳请专家、读者批评指正。

潘泰萍

2018年6月于北京中新佳园

目 录

- 第一章 **工作分析概述** …………………………………………… 001
  - 本章要点 …………………………………………………… 001
  - 导读案例：工作分析是企业人力资源管理的基础 …………… 001
  - 第一节　工作分析的基本含义 ……………………………… 002
  - 第二节　工作分析的作用和地位 …………………………… 010
  - 第三节　工作分析的产生与发展 …………………………… 013
  - 讨论案例：洒在地上的液体谁来扫 ………………………… 023
  - 本章复习题 ………………………………………………… 024

- 第二章 **工作分析的方法** ………………………………………… 025
  - 本章要点 …………………………………………………… 025
  - 导读案例：不同工作分析方法的选择 ……………………… 025
  - 第一节　通用的工作分析方法 ……………………………… 026
  - 第二节　以人为基础的系统性职位分析方法 ……………… 046
  - 第三节　以工作为基础的系统性方法 ……………………… 060
  - 第四节　传统工业企业职位分析方法 ……………………… 074
  - 讨论案例：新任人力资源部经理决心进行工作分析 ………… 079
  - 本章复习题 ………………………………………………… 079

- 第三章 **工作分析的流程** ………………………………………… 080
  - 本章要点 …………………………………………………… 080
  - 导读案例：A公司怎样实施工作分析 ……………………… 080
  - 第一节　工作分析的准备阶段 ……………………………… 081

第二节　工作分析的实施阶段 …………………………………………… 093
第三节　工作分析的结果形成阶段 ……………………………………… 095
第四节　工作分析的应用反馈阶段 ……………………………………… 097
讨论案例：按照正确的流程进行工作分析 ………………………………… 099
本章复习题 ……………………………………………………………………… 099

第四章　工作分析的结果 ……………………………………………… 100
本章要点 ………………………………………………………………………… 100
导读案例：陈旧的岗位说明书 ………………………………………………… 100
第一节　工作说明书的编制 ……………………………………………… 100
第二节　工作说明书的管理 ……………………………………………… 114
讨论案例：某公司招聘专员的工作说明书 ………………………………… 119
本章复习题 ……………………………………………………………………… 119

第五章　工作设计 ………………………………………………………… 120
本章要点 ………………………………………………………………………… 120
导读案例：工作丰富化的效果 ………………………………………………… 120
第一节　工作设计概述 …………………………………………………… 121
第二节　工作设计的原则、方法及程序 ………………………………… 127
第三节　工作再设计 ……………………………………………………… 133
讨论案例：增加工作自主性 …………………………………………………… 147
本章复习题 ……………………………………………………………………… 148

第六章　工作评价 ………………………………………………………… 149
本章要点 ………………………………………………………………………… 149
导读案例：哪个职位更重要 …………………………………………………… 149
第一节　工作评价概述 …………………………………………………… 151
第二节　工作评价指标 …………………………………………………… 156
第三节　工作评价的操作方法 …………………………………………… 164
讨论案例：A公司的职位评价 ………………………………………………… 182
本章复习题 ……………………………………………………………………… 183

第七章　工作岗位分类 ·············· 184

本章要点 ·············· 184

导读案例：员工岗位分类管理应切合实际 ·············· 184

第一节　工作岗位分类概述 ·············· 185

第二节　工作岗位横向分类 ·············· 193

第三节　工作岗位纵向分类 ·············· 211

讨论案例：岗位之间的争执 ·············· 219

本章复习题 ·············· 219

第八章　工作分析系统评估 ·············· 220

本章要点 ·············· 220

导读案例：职位分析真的是"雾里看花，水中望月"吗 ·············· 220

第一节　工作分析系统评估概述 ·············· 222

第二节　工作分析系统评估的标准和方法 ·············· 226

第三节　工作分析中存在的主要问题 ·············· 234

讨论案例：HI信息服务公司的工作分析 ·············· 237

本章复习题 ·············· 239

参考文献 ·············· 240

第一章　工作分析概述

【本章要点】
通过对本章内容的学习，你应了解和掌握如下问题：
- 工作分析的含义
- 与工作分析相关的术语及其含义
- 工作分析的作用
- 工作分析的未来发展趋势

导读案例

工作分析是企业人力资源管理的基础

A公司是我国中部省份的一家房地产开发公司。三年前，公司现任总经理看准当地房地产行业的广阔商机和发展前景，多方融资组建了这家公司。近年来，随着当地经济的迅速增长，房产需求强劲，公司飞速发展，规模持续扩大，逐步发展为一家中型房地产开发公司。随着公司的发展和壮大，员工人数大量增加，组织和人力资源管理问题逐步凸显出来。

1. 组织上的问题

公司现有的组织机构是基于创业时的公司规划、随着业务扩张的需要逐渐扩充而形成的。在运行过程中，组织与业务上的矛盾逐步凸显出来，部门之间、职位之间的职责与权限缺乏明确界定，扯皮推诿的现象不断发生：有的部门抱怨事情太多，人手不够，任务不能按时、按质、按量完成；有的部门又觉得人员冗杂，人浮于事，效率低下。这些状况严重制约了公司的业务发展，并在客户中造成了不良印象。

2. 招聘中的问题

公司人员招聘时，由各部门提出人员需求和任职条件，作为选录的标准，然后交由人力资源部组织招聘和面试。但是用人部门给出的招聘标准往往笼统含糊，招聘主管无法准确地理解，使得招来的人不尽如人意，许多岗位不能做到人事匹配，员工的能力不能得以充分发挥，严重挫伤了士气，影响了工作效率。

> 3. 晋升中的问题
>
> 公司员工的晋升以前由总经理直接决定，现在公司规模大了，总经理几乎没有时间与基层员工和部门主管打交道，基层员工和部门主管的晋升只能根据部门经理的意见做出。而在晋升中，上级和下属之间的私人感情成为决定性的因素，有才干的人往往不能获得提升，致使许多优秀的员工因为看不到前途而另谋高就。
>
> 4. 激励机制的问题
>
> 公司缺乏科学的绩效考核和薪酬制度，考核中的主观性和随意性严重，员工的报酬不能体现其价值与能力，人力资源部经常听到员工对薪酬的抱怨和不满，这也是人才流失的重要原因。
>
> 面对这样严峻的形势，人力资源部开始着手进行人力资源管理的变革，人力资源部的王经理为此参加了人力资源管理的培训班。在培训班上，王经理了解到工作分析是企业人力资源管理的基础，自己公司的许多问题似乎与此相关。因此，他在与总经理商议之后，决定以工作分析作为变革的切入点，于是，人力资源部以雄心勃勃的王经理为首，加上几个主管，成立了一个工作分析筹备小组，全权负责工作分析项目的开展。

第一节　工作分析的基本含义

一、工作分析及其相关术语

1. 工作

有很多关于工作（Job）的定义。最狭义工作的定义，是指在一段时间内为达到某一目的的活动，即任务（Task）；在另外的用途中，例如在工作描述中，工作是个人从事的一系列专门任务的总和。在最广义的定义中，工作是指个人在组织里面全部角色的总和，包括其职业发展通道。在此，我们往往以广义的工作作为基本命题的出发点。

从组织的角度看，工作的含义如下。

（1）工作是组织最基本的活动单元。一座大厦是由一砖一瓦砌成，一个组织也是由一个一个工作构成。工作是组织最基本、也是最小的结构单元，它是组织中最小的相对独立体（当然，组织中最小单元受组织的技术结构、分工结构和管理结构的影响）。每一个工作，从本质上讲是不同的，它们具有支撑组织有效达到目标的不同的功能。

（2）工作是相对独立的责—权统一体。工作不仅仅是一系统相互联系的任务组合，同时它也是一个相对独立的责任与权利的集合体。责任和权利来自组织的授予，而这种授予是为顺利履行工作所必需的。因此,工作是任务、责任和权利的统一体。完成任务是履行组织所授予的职责,而权利是履行职责的组织保障。

(3) 工作是同类岗位(职位)的总称。严格地讲,工作相当于职务,岗位相当于职位。但是,在我国工作与岗位、职务与职位往往纠缠在一起分不清楚。工作(或职务)是同种岗位(或职位)的总称。或者举例说,企业有五个打字员,即打字员是一个工作,提供了五个打字的岗位。工作是组织中分解出来的,是理性设计的结果。一般来说,工作的设计是逻辑分组和同类性分组的产物,因此,在组织中没有相同的工作。但是,工作存在类似的状态。如果一个组织结构复杂而且庞大,分工的细化程度就高,工作的类似性程度也就高;然而,在一个小型(或者组织边界不清晰)的组织中,工作的类似性程度就低。有时,为了便于管理,我们常把相似性工作作为一个族来进行管理。

(4) 工作是部门、业务组成和组织划分的信息基础。组织的划分与部门业务的分割,往往是以工作的信息为基础的。严格地说,工作是从组织中分解出来的,但是它一旦分解出来便成为组织管理的基础。部门的职责是由具体的工作支持的,业务的划分也是以流程的逻辑相关性或活动的同类性为基础的。所以,工作分析所提取的信息,不仅是管理工作的重要基础,也是管理组织的重要基础。

(5) 工作是人进入组织的中介。由于工业化的发展,人们脱离了生产资料,因而导致人不再具有与生俱来的就业权利。人是通过工作的中介进入组织的。这就是我们经常说的:为事求人而不是因人设事。在传统产业,人进入组织是为履行工作职责的,因此对进入组织中的人是有要求的。这些要求(即能力与经验)是履行工作职责所必需的。当然,这种工业化的思考就是标准化,以其不变的工作来管理变化的人(具有市场化、流动的人)。

(6) 工作与组织的相互支持。组织目标是工作分解的基础,工作是构成组织的最小单元。当组织发生变革的时候,工作的分配也将发生改变;同时,随着工作过程的改变、工艺流程的改变、工作熟练程度的提升等,工作的内涵和外延都会发生变化,而这种变化最终导致组织分工方式和管理方式的改变。

2. 工作分析

工作分析是工作信息提取的情报手段,通过工作分析提供有关工作的全面信息,以便对组织进行有效的管理。

从组织角度来说,工作分析是为一系列组织和管理职能提供信息基础的一个工具。工作是组织中的最小单元,它是将员工联系在组织中的纽带。工作分析应该是一个在组织中持续进行的组织行为,以分析、综合并传播与组织设计、人力资源管理以及其他管理工作相关的工作信息,维系和发展组织系统。这里应当注意的是,工作分析是维持和发展组织的管理活动,从这个意义上看,工作分析具有战略管理的价值。

从人力资源管理的角度来说,工作分析为组织的人员甄选、员工培训与开发、薪酬设计、劳工关系、工作设计等一系列基础职能活动提供支持。工作分析识别出哪些能力要求对于员工成功完成工作任务是有价值的,还能识别出激励员工的报酬因素,并满足重要员工的需求。

学习资料 1-1

关于工作分析的定义,在近一个世纪时间内国外学者随着其发展给出了许多不同的解释。蒂芬和麦考密克(Tiffin & McCormick)在 1965 年提出,工作分析"从广义上说,是针对某种目的,通过某种手段来收集和分析与工作相关的各种信息的过程"。1980 年,高勒佩德和艾奇逊(Ghorpade & Atchison)指出:"工作分析是组织的一项管理活动,它旨在通过收集、分析、综合整理有关工作方面的信息,为组织计划、组织设计、人力资源管理和其他管理职能提供基础性服务。"另外一个比较通用的工作分析定义是从工作分析具体目的的角度提出的,"工作分析就是与此相关的一道程序,通过这一程序,我们可以确定某一工作的任务和性质是什么,以及哪些类型的人(从技能和经验的角度)适合被雇用从事这一工作"(Gary Dessler,1996)。

国内学者对于工作分析也给出了定义,如"工作分析实质上是全面了解工作并提取有关工作全面信息的基础性管理活动"(付亚和、孙健敏,1995);"工作分析也叫职务分析(Job Analysis),是指采用科学的方法或技术全面了解一项工作或提取关于一项工作的全面信息的活动";"所谓工作分析,即分析者采用科学的手段与技术,对每个同类岗位工作的结构因素及其相互关系进行分解、比较与综合,确定该岗位的工作要素特点、性质与要求的过程"(萧鸣政,2006)。

本书将"工作分析"定义为:工作分析就是采用一定的技术方法,对目标工作的性质、特点等进行综合分析,从而为企业管理尤其是人力资源管理提供基础信息,涉及工作的任务与职责、工作环境以及工作者的任职资格等方面。

3. 与工作相关的概念

在工作分析活动中,除了基本概念"工作""工作分析"之外,还涉及"任务""职责""职位"等若干术语。下面就对这些相关术语进行详细介绍。

(1)工作要素(Job Elements):是指工作中不能再继续分解的最小活动单位。工作要素是形成职责的信息来源和分析基础,并不直接体现于职位说明书之中。例如,接听电话。

(2)任务(Task):是指为了达成某种目的而进行的一系列工作要素,是职位分析的基本单位,并且常常是对工作职责的进一步分解。例如:回答客户的电话咨询。

(3)职位(Position):是指承担一系列工作职责的某一任职者所对应的组织位置,它是组织的基本构成单位,职位与任职者是一一对应的。如果存在职位空缺,那么职位数量将多于任职者人数。例如,销售部副经理。职位与岗位是两个内涵非常接近的词语,均表示组织中适合一个人履职的位置。

学习资料1-2: 岗位与职位的区别是什么?

人力资源管理经常讲到的岗位与职位在实际意义上相比较,没有太大的区别。主要区别有两点:

➢ 职位适用于一些知识密集型企业或管理方面的岗位,岗位适用于劳动密集型企业或劳动密集型岗位。例如,工人就不称职位,而称岗位。

➢ 岗位的含义更广泛。无论高层人员还是低层人员,都可称为岗位;职位只适合用于高层人员。

(4) 职务(Job):是指组织中承担相同或相似职责或工作内容的若干职位的总和。例如,开发工程师是一种职务,秘书也是一种职务。在企业中,一种职务可以有一个职位,也可以有多个职位。例如,企业中的法律顾问这种职务,可能只有一个职位;软件开发工程师可能有两个或两个以上的职位。职务是人与工作结合的一种方式,侧重于人的工作,而非工作中的人。

(5) 职业(Occupation):是由在一定的时间内不同组织中的相似职务所组成的,如会计、工程师、采购员等。职务和职业的区别主要在于范围不同。职务这个概念比较窄,一般是针对组织内部而言的;职业则可以跨组织,是针对整个行业而言的。

(6) 职系(Series):是指由工作性质和特征相同或充分相似,而责任轻重和繁简难易程度却不同的一些岗位所构成的系列或群体。职系是最基本的岗位业务分类,一个职系相当于一种专门职业。

(7) 职级(class):职级是岗位分级中最重要的概念。职级指同一职系中工作性质、繁简难易程度、责任轻重程度以及所需资格高低程度相同或充分相似的岗位。例如,中学教师是一个职系,而其中的一级教师、二级教师等则是按照上述因素进行分类的,它们分别是这一职系中的两个职级。在同一职系中划分不同的职级,对管理工作有着非常重要的意义,它能划分出不同岗位在工作要求上的差异,使从事相同业务但能力不同的员工具有适合的工作岗位,从而更好地发挥自己的能力。

(8) 职等(Grade):工作性质不同,但工作内容繁简难易程度、责任大小以及所需资格条件等因素充分相同的职级归纳为同一职等。例如,大学讲师与研究所的助理研究员以及工厂的工程师均属于同一职等。

学习资料1-3: 职等与职级的区别是什么?

职级是同一职系内不同岗位之间的等级划分;职等不是同一职系内不同岗位之间的等级划分,而是不同职系之间的相似岗位等级的比较和平衡。例如,中学教师

> 职系中的二级教师与机械操作职系中的五级车工进行比较,虽然他们的工作业务与工作性质存在很大差别,但撇开不同岗位之间的业务差别,如果他们在工作水平上存在相似性,就可将其划为同一职等。

(9) 职位簇(Family):是指根据工作内容、任职资格或者对组织的贡献的相似性而划分为同一组的职位。职位簇的划分常常建立在职位分类的基础上。例如,管理职位簇、研发职位簇、生产职位簇、营销职位簇。

三、工作分析关注的方面

1. 工作分析的维度

E.J.麦考密克在1976年提出了几个区分不同类别工作分析的维度:描述工作的语言或要素、工作信息提取和获得的形式、工作信息的来源、收集数据的方法。其中,在工作分析的描述语言或要素这个维度上,最普遍的区分是工作(任务)导向性的工作分析系统和人员(工作者)导向性的工作分析系统。尽管各种工作分析系统都会或多或少地涉及工作内容和工作人员两个方面的特征,但是根据各自侧重点都可以纳入以上两类工作分析系统。

(1) 工作导向性工作分析系统和人员导向性工作分析系统的区别。

工作分析的最基本单位是工作,因此许多工作分析系统将研究的重点直接指向工作的任务、职责和其他物质方面的特征。但是,对某一类工作的研究并不一定是从研究工作本身开始的,有可能是通过研究任职者的能力、技术和其他特征来了解工作的要求,一些工作分析系统就是这种导向的。麦考密克指出,一般来说,工作导向性工作分析系统侧重于分析提供产品和服务所需要的任务和行为,而人员导向性工作分析系统则强调成功完成工作任务和行为所需的个体工作者的知识、经验、技能、能力、天赋和性格特征等。在工作分析的文献资料中,工作导向性工作分析系统比较常见,而人员导向性工作分析系统则作为另一个分支在不断发展。

(2) 工作导向性工作分析系统和人员导向性工作分析系统的选择。

工作导向性工作分析系统与人员导向性工作分析系统在本质上是不同的。其选用首先取决于工作的结构性。当组织内的工作是高结构性的时候,采用工作导向性分析系统往往是有效的;而当工作的结构性低的时候,人员导向性工作分析系统就具有优势。其次,工作分析系统的选择与产业的类型相关。传统产业的分工是非常细化的,标准化和程序化程度高,组织机构庞大而复杂,其产品和生产工艺相对固定,对外部环境的变化不敏感,因此,采用工作导向性分析系统。对于知识性产业,要求对外部环境的变化快速适应,工作的内容和方法始终处于变化之中。由于知识性产业的这种特征,我们无法清楚界定始终处于变化中的工作特征,因此多采用人员导向性的工作分析系统。

再次,工作的结果和过程特征也影响工作分析技术的选择。当一个组织输出的结果是大量的和一致性的时候,输入向输出的转化一定是标准化的,可以采用工作导向的工作分析系统。当一个组织输出的结果是充分个性化的时候,输入向输出的转化就是多样化的,致使这种转化更多地依靠工作执行人员的智慧和努力,采取人员导向性的工作分析系统几乎是唯一的选择。最后,工作分析系统的选择取决于企业价值观中对人的假设;当我们把人视为被动的时候,为了便于监督和控制,组织采取了规范化的管理方式,因此往往适合采取工作导向的工作分析系统;当我们假设人是主动性的时候(特别当工作结果的评估困难的时候),只要人是有能力而且又是愿意承担责任的时候,工作的结果就是可靠的,此时,人员导向性的工作分析系统是有效的。此外,工作关系的相关性用制度、流程来协调还是用人来协调效果好,工作的创造性价值高还是工作的服从性价值高等,都对工作分析系统的选择有重大影响。特别需要指出的是,当我们对某类特定人员进行研究的时候(例如销售人员、交通警察、税务人员、会计等),采取人员导向性的工作分析系统是首选。

2. 工作分析的信息来源

工作分析相关信息的来源可分为以下三种类型。

(1) 职位分类资料:包括职位描述、职业数据,以及其他的政府与行业的公开资料。如美国劳工组织发布的数版职位分类大典(*The Dictionary of Occupational Titles*,DOT)是最为著名的通用工作数据来源。

(2) 公司文件:企业规章和制度、已有的工作描述、工作合同,以及其他的书面材料。

(3) 人员信息:目标岗位的直接上级、同事、客户,以及在组织中相关的其他人员都是工作分析信息的重要来源。

> 信息来源的渠道非常多,在选取信息来源的时候,其原则是信息的客观性和可靠性。也就是说,信息的提取不能选自于利益的直接相关者,否则不可靠。例如,我们不能向具体的工作执行人员提取劳动负荷方面的信息,因为他们有夸大自己劳动负荷的动机。就像我们不能向销售人员询问什么是顾客满意度一样。我们不否认他们提供信息具有客观性和真实性,但是他们出自对自身利益的考虑,有保护自己利益而歪曲信息的动机存在。

3. 信息收集的内容

在进行工作分析时,美国劳工部规定收集如下信息:工作内容、工作的职责、有关工作的知识、精神方面的技能、经验、适应年龄、所需的教育程度、技能的培养要求、学徒(见习)要求、与其他工作的关系、作业身体姿态、作业环境、作业对身体的影响、劳动强度、特殊心理品质要求等。

工作分析所要回答的问题可以归纳为 6W1H：6W，即做什么（What）、为什么做（Why）、谁来做（Who）、何时做（When）、在哪里做（Where）、为谁做（for Whom）；1H 即如何做（How）。

（1）做什么（What）？

所从事的工作活动，主要包括：

- 任职者所要完成的工作活动。
- 任职者的工作活动结果或产出。
- 任职者的工作活动标准。

（2）为什么做（Why）？

任职者的工作目的，也是该项工作在整个组织中的作用，主要包括：

- 工作的目的。
- 工作在组织中与其他工作之间的联系与互相影响的关系。

（3）谁来做（Who）？

对从事该项工作人员的必备要求，主要包括：

- 身体素质要求。
- 知识技能要求。
- 教育与培训要求。
- 经验要求。
- 个性特征要求。

（4）何时做（When）？

该项工作活动进行的时间安排，主要包括：

- 工作时间安排是否有固定时间表。
- 工作活动的开展频度区分，如每日进行的活动、每周进行的活动，以及每月进行的活动等。

（5）在哪里做（Where）？

工作进行的环境，主要包括：

- 工作的自然环境。
- 工作的社会和心理环境。

（6）为谁做（for Whom）？

在工作中与其他岗位发生的关系及相互的影响，主要包括：

- 工作的请示汇报对象。
- 工作的信息提供对象或工作结果提交对象。
- 工作监控与指挥对象。

（7）如何做（How）？

任职者如何进行工作活动以获得预期的工作结果，主要包括：

- 工作活动程序与流程。
- 工作活动涉及的工具与机器设备。
- 工作活动涉及的文件记录。
- 工作中的关键控制点。

4. 工作分析结果的应用

在 20 世纪初，工作分析进入了管理实践。在最初，工作分析被广泛认为是进行时间与运动分析的一个辅助工具，但随着管理实践的发展，工作分析结果的运用也被广泛扩展了。工作结果数据在现代企业中的应用可归纳如下。

（1）工作描述。

完整的工作描述应该包括工作识别信息、工作概要、工作职责与责任，以及任职资格标准信息。

（2）职位分类。

职位分类是一个根据各种职务的工作内容性质或要求的能力共通性将不同的工作归纳到相应的类别中去的过程。

（3）工作评价。

工作评价是一个根据职位在组织中的相对价值和在相关的劳动力市场上的价值来确定岗位等级的过程。

（4）工作设计与再造。

工作设计与再造是为了有效达到组织目标、提高工作绩效，对工作内容、工作职责、工作关系等有关方面进行的设计和变革。

（5）任职资格确认。

任职资格是对从事具体某种岗位的从业人员与达到绩效标准相关的在知识、技能、态度、行为、价值观等方面的要求。任职资格被认为是达到绩效标准的最低要求，或者是最低可接受标准。

（6）绩效评价。

工作分析可以帮助我们确定一项工作的具体内容，根据这些内容可以制定出符合组织要求的绩效标准，从而根据这些标准对员工工作的有效性进行客观的评价和考核。

（7）员工培训。

工作分析信息可以帮助我们判断从业人员是否符合工作的要求，员工目前的能力与工作要求的差距，决定是否可以通过培训干预来提高工作绩效。进行培训需求分析，确定培训方针、培训内容和培训方式，决定受训人员，评价培训效果等。

（8）员工调动与安置。

工作分析有助于我们根据组织与个人情况判断一个人是否适合一项工作，在不需要培训的情况下，可以为员工提供不同的工作机会，提高人与工作的适应性，使每一个员工在既能胜任，又符合自己特点的工作中发挥作用。

(9) 招聘与录用。

工作分析有助于制定出符合工作要求的人员录用衡量标准,客观、公正地评价求职人员,从而使甄选录用工作科学化、正规化,避免经验主义,减少录用中的盲目性。

(10) 劳动安全。

通过工作分析可以全面了解不同工作的危险程度,从而采取有效的安全保护措施。同时,一旦发生事故,也可以根据工作分析的信息,科学地分析和判断事故的原因,为事故的处理提供有效的依据。

(11) 人力资源规划。

组织需要确认是否有合适数量的员工在合适的时间、合适的位置上,为组织和客户产生最大的效益。同时,要保证人力资源的储备能够满足组织不断成长的要求。

第二节　工作分析的作用和地位

一、工作分析在战略与组织管理中的作用

现代企业的人力资源管理的发展,从整体上看主要表现出两个方面的趋势:一方面是强调人力资源管理的战略导向;另一方面是强调人力资源管理各功能模块的系统组合。工作分析则在上述两个趋势中都扮演着关键性的角色。对于前者,工作分析是从战略、组织、流程向人力资源管理职能过渡的桥梁;对于后者,工作分析是对人力资源管理系统内在各功能模块进行整合的基础和前提。正是由于工作分析在组织与人力资源管理中这种关键性的角色,使其得以在发达国家企业的人力资源管理中至今仍起着不可替代的基础性作用;对于我国企业而言,工作分析是探索现代化管理之路的重要环节。

职位分析对于企业战略的落地与组织的优化具有十分重要的意义,具体表现在以下12个方面。

1. 实现战略传递

通过职位分析,可以明确职位设置的目的,从而找到该职位如何为组织整体创造价值,如何支持企业的战略目标与部门目标,从而使组织的战略能够得以落实。

2. 明确职位边界

通过职位分析,可以明确界定职位的职责与权限,消除职位之间在职责上的相互重叠,从而尽可能地避免由于职位边界不清导致的扯皮推诿,并且防止职位之间的职责真空,使组织的每一项工作都能够得以落实。

3. 提高流程效率

通过职位分析,可以理顺职位与其流程上下游环节的关系,明确职位在流程中的角色与权限,消除由于职位设置或者职位界定的原因所导致的流程不畅、效率低下等现象。

4. 实现权责对等

通过职位分析，可以根据职位的职责来确定或者调整组织的乏权与权力分配体系，从而在职位层面上实现权责一致。

5. 强化职业化管理

通过职位分析，在明确职位的职责、权限、任职资格等的基础上，形成该职位工作的基本规范，从而为员工职业生涯的发展提供牵引与约束机制。

6. 支持组织战略

组织战略目标的实现有赖于合理的组织结构和职位系统。通过工作分析，可以明确职位设置的目的，从而明确该职位如何为组织整体创造价值，如何支持组织的战略目标与部门目标，从而为组织战略目标的实现提供良好的平台和基本保证。

7. 优化组织结构

随着组织外部环境的不断变化，组织战略也随之不断变化，这就要求组织结构也随之改变。工作分析提供的工作相关信息有助于了解组织结构上的弊端，帮助管理者对这些不合理的地方进行改进，从而适应组织战略的变化。

8. 优化工作流程

通过工作分析，可以理顺工作与其所在的工作流程中上下游环节之间的关系，明确工作在流程中的角色与权限，消除流程上的弊端，优化工作流程，提高工作流程的效率。

9. 优化工作设计

工作分析详细说明了各个工作的内容、特点、对任职者的要求，以及该工作在组织中的地位和作用，还对工作职责和工作联系做了明确规定，有利于避免或者消除由工作职责重叠、职责空缺等职责设计问题所引起的员工之间、部门之间的相互推诿、扯皮现象，从而为工作设计的优化奠定基础。

10. 改进工作方法

通过实施动作研究和时间研究，可以剔除不必要的工作环节和动作，优化工作程序和方法，从而改进工作方法，制定出完成工作的最经济、最有效的工作方法和标准时间，最终达到提高劳动生产率和降低成本的目的。

11. 完善工作相关制度和规定

通过工作分析，可以明确工作流程、工作职责，以及绩效标准等内容，有利于完善工作相关制度和规定，为任职者提供工作标准和行为规范。

12. 树立职业化意识

通过工作分析，能够建立工作标准和任职资格条件，有利于任职者明确胜任工作所应具备的知识、技能、能力，以及道德素质等任职资格，为其在工作中不断提高和发展提供指导，也为其树立职业化意识奠定基础。工作分析与工作说明书在组织内的长期运用，能够培养造就职业的工作人。

二、工作分析在人力资源管理中的作用

为了使大家对工作分析在人力资源管理体系中的作用有一个概括性的认识,我们首先引用两位工作分析专家的话作为引导:

"工作分析对于人力资源专家而言,就像钳子对于管道修理工。工作分析作为人力资源管理基础的地位不会动摇!"——怀勒·卡塞欧(Wayne F. Cascio)

"工作分析仍将在人力资源管理的各项活动中扮演中心的角色,这是毫无疑问的!"——罗纳德·阿什(Ronald A. Ash)

可见,工作分析是科学人力资源管理体系的基石和信息平台,它对人力资源管理的其他活动起着支持作用。工作分析在人力资源管理中的作用主要体现在以下 6 个方面。

1. 为人力资源规划提供必要的信息

人力资源规划的核心过程是对现有人力资源进行盘点的过程,是对人员在组织内部和流入、流出组织的行为进行预测并做出相应准备的过程。通过科学的工作分析,可以对企业内部各个职位的工作量进行科学的分析判断,从而为职位的增减提供必要的信息。此外,工作分析对各个职位任职资格的要求也有助于企业进行人力资源的内部供给预测。一个组织有多少岗位、这些岗位目前的人员配备能否达到工作的要求、今后几年内工作将发生哪些变化、单位的人员结构应做什么相应的调整、几年甚至几十年内人员增减的趋势如何、后备人员的素质应达到什么水平等问题,都可以依据工作分析的结果做出适当的处理和安排。

2. 为招聘、录用员工提供明确的标准

工作分析所形成的工作说明书里已经确定了这个岗位的任职条件,任职条件是招聘工作的基础。招聘工作需要依照任职条件来挑选人员,不满足任职条件的人不能用。如果组织一定要用也只能降格使用,例如,工资等级要下降,或是职务级别要略微下降。工作说明书将作为员工录用以后签订的劳动合同的附件。企业决定录用员工后,这名员工应该承担什么样的责任,以及要负责到何种程度,这些问题事先在职位说明书里约定好,企业不需要对员工重复说明。

3. 为人员培训开发提供详细的内容

工作分析所形成的工作说明书对各个职位的工作内容和任职资格都做了明确规定,因此,员工被录用以后,工作说明书可以作为入职培训的教材。通过工作说明书的要求,对员工进行上岗前的培训,让他们了解自己的工作。还可以根据员工与任职资格要求的差距进行相应的培训,以提高员工与职位的匹配程度。

4. 为绩效考核提供有效的帮助

绩效考核体系是指一套正式的结构化的制度,用来衡量、评价并影响与员工工作有关的特性、行为和结果,考察员工的实际绩效。绩效考核制度设计的关键在于绩效考评效标的设计,即评价员工绩效的指标和标准的设计。这些效标都要从工作分析活动结果中获取,如从职位职责中提取结果性效标,衡量员工完成哪些工作任务或产生哪些产品,从职

位任职资格中提取特征性效标如沟通能力、忠诚度等。通过科学的工作分析,每一职位从事的工作以及所要达到的标准都有了明确的界定,这就为绩效考核提供了明确的标准,减少了评价的主观因素,提高了考核的效率。

5. 为薪酬管理提供公平的依据

薪酬体系的建立过程是通过对工作分析所提供职位的复杂程度、难度、责任大小以及任职资格中学历、资历、经验、技巧等内容进行综合评定,获得有效的职位评价从而形成职位分类和职位等级表,并在此基础上建立基于职位的薪酬体系。由此可见,薪酬体系建立所需基础信息都来自工作分析。通过科学的工作分析,可优化企业内部的工资结构,提高报酬的内部公平性。报酬通常都是同工作的复杂性、职责大小、工作本身的难度,以及工作要求的任职资格等联系在一起的,而所有这些因素都必须通过工作分析才能得到确定。

6. 为员工职业生涯管理提供实质的指导

通过科学的工作分析形成各项工作的基本规范,从而为员工职业生涯的发展提供指引。它一方面为人力资源管理部门提供同类职位间工作内容知识、技能、经验等方面的内在相关性,从而为人力资源管理人员设计员工职业生涯成长通道提供依据;另一方面,帮助员工掌握自身成长通道上相关职位的任职要求,从而为他们有针对性地提供学习、实践、提高自身能力的指导。

第三节 工作分析的产生与发展

一、工作分析思想起源

工作分析思想起源于社会分工思想。关于社会分工思想,许多中外学者比如管仲、荀况、柏拉图(Plato)和亚当·斯密(Adam Smith)等都论述并强调它对提高工作效率、促进个人能力发展和社会发展的作用。

1. 我国古代学者的社会分工思想

公元前700年,管仲提出了著名的四民分业定居论,主张将国人划分为士、农、工、商四大行业,并应当按专业分别聚居在固定的区域。

荀况把分工称为"曲辨",特别强调分工的整体功能。他认为,人类强于动物的地方不在于个体的能力,而在于群体的能力与智慧。就个体来说,力不若牛,走不若马。群体的力量产生于合理而科学的分工,只有社会确定了合理而科学的分工,人们才能有序地工作,发挥出群体的共同能力。

2. 国外学者的社会分工思想

(1)柏拉图对社会分工的论述。

柏拉图在其著作《理想国》中详细论述了社会职业的分工,可以归纳为如下四点。

- 个人与个人之间在工作才能方面存在差异性。
- 工作与工作之间在具体要求方面存在差异性。
- 要让每个人根据自己的天生才能,在适当的时间内只做一件事不做别的工作,这样他将能做得更多、更出色并且更容易。
- 我们最为重要的管理工作目标,是让每个人从事最适合他的工作,以取得最高的工作效率。

柏拉图的这一社会职业分工的思想为后来的工作分析奠定了基础。了解各种不同的工作及工作对人的要求,让合适的人从事合适的工作,将成为日后工作分析及整个人力资源管理关注的基本问题。

(2) 亚当·斯密对社会分工的论述。

英国古典经济学体系的建立者,《国富论》(Wealth of Nations)的作者亚当·斯密指出,劳动是国民财富的源泉,提高劳动者的素质是国民财富增长的根本,而"生产力的最大增进,以及劳动时所表现出的更大的熟练、技巧和判断力,似乎都是分工的结果"。

亚当·斯密分析了分工与国家财富之间的关系。他认为一个国家财富的多少,取决于它的国民提供的劳动数量,劳动数量又取决于劳动人数和劳动生产率这两个因素;而劳动生产率的高低取决于个人的能力和技术,技术又取决于在生产上的分工。通过这一系列的分析,他提出,分工在管理上对于提高劳动生产率有三个好处:一是分工可以很快地提高劳动者的技术熟练程度;二是分工可以使每个人专门从事某种作业,可以减少从一项作业转到另一项作业所耗费的时间;三是分工可以促使专门从事某项作业的劳动者经常改革劳动工具和发明机器。

二、工作分析的萌芽阶段(18世纪—20世纪初)

1. 丹尼斯·狄德罗在编纂百科全书过程中的资料调查与研究(18世纪中期)

1747年,德国人丹尼斯·狄德罗(Denis Diderot)在为德国一家翻译协会编纂百科全书的过程中实施了一次工作分析,据说他是历史上首次大规模实施工作分析的人。他实施工作分析的目的是系统翔实地掌握有关贸易、艺术以及手工业等方面的资料。在此过程中,他至少绘制了600张图片,把收集到的每种贸易的事实资料列在图片旁边加以解释。他简化了原有过程中一些不必要的环节,善于将收集的资料系统化,从而大大优化了原有的工作程序。狄德罗的工作为以后的工作分析实践提供了直接的经验。

2. 美国内政改革委员会的工作绩效研究(1860—1900)

在美国林肯总统时期,为了改变美国政府部门办事效率低下的状况,卡尔·舒尔茨(Carl Schurz)组建了"内政改革委员会"以对政府机构的职位进行调查,明确任职者应具备的技能。该委员会主要通过观察、面谈和问卷调查的方式从主管及有关人员处收集信息,研究哪些技能是决定工作绩效的关键因素。

在调查活动中,内政改革委员会负责人之一、纽约港务局局长赛拉斯·伯特(Silas

Burt)设计了一个从正反两方面分析绩效标准的工作分析方案,该方案降低了成本,提高了生产率,取得了很好的效果,并得到广泛应用。该方案取得的成果有:它使得市政局每年节省开支 30 万美元;印刷局的人员编制从 1885 年的 1 166 人缩减到 1888 年的 874 人,而印数数量由 9 180 万页增加到 9 730 万页,工作效率大大提高。

3. 芒斯特伯格的工业心理学研究(19 世纪末)

被誉为"工业心理学之父"的德国工业心理学家雨果·芒斯特伯格(Hugo Munsterberg,1868—1916)将心理学运用到工业研究中,探索如何取得最大的工作效率。

芒斯特伯格对电车司机这一工作进行了安全方面的研究。他在实验室中模拟电车司机操作的情景,对影响司机操作的各个因素及安全因素进行探讨。芒斯特伯格在其 1918 年发表的著作《心理学和工业效率》中,强烈要求加强管理的科学性,呼吁应当更好地理解心理学成果,并将它运用于工业效率中。《心理学和工业效率》一书共分为三部分,即选员、设计工作条件以及将心理学应用于销售。他呼吁,我们绝不能忘记,通过心理上的适应和改善心理条件来提高工业效率,不仅符合工厂主的利益,更符合职工的利益,他们的劳动时间可以缩短,工资可以增加,生活水平可以提高。

4. 泰勒的科学管理原理(20 世纪初)

"工作分析"一词在管理学领域最早见于 20 世纪初。1916 年,泰勒把工作分析列为科学管理五大原则的第一原则。

泰勒将一项工作分解为若干组成部分,用秒表精确测量完成每部分工作所需的时间,通过这种方法进行工作时间和工作效率的调查。泰勒在 1903 年出版的《商店管理》(*Shop Management*)一书中,以"铁块搬运"实例讨论了通过将工作分成若干部分进行计时来提高劳动效率的事实。他采用十分严格的计时方法,分析搬运过程中的每一环节,包括从堆垛中搬起铁块一直到空手返回堆垛,时间精确到 1/100 秒。泰勒认为,通过对工作时间严格的调查分析并以此为基础规定适当的工作绩效标准,可以大大提高工作效率。后来,泰勒又对他的理论作了修正,指出制定工作时间量表的方法能够为工人充分发挥工作积极性和主动性、获取物质奖励提供依据。泰勒在其 1911 年出版的《科学管理原理》(*The Principle of Scientific*)一书中强调,管理者必须对工作的各个部分进行研究,并以此为基础对工人进行选拔和培训,这样才能使工人发挥出最大潜能。泰勒在该书中还通过重新讨论"铁块搬运"实例,着重介绍了工作心理与工作效率的问题。

泰勒倡导的以科学管理代替经验管理的思想,以及对工作各方面进行调查研究以提高劳动生产率的思想,对工作分析理论与方法的创立和发展起了巨大的推动作用。科学管理的其他原则,如"科学地选拔并培训工人""工作定额原理""标准化原理""通过内在和外在两种报酬激励工人努力工作""工作的重新设计"等原则,客观上都要求对工作进行分析研究,从而使工作分析成为科学管理的现实要求。科学管理的兴起,促使很多大公司开始重视工作分析,认真考虑如何利用工作分析招聘合格的雇员,以及如何运用工作分析提高劳动生产率,等等。

5. 吉尔布雷斯夫妇的动作研究（20世纪初）

"动作研究之父"弗兰克·吉尔布雷斯是科学管理运动的创始人之一。他和他的妻子（被誉为"管理的第一夫人"的心理学家丽莲·吉尔布雷斯）的动作研究、疲劳研究等对工作分析的发展起了巨大的推动作用。

弗兰克·吉尔布雷斯提出一种在实验室中进行工作分析的程序方法，该方法通过合适的设备来研究如何减少多余的动作，最大限度地提高劳动生产率。动作研究的第一步是把动作进行分解，比如，将拿工具这一动作分解为17个基本动作，寻找、选择、抓取、移动、定位、装备、使用、拆卸、检验、预对、放手、空运、延迟（不可避免）、故延（可避免）、休息、计划、夹持等。弗兰克·吉尔布雷斯把这些基本动作定义为"动素"（Therblig），动素是不可再分的。他还把动作研究扩展到疲劳研究领域，并从建筑业扩大到一般制造业。除了动作研究，弗兰克·吉尔布雷斯还探讨了工作、工人和工作环境之间的相互影响。吉尔布雷斯夫妇提出，对于从事同一工作而具有不同特点的工人，应为他们设计不同的工作方法以达到提高劳动生产率的目的。

三、工作分析的形成阶段(1914—1945)

从第一次世界大战到第二次世界大战期间，为了加强军队的人员管理水平，并提高测评选拔、培训和分工的效果，工业心理学家纷纷展开了工作分析研究活动。

1. 宾汉的人员配置和任职资格开发研究

宾汉（W. V. Bingham）将工作分析作为工业心理学的分支来研究。他在卡耐基工学院创建了应用心理学系，他的研究成果对大规模工作分析和职位评价的发展产生了深远的影响。

第一次世界大战期间，为了解决人员配置问题，宾汉进行了工作分析方法论的研究。后来，他又与其他专家通过收集各类数据资料来指导职业介绍和培训课程的设计。

20世纪20年代后期，美国国家教委接受宾汉的建议，开展了一项优秀职员任职资格的课题研究。该研究的负责人提出，记录工作时只记录某项工作所需的知识和技能，不考虑与深究工作所需的文凭和培训过程。该记录方式被称为"用途记录"，即每一项记录均以一个行为动词开头，后面是完成这一行为的条件和效果。这种方法最大的好处是减少直觉误差。该研究堪称早期探讨任职资格只重技能而非其他条件的典型。

1931年，宾汉推动了为服务大众而开展的美国国家就业局的职业调查项目。第二次世界大战开始后，宾汉成为美国国防部军队人事职位分类所的主席和首席心理学家。

2. 斯科特的军衔资格标准、入伍新兵分类以及面谈考评等研究

（1）制定军衔资格标准。1916年，斯科特（W. D. Scott）在其领导的"推销员研究所"里进行的一项早期研究制定了一套推销员工作的绩效标准，该标准更多地关注"办事能力"等个性特征，而没有与工作内容紧密相关。之后，他又制作了一份结合军队实际的新标准，但是也没有得到推广。后来，斯科特修正了观点，将同等军衔的军官按他们在工作中表现出来的能力进行排列,再就这一级别的军衔资格条件进行分析得到了新的标准,该新标准得到了部队首长和大多数军官的欢迎。

(2) 编制"军官职业技能说明书""入伍申请表"与"人员调查表"。斯科特所领导的委员会在士兵招募工作中提出,将"工作分析服务于前线需要"。委员会要求军队在制定招募士兵的标准前应对工作任务和所需资格进行描述。此外,委员会还在各地区设立人事专管员,结合当地实际问题进行工作分析和调查研究。最后,委员会根据专管员的报告制定了"特定军官职业技能说明书"。

该委员会为了提高入伍新兵分类工作的效率,通过工作分析设计了"入伍申请表"与"人员调查表",取得了明显效果。该设计工作的主要负责人约翰·沃斯(John B. Watson)认为,对技术熟练工人进行行为分析能发现这项工作所需的工作技能。

(3) 促进军队面谈考评的科学化。面谈考评是检查士兵对自己技能的陈述是否属实的唯一方法,因此这项工作对于军队人员配置至关重要。事实上,大多数面谈考评收效甚微,关键原因之一是没有以工作分析为基础。委员会中的杜鲁门·凯利(Truman Kelley)强调:"在设计严格符合军队需要的考核方法之前必须进行工作分析。"

(4) 将军队研究成果应用于政府部门和企业。第二次世界大战后,斯科特与克洛西尔(R. C. Clothier)合作创办了"斯科特公司"(The Scott Company),并合作发表了《人事管理》一书。两位作者在书中详细介绍了他们如何将军队中的研究成果应用到工业生产经营中。

书中最重要的一个实例是克洛西尔撰写的将工作分析法应用于联邦政府公职人员的职业介绍。1922年,美国内政改革委员会派克洛西尔到俄亥俄州的迪顿市对1 200名工人所从事的237种工作进行工作分析,得到了如下几个成果:

● 工作任务的描述重点是工作的作用和管理者的作用,而非具体的操作细节,因为这些细节经常误导人。

● 工作分析员为获取可观的分析资料,应向被调查者详尽解释工作分析的目的。

● 工作分析员应避免让工人承担无前途的工作。

● 为了获取就业管理的最佳方法,工作分析员要对管理者和职员进行多次访谈。

值得一提的是,在进行这项研究时,克洛西尔获得了美国内政改革委员会委员艾玛·巴鲁什(Ismar Baruch)的密切配合。下面将介绍巴鲁什等人的研究。

3. 巴鲁什等人的工薪设计研究

艾玛·巴鲁什把工作分析成功地应用于美国国会"工薪法案"的设计中。

按美国联邦法律的规定,1853—1923年的政府公职人员的工资分为四个等级,但是工资的高低与工作任务是独立的,只要政府的工资支出总量不变,政府各级主管人员就可以随便调整职员的工资。

1902年,美国内政改革委员会敦促政府以工作任务为基础划分职员的工资。这期间,格里芬黑根(E. O. Griffenhagen)通过问卷调查、访谈等方法收集了大量的资料,并用工作分析方法设计出不同工作的相对工薪。1909年,格里芬黑根的"工资设计"被市政府和私营企业采用。1912年,社会公用事业部门也采纳了这种工资划分法。

1919年,美国内政改革委员会派巴鲁什参加国会工薪划分联合委员会。巴鲁什对10.4万名公职人员进行问卷调查,以收集有关政府职位任务的事实资料。通过逻辑分类与等级划分,巴鲁什得出了分析结果。1923年,美国国会根据该结果通过了《工薪划分法案》,并批准在华盛顿特区试行。巴鲁什的研究特点是着眼于影响工作的普遍因素,忽略偶然的个别因素。例如,某个工人用三角学原理测出一条线的长度,而大多数工人利用现成表格即可达到同样目的。这样,巴鲁什认为在评定此项工作的等级与相应的工资水平时就不应将三角学原理作为一项工作技能来考虑,而应以全体工人的通用技能为标准。

4. 美国社会科学研究会(SSRC)的工作技能标准开发研究

美国的社会科学研究会通过工作分析对美国各行业的职业技能标准做出明确的规定,并划分为共有部分与特定部分。

1931年,社会科学研究会设立了失业问题委员会以研究当时经济大萧条对就业的影响。委员会成员包括巴鲁什和明尼苏达大学就业研究所的史蒂文森(R. A. Stevenson)等。这些心理学专家都曾从不同的角度注意到工作分析在军队管理、工业生产、政府工作、稳定就业等方面的积极作用。委员会通过制定各种工作所需的工作技能来为公共就业交流中心提供参考。委员会还研究各种工作中的"共有部分",以方便工人在各项工作之间的相互过渡和更好地发挥技能。但是,对"共有部分"的理解,在委员会中产生了分歧,巴鲁什认为工作技能应是不同工作的共同的素质部分。此外,明尼苏达大学工程学院的科佩克(C. A. Koepke)提出了另一观点,他在对大量事实资料分析的基础上,指出"力量、灵活性、精确性、操作应用能力"等工作的具体要求才是各个工作的共有部分。

5. 美国国家研究会(NRC)的工作能力指标体系设计研究

美国的国家研究会通过工作分析设计了一套生理指标体系,以应用于美国职业能力评价,并试图通过工作分析的应用减轻失业造成的社会压力。国家研究会的成员莫里斯·威特立斯(Morris Viteles)在莱特纳·威特默(Lightner Witmer)教授的能力指标研究基础上,于1922年提出了另一套有关工作能力的指标体系。

(1) 体能。足够的体能是工作成功的保障,不同工作对体能的要求不同,体能一般分为五个等级。重体力劳动的体能要求是最高级别五级,而铁路扳道工之类的轻体力劳动的体能要求是最低级别一级。

(2) 能量消耗的速率。做不同工作的能量消耗速度不同,有的工作对体能的需求不大,但却要求快节奏的工作速度,导致能量消耗很快。经过大量的实地采访,威特立斯将各项能力指标划分为1~5级,并概括为一个工作心理素质图表。在表中,最高级别的能力意味着工作所需要的关键能力。

6. 美国的职位研究会(ORP)对就业指导词典、职业编码表、职位名称词典,以及人事配置表的开发研究

1934年2月,美国的罗斯福总统授权美国国家就业局设立专门委员会研究当时严重的失业问题。宾汉将社会科学研究会、国家研究会等组织合并为国家就业局下属的职位研究委员会。1939年7月,该组织成为美国国家就业局下属的职位分析调查司。

(1) 编写就业指导词典。职位研究会着手编写一本以当时各种工作所需共同技能为主要内容的就业指导词典。职位研究会在编辑中使用的重要工具是"工人行为特点表",它标志着各项工作的共同技能的确立。职位研究会的研究工作没有被结构化的理论框架所束缚,而是通过有计划的工作分析收集千余种工作的事实资料。然而,正是因为缺乏理论指导,虽然有大量资料,但职位研究会仍无法达到预期的目标,词典的编写以失败告终。

(2) 编写职业编码表。职位研究会还编制了"职业编码表"以建立基于各种职业的共同特征的职位分类体系。他们首先对工作特征要求进行编号,再以人员的就业资格为基础排列另一组次序,两组次序是自然关联的。由于研究者关注工作所需的技术,而忽略任职资格,因此"职业编码表"也存在缺陷。但是,该编码表还是有重要意义的,它是《职位名称辞典》的前身,并且还明确提出了将工作特征与任职资格相结合的思想。

(3) 开发《职位名称辞典》。1936年4月,职位研究会的另一个研究小组以"职业编码表"为基础,通过工作分析收集了大量的事实资料,最终编纂完成著名的《职位名称辞典》(*The Dictionary of Occupational Titles*, DOT)。《职位名称辞典》包含对12 000多种职位的描述,列举了成功的任职者需要达到的要求,并以知识和技能等最基本的要求为标准划分职位等级,因此受到了广泛好评,尤其为第二次世界大战美国的征兵工作提供了极大方便,甚至不少人戏称它是一部"专为战争而诞生的辞典"。公共部门和私营部门都通过运用这一辞典实现了对职位的高效人员配置。此外,该辞典对劳动者也非常有意义,它列举了劳动者为达到某些特定职位的要求所必须具备或者开发的技术和教育水平。

(4) 设计人事配置表。《职位名称辞典》完成后,长期担任职位研究会组织领导职位的著名工业心理学家沙特尔(C. I. Shartle)认为,工作分析应该进一步的发展:第一是加强制造业的工作分析,为将来转业军人的安置工作打下基础;第二是如何设计培训计划以使新兵更好地在军中服役。基于这种考虑,沙特尔于1941年完成了"人事配置表"的设计工作。"人事配置表"可以反映某一工作所需的工作经验、工作知识量以及在岗经验,为人事部门编写退伍人员的择业方案提供了极大方便。

职位研究会以及后来的职位分析调查司,培训了数以千计的工作分析、人事管理专业人才,这些人员对以后各类工作分析中的资料收集、分析对象的选定、编制"人事配置表"和设计各类人员培训计划、残疾人的培训与职业安置工作,发挥了巨大的作用。

四、现代工作分析的发展(1945年以后)

第二次世界大战以后,工作分析的理论和方法日趋完善,工作分析在人力资源管理体系中的基础地位也得到逐步确立。工作分析方法技术不断发展,工作分析被应用于职位评价、完善工作规章制度、建立工作分类制度等方面。

工作分析系统的研究开发始于20世纪四五十年代,在20世纪七八十年代趋于成熟,获得了广泛应用。工作分析方法技术也呈现多样化与系统化。

1. 职位分析问卷(PAQ)的开发

心理学家欧内斯特·麦考密克(Ernest McCormick)用了10年时间,在19世纪50年代末期设计出了一种适用于各种文秘工作、手工工作的"核对清单"。这种清单以某类工作为研究变量,根据分析人员对此类工作任职者的观察与访谈,收集大量的事实资料,通过分析整理,制定出以"工作任职要求"为主要内容的核对清单。后来,麦考密克又增加了另一个研究变量——"人员",对"工作"和"人员"这双重变量做了大量的因素比例分析,最终完成了包括195项具体内容的"职位分析问卷"。职位分析问卷目前被公认为是一种标准的工作分析工具。职位分析问卷的特点是同时考虑人员与工作两个变量因素,将各种工作所需的基础技能与基础行为以一种标准化的形式罗列出来,从而为人事调查和工薪标准制定等提供了一种标准工具。

2. 功能性工作分析法(FJA)的开发

悉尼·法恩(Sidney Fine)于1950年提出了关于"职业职能分类计划"的理论(FOCP),这项理论与职位研究会早期的人员定向分类研究有相似之处。

功能性工作分析法是悉尼·法恩在将"职业职能分类计划"的经验性调查研究和理论分析相结合的基础上推演出来的。

3. 工作要素法(JEM)的开发

1944年,欧内斯特·普里莫夫(Ernest Primoff)调入美国政府工作委员会(现为国家人事管理署),从事人事考核、人员选拔的课题研究。他应用职位研究会的工作分析程序收集事实资料。普里莫夫的工作分析程序是,让专家将某工作的任职要求用要点的形式进行描述(这些要点称为工作要素),然后专家将这些要素按照重要性排序,并根据最后的工作要素表设计人员选拔与考核标准。为了确定各要素的权重,普里莫夫还进行了相关系数的研究,这也使通过工作分析来评估绩效考评效度成为可能。

4. 关键事件法(CIT)的开发

军队系统的心理学家约翰·C.弗莱内根(John C. Flanagan)首次进行了关键事件分析。当时,军队方面需要心理专家分析飞行员绩效低的原因。弗莱内根通过研究和调查,列举出了绩效低的种种原因,称之为"关键事件"。后来,弗莱内根又将研究领域由军队转移到工业生产中。在新领域,他做了进一步的研究。分析时他同时查找绩效高和绩效低的原因,并将这些原理与"工作要素"理论相结合应用于人员甄选、培训与绩效考核。关键事件为工作分析提供了最真实的、客观的与定性的资料。关键事件法现在已经在非结构化的工作分析中得到广泛应用。

5. 工作任务清单(TI)/综合职业信息分析计划(CODAP)的开发

第二次世界大战之后,综合职业信息分析计划作为一项工作分析技术被广泛应用。当时美国空军在世界各地都有服役部队,为了设计一套有效的空军人员培训计划以适应他们的各个兵种,美国空军系统的心理专家克里斯托(R. E. Christal)设计了一种"任务清单"问卷。问卷包含上百个甚至上千个项目,主要是关于工作任务的说明。任职者接受问卷调查时,可核对问卷上的任务与实际任务之间的差距,还可以对任务的重要程度做出评估。

五、工作分析的未来趋势

伴随着网络信息技术的发展,世界范围内经济全球化进程的不断深入,作为市场竞争基本要素的组织,为了适应竞争环境的剧烈变化,必须提高自身的反应能力,增强在全球市场的竞争力,因此组织纷纷实施机构变革与流程再造,出现了"团队合作""无边界工作""无边界组织"等新概念。复合型工作纷纷涌现,操作性、知识技能单一性的工作逐渐减少,工作内涵不断变化,职责的不确定性大大增加。这一系列变化,正如《知识经济》一书的作者达尔·尼夫(Dale Neef)所说:"以知识为基础的经济,意味着从严格支配雇员做简单劳动的复杂组织,逐渐向高度信任个人做复杂工作的简单组织转变。"这一系列组织内外部环境的变化导致在人力资源管理体系中起着基石作用并且以职位为分析客体的工作分析,也必然经受到变革的冲击,需要做出相应改变。在未来,工作分析将日渐呈现如下四个发展趋势。

1. 工作分析的环境复杂化、对象丰富化、结果弹性化

网络化组织是企业间的一种联盟方式,它是把若干具有某种经济联系的、相互分散且具有独立法人资格的企业通过资源、品牌、信息、服务等要素连接起来而形成的一种实体或虚拟企业组织形式。网络化组织的结构很小,它以合同为基础,依靠其他的组织进行制造、分销或其他经营活动。在与其他的组织签订生产、销售合同时,网络化组织实际上在"购买"其他必要的职能。而这种"购买"的过程,是指企业将内部业务活动或过程连同它的所有资产转到外部的供应商,由外部的供应商在规定的时间内按照所达成的协议提供特定的服务。

外包是指企业将自身的非核心业务委托给外部的专业公司,从而克服人力不足的困难,降低营运成本,提高企业核心竞争力。外包是一个新兴行业,给企业带来了新的活力。美国著名管理学家德鲁克(Peter F. Drucker)对外包服务持支持态度。他曾说:"在10到15年之内,任何企业中仅做后台支持而不创造营业额的工作都应该外包出去。"因此,网络化组织的实质就是职能外包。

这种网络化组织与外包的出现,反映出未来组织结构变化的一个趋势,即越来越趋向于扁平化、灵活化与松散化。进行基于组织结构优化的组织层面的工作分析,应更注重组织的长期战略,并结合组织文化设计出能够及时适应外界频繁变化的环境、富有生命力的组织结构。那种传统的追求稳定的工作分析理念已经难有用武之地了。

2. 虚拟化组织给工作分析提出了更高的要求

虚拟化组织是指两个以上实体企业为了完成某一特定任务,以网络为依托在短时间内迅速建立起合作关系而构成的动态企业联盟。虚拟化组织拥有全新的企业文化和管理模式,采用扁平化、网络化结构,没有固定的组织层次和内部命令系统,也没有各种实实在在的部门和职位,而是一种开放的组织结构。一方面,这种虚拟化的组织借助计算机和网络使各级工作者之间的沟通变得迅速而顺畅,一定程度上避免了传统金字塔型组织结构存在的信息传递的时滞、延误、失真和扭曲等问题,使组织结构扁平化。另一方面,当组织需要完成某项工作时,组织内的工作人员可以根据需要临时组合成虚拟工作组。此外,企业的客户也可以通过网络与虚拟企业建立密切联系,甚至参与生产过程而成为部分生产者,进一步扩大了企业的开放范围。

虚拟化组织的出现更大程度上反映了企业在业务流程设计方面的变化。在未来的组织中,传统金字塔型组织结构将越来越无力,很多企业不再以组织内的部门划分作为安排工作的基准,而是从客户的需求出发,设计出能够最大限度让客户满意的工作流程,这种流程式的工作方式可以使组织具有更强的适应能力。因此,在进行基于流程再造的组织层面的工作分析时,如何从公司和用户的需求出发,设计出反应迅速、高效的流程将成为未来组织层面工作分析的重点。

3. SOHO一族的出现使工作分析的内涵趋于扩大

SOHO(Mall Office Home)就是小型办公、在家里办公的意思。现在很多职业,如自由撰稿人、软件设计人员、网站设计人员、美术工作者、广告设计与策划人员、咨询师等,大部分工作借助计算机与网络完成,工作地点对这些从业者的限制几乎不存在。因此,传统的组织结构的概念在这里已经不适用了。

SOHO一族的出现代表着未来职位变化的一大趋势,即极度的灵活性和不确定性,这也对未来的基于职位再设计的工作分析提出了新的要求。由于这种类型的职位无论是职位职责还是办公地点都有很大的不确定性,加之组织结构、业务流程等方面也随时有调整的可能,在进行工作分析时,就不能用传统的方法确定职位体系。在未来的职位体系中,一成不变的职位将被越来越多的灵活多变的职位所取代。

总之,随着组织的发展不断趋向灵活化、松散化,工作分析也将不断朝使组织更具适应性的方向进化。无论是组织本身还是工作分析,都会发生变化。

4. 适应科技发展趋势,更加智能化

每当科学技术产生重大进步,组织都将发生翻天覆地的变革。随着计算机与网络的迅速普及,越来越多的新行业不断出现,随之而来的就是新职位的诞生和旧职位的消失。几十年前,生产一辆汽车还需要大量的工人在生产线上流水作业,现在这些工人早已被高度自动化的流水线取代,只需要很少的技术人员及时地进行控制。这种职位交替的结果就是许多原有的工作分析方法不再适用,不同的技术、不同的工作流程要求在进行工作分析时采用新的方法。可以将新方法与自上而下收集信息的传统的工作分析方法结合起来,只有这样才能将企业的战略、工作的发展趋势、未来的要求和胜任特征跟现实工作的具体要求统合起来,建立起企业的核心竞争力,从而更好地为企业人力资源管理服务。

5. 规范职位任职资格，弱化细节规定

过去进行工作分析，在确定某些职位的任职资格时要求有上岗资格证书，越来越多的资格证书将成为任职资格的重要依据。随着资格认证地位的提升，对工作分析提出了新的要求，一方面要求工作分析人员具有更强的学习与判断能力，能准确理解认证的内容，明确各种资格认证的难易程度、规范程度；另一方面，科学的资格认证可以为工作分析减少信息分析工作，为企业提供客观的标准依据，降低工作分析的复杂程度。

培养员工的职业精神是当今管理者所倡导的管理方法。具有敬业精神的员工会自觉地为自己的职责负责，从工作的角度去考虑问题，而不仅仅是出于个人意愿。在具有较高职业精神的员工面前，过于教条、枷锁一般的职位规范不但不能提高其工作效率，反而有可能挫伤其工作积极性，起到相反的效果。因此，工作分析将会随着人们职业意识的增强而逐渐弱化对工作细节的规定，体现放权、柔性管理的理念。

6. 由静态分析向动态分析转变

团队化是指由一个团队整体来开展工作，在工作的推进过程中，并没有明确的、固定的职责分工，而是根据需要由团队随机安排。传统的工作分析是在工业经济下的竞争环境、组织结构和职位职责相对稳定和可以预见的时代里发展起来的，因此，对于组织中最基础的单元"职位"进行的分析有利于组织有效运转。但是，环境在变，以职位为基础的组织逐渐转向以团队为单元，团队工作和项目工作取代传统的个人职位，个人工作向团队工作转变，职能型工作向项目型工作转变，使知识型员工对组织所做的贡献不再仅仅取决于个人直接的工作成果，而是依赖于其所在团队的整体工作业绩。这种状况使得工作成果难以衡量。另外，团队成员都是按照角色界定来开展工作的，过程难以监控，团队成员的工作交叉、职能互动，因此，在团队中将不再存在固定、一成不变的职位。工作分析的研究对象将由职位变为团队，由点转向区域，由职位分析转向角色分析。这种动态的工作方式给工作分析提出了新的挑战，如何平衡好职位的动态性与静态性将成为另一难题。

讨论案例

洒在地上的液体谁来扫

一个机床操作工不小心把大量的液体洒在他机床周围的地板上，车间主任叫操作工把洒落的液体清扫干净，操作工拒绝执行，理由是工作说明书里并没有包括清扫的条文。车间主任顾不上去查工作说明书上的原文，就找来一名服务工清扫，但服务工同样拒绝执行，他的理由是工作说明书里没有包括这一类工作。车间主任威胁说要解雇他，因为服务工是分配到车间里来做杂务的临时工，服务工这才勉强同意。但是干完之后，他觉得很委屈，于是就向公司进行投诉。

有关人员看了投诉后，审阅了机床操作工、服务工和勤杂工三类人员的工作说明书。机床操作工的工作说明书中规定：操作工有责任保持机床的清洁，使之处于可操作状态，但并没有提及清扫周围场地。服务工的工作说明书规定：服务工有责任以各种方式协助操作工，如领取原料和工具、随叫随到、即时服务，但也没有包括清扫工作的内容。勤杂工的工作说明书中确实包括了各种形式的清扫内容，但是他的工作时间是从正常工作下班后才开始的。

【案例讨论与练习题】

1. 导致液体无人清扫的主要原因是什么？
2. 怎样避免这种现象的产生？
3. 车间主任这样处理合适吗？

本章复习题

1. 工作分析的含义是什么？
2. 进行工作分析要收集哪些信息？
3. 工作分析对于战略和组织管理的作用是什么？
4. 工作分析在人力资源管理中的作用是什么？
5. 工作分析的未来发展趋势有哪些？

第二章　工作分析的方法

【本章要点】
通过对本章内容的学习,你应了解和掌握如下问题:
- 各种工作分析方法的含义
- 各种工作分析方法的适用范围
- 各种工作分析方法的操作流程
- 各种工作分析方法的优缺点及注意事项

导读案例

不同工作分析方法的选择

瑞祥公司是我国东部的一家服装公司。近年来,随着公司的发展和壮大,员工人数大大增加,组织和人力资源管理问题逐渐凸显。部门之间、职位之间的职责与权限缺乏明确的界定,扯皮推诿的现象不断发生;有的部门抱怨事情太多,人手不够,任务不能按时、按质、按量完成;有的部门又觉得人员冗杂,人浮于事,效率低下。所以,公司决定进行工作分析,明确每一个岗位的工作任务和工作职责,但是当前所做的工作分析首先面临着方法选择的问题。比如,经过认真的研究和思考,公司人力资源部初步决定对"行政文员"的工作分析采取问卷调查法与观察法相结合的方法,对于"销售经理"一职的工作分析采用问卷调查法与访谈法相结合的方法。理由是:问卷调查法使用起来方便、省时,而且能获得广泛的工作信息和任职者资格信息,所以对公司的大多数职位都适合。"行政文员"一职一般处理一些事务性的工作,所以将观察法也用于其中,有利于直观、全面地了解相关信息。"销售经理"所做的工作经常变化,而且工作态度、工作动机等也起很大作用,所以将访谈法用于其中,能够获得更深层次的东西,以弥补问卷调查的不足。公司对"行政文员"和"销售经理"使用的不同的工作分析方法合适吗?

工作分析作为组织人力资源管理的一项基础工具,在百余年的研究和管理实践中,从理论和实践方面都取得了相当的进展,形成了较为成熟的方法体系。根据工作分析方法的目标导向、适用对象以及操作要点等的差异,我们将其归为四类(见表2-1)。

表 2-1　工作分析方法

通用工作信息收集方法	以人为基础的系统性方法	以工作为基础的系统性方法	传统工业企业职位分析方法
访谈法 Interviews	工作元素分析法 Job Element Analysis	功能性职位分析法 Functional Job Analysis	时间研究法 Time Study
观察法 Observing Work	职位分析问卷法 Position Analysis Questionaire	关键事件法 Critical Incident Technique	动作研究法 Motion Study
文献分析法 Job Documentation Analysis	管理职位分析问卷 Management Position Description Questionaire	工作-任务清单分析法 Job-Task Inventory Analysis	标杆工作法 Work Sampling
主题专家会议法 Subject Matter Expert Conferences	工作诊断调查法 Job Diagnostic Survey	管理及专业职位功能清单法 The Managerial and Professional Job Function Inventory	工作负荷分析及人事规划法 Workload Analysis and Personal Scheduling
非定量问卷法 Non-quantity Questionaires	能力需求量表法 Ability Requirement Scales		电脑模拟职位分析 Computer Simulation and Job Analysis
工作日志法 Work Diaries	基础特质分析系统 Threshold Traits Analysis		
	工作成分清单 Job Components Inventory		
	职位分析清单法 Occupation Analysis Inventory		

第一节　通用的工作分析方法

通用职位信息收集方法是国内企业在职位分析过程中常见的收集职位信息的方法，通常具有灵活性强、易操作、适用范围广等显著优势，但也存在结构化程度低、缺乏稳定性等缺点。这类职位分析方法主要有问卷法、访谈法、工作日志法、观察法、文献分析法、SEM 会议法等。

一、访谈法

1. 概述

访谈法是目前在国内企业中运用最广泛、最成熟、最有效的职位分析方法。访谈法又称为面谈法,是指工作分析员就某项工作,面对面地询问任职者及其主管以及专家等对工作的意见或看法。

访谈法可以对任职者的工作态度和工作动机等深层次内容进行详细的了解,通过该方法收集的信息不仅是工作分析的基础,而且可以为其他工作分析方法提供资料,例如通过访谈法获取的信息有助于开发工作分析问卷。访谈法是目前在国内企业中运用最广泛、最成熟并且最有效的工作分析方法;它是唯一适用于各类工作的方法,而且是对中高层管理职位实施工作分析效果最好的方法;访谈还能够促使任职者对工作进行系统性的思考、总结与提炼。访谈法既适用于短时间可以把握的生理特征的分析,又适用于长时间才能把握的心理特征的分析。

按照结构化程度划分,访谈法可分为结构化访谈和非结构化访谈。通过结构化访谈,能够收集全面的信息,但不利于任职者进行发散性思维;通过非结构化访谈,可以根据实际情况灵活地收集工作信息,但信息缺乏完备性。在实际中,往往两者结合使用。访谈法的形式,主要有个别访谈和集体访谈两种。集体访谈的对象一般是做相同工作或相近工作的员工。访谈中涉及的问题较多,为了避免遗漏,保证质量,最好事先拟定一份详细的访谈问卷或访谈提纲。一般来说,记录应采取标准的形式,这样便于记录、归纳与比较,并有助于将访谈限制在与工作有关的范围内。

2. 通用的工作分析访谈提纲

访谈内容主要包括工作目标、工作内容、工作性质和范围、工作责任、工作中遇到的问题、任职者对薪酬与考核等制度的意见和建议,等等。

示例

1. 关于岗位目标
(1) 此岗位的工作目标是什么?
(2) 此岗位最终要取得什么结果?
(3) 从公司角度看,这个岗位具有什么意义和作用?

2. 岗位地位
(1) 公司上级对此岗位作用的评价如何?
(2) 此岗位直接为哪个部门或个人效力?
(3) 哪些岗位与此岗位同属一个部门?

(4) 此岗位一年所需的各种经费(比如：经营预算、销售额、用于员工本身的开销)是多少？

3. 内外关系

(1) 你依据怎样的原则、规章制度、先例和人事制度办事？
(2) 此岗位的行为或决策受哪个部门或岗位的控制？
(3) 在公司内,此岗位与哪些部门或岗位有最频繁的工作联系？有哪些联系？
(4) 你是否需要经常会见上司商讨或者汇报工作？
(5) 通常,你需要与上司讨论什么问题？
(6) 你有下属吗？若有,哪些职位由你管辖,有多少？有多少人？分别是谁？
(7) 在公司外,此岗位与哪些部门或个人有最频繁的工作联系？有哪些联系？
(8) 此岗位需要出差吗？频率如何？经常去哪里出差？为什么出差？

4. 工作中的问题

(1) 你认为此工作对你最大的挑战是什么？
(2) 你对此工作最满意和最不满意的地方分别是什么？
(3) 此工作需要解决的关键问题是什么？
(4) 你面临的问题是否各不相同？不同之处表现在哪些方面？
(5) 处理问题时有无指导或先例可参照？有哪些处理依据？
(6) 你在工作中遇到的问题,在多大程度上是可预测的？
(7) 你对哪些问题有自主权？
(8) 哪些问题你需要提交上级处理？
(9) 你是否经常请求上司的帮助,或者上司是否经常检查或指导你的工作？
(10) 你的上司如何指导你的工作？
(11) 你是否有机会采取新方法解决问题？

5. 工作成果

(1) 你的工作中能够取得什么成果？其中最重要的成果是什么？
(2) 通常可以用什么标准衡量你的工作成果？
(3) 上司对工作任务的完成情况是否起决定性作用？

6. 岗位要求

(1) 此岗位要求任职者具备哪些专业技术？请按重要程度列出,并举出工作中的实例来说明。
(2) 通过脱产培训还是在职培训来掌握这个岗位所需的专业技术？
(3) 此岗位要求任职者具备哪些知识？请按重要程度列出,并举出工作中的实例来说明。

(4) 此岗位要求任职者具备哪些能力？请按重要程度列出，并举出工作中的实例来说明。

(5) 此岗位对任职者的职业道德要求是什么？

3. 操作流程

通用的工作分析访谈流程包括五个阶段，即准备阶段、开始阶段、主体阶段、结束阶段和整理阶段。

(1) 准备阶段。

在准备阶段，需要做如下工作：制定访谈计划、培训访谈人员以及编制访谈提纲。

● 制定访谈计划

访谈计划的内容是：访谈目标；访谈对象（要求是工作任职者的直接上级或从事本职位 6 个月以上的任职者）；访谈的时间和地点（时间安排以不打扰任职者正常的工作为宜，地点应保持安静和整洁）；访谈所需的材料和设备。

● 培训访谈人员

要对访谈人员所做的培训：访谈原则和技巧；访谈计划；访谈目的和意义；组织和指导访谈人员收集目标职位的相关背景信息。

● 编制访谈提纲

访谈者根据现有资料，编制访谈提纲，以防止在访谈过程中出现严重的信息缺失，确保访谈过程的连贯性。

访谈提纲中的问题分为通用性问题（开放式）和个性化问题（封闭式）。通过通用性问题收集各方面信息，通过个性化问题收集与职位相关的职责和任务，作为启发被访谈者思路的依据。

(2) 访谈开始阶段。

此阶段的重点是帮助被访谈者保持信任的心态。

首先，访谈者可以通过如下途径营造轻松的和舒适的访谈气氛：采取随意简单的方式让被访谈者进行自我介绍；尝试发现被访谈者喜好的话题，从这些话题出发展开访谈；在话题开始时，采取鼓掌和适度赞扬等方式表达对被访谈者的欢迎。

其次，向被访谈者介绍本次访谈的流程以及对被访谈者的要求，如果在访谈过程中需要使用录音和录像等手段，应向被访谈者事先说明。

再次，重点强调本次工作分析的目的、预期目标、所收集信息的用途，以及本次工作分析相关技术问题的处理方法（尤其是标杆岗位的抽取、被访谈者的抽取方式）。

最后，向被访谈者说明本次访谈已经征得其上级的同意，并且参与访谈的全部人员将保证访谈内容除了作为分析基础外，将对其上级和组织中的任何人完全保密。

（3）访谈主体阶段。

访谈主体阶段的任务包括寻找访谈"切入点"、询问工作任务，以及询问工作任务的细节。

- 寻找访谈"切入点"。

访谈的"切入点"通常可以是：询问被访谈者所在部门与组织中其他部门的关系，或者目标工作与部门内外的联系，或者询问工作环境。随着访谈的逐步深入，所谈内容应趋于具体和详细，主要询问任职者的各项工作任务"投入""行动"以及"产出"。

- 询问工作任务。

询问任职者工作任务时，可以向其提供事先准备的任务清单初稿，与被访谈者就任务清单中所列项目逐条地讨论与核对。在讨论与核对时，可以询问以下问题：

我们对这项任务的表达是否准确清晰？

我们对这项工作任务的描述，所用术语是否正确？是否还有其他更为专业的表达？

任务清单是否包含你的全部工作内容？

整个人物清单中是否有相互矛盾和逻辑混乱的地方？

各项任务表述是否相互独立？

哪些内容可以合并或者需要拆分？

- 询问工作任务细节。

可以运用流程分析的思想，从"投入""行动"以及"产出"三个角度询问工作任务的细节。

（4）访谈结束阶段。

工作分析员应根据访谈计划把握访谈进程，若需要超过计划时间，应及时与被访谈者及其上司沟通，征得其同意。

在访谈结束阶段，访谈者应就如下问题与被访谈者再次沟通：

- 允许被访谈者提问。
- 追问细节，并与被访谈者确认信息的真实性与完整性。
- 重申工作分析的目的与访谈搜集信息的用途。
- 如果以后需要继续访谈，应告知下次访谈的内容（最终确认成果）。
- 感谢被访谈者的帮助与合作。

（5）访谈整理阶段。

访谈结束后，及时整理访谈记录，为下一步信息分析提供清晰的和有条理的信息记录。

4. 运用访谈法要注意的问题

（1）访谈法的成功关键在于面谈者之间的坦诚与信任。所以，要尊重被访谈者，接待要热情，态度要诚恳，讲话要注意方式方法。

（2）为了提高面谈的效率，必须与主管领导密切配合，找出最了解工作内容和最能客观描述自己职责的员工。

（3）选择的场地环境要适合面谈，创造一种良好的环境气氛，使面谈者感到轻松愉快，能够无拘无束地回答问题。

（4）必须尽快与被询问者建立融洽的感情沟通和交流。询问者应当向面谈对象说明面谈的目的和意义，使其对面谈有正确的认识和态度，从而赢得他们的理解和支持，避免他们有被考核的感觉，消除各种误会，以保证获得真实、可靠的工作信息资料。

（5）运用面谈法收集信息需要提出很多问题，为了避免问题的遗漏、保证面谈的质量，面谈之前应拟订一份详细的提问题纲。随问随记，做到重要的问题先问，次要的问题后问。

（6）在面谈中应把握好提问的技巧。分析人员所提的问题要有针对性，语言表达清楚、含义准确，问题必须清晰、明确，不能太含蓄。问题和谈话的内容不能超出被询问者的知识和信息范围，问题和谈话的内容不能引起被询问者的不满或涉及他人的隐私。

（7）如果被询问者的工作比较多，则应该要求他将各种职责分别列出，并按重要程度进行排列。这样，就可以确保那些偶尔发生但又十分重要的工作任务不会被遗漏。

（8）面谈结束以后要将收集到的信息资料请任职者直接主管浏览核对一遍，并有针对性地做出适当的修改与补充。

5. 优缺点比较

（1）优点：

● 访谈双方当面交流，能够深入、广泛地探讨与工作相关的信息：目标职位的特征，任职者的态度、价值观和信仰以及语言等技能水平。

● 工作分析员能够及时地对访谈问题进行解释和引导。

● 工作分析员能根据实际情况及时地修正访谈提纲中的信息缺陷。

● 工作分析员能及时地对所获得的信息与任职者进行现场确认，有利于提高工作分析的效率。

● 对于工作分析有敌对情绪的任职者，可以通过工作分析员的沟通、引导，最大限度使其参与其中。

（2）缺点：

● 工作分析员在访谈过程中容易受到任职者个人因素的影响，导致收集的信息扭曲，比如种族、性别因素等。

● 访谈法会对任职者的正常工作甚至组织的日常运转产生一定的影响。

二、问卷法

1. 概述

问卷法是职位分析中广泛运用的方法之一，它是以书面的形式、通过任职者或其他职位相关人员单方面传递来实现的职位信息收集方式。在实际中，职位分析专家开发出大量不同形式、不同导向的问卷,以满足职位分析不同的需要。问卷调查法收集信息完整、系统,操作简单、经济,可在事先建立的分析模型的指导下展开,因此几乎所有的结构化职位分析方法在信息收集阶段均采用问卷调查的形式。

职位分析问卷主要分为定量结构化问卷和非结构化问卷。定量结构化问卷是在相应理论模型和假设前提下,按照结构化的要求设计的相对稳定的职位分析问卷,一般采用封闭式问题,问卷遵循严格的逻辑体系,分析结果可通过对信息的统计分析加以量化,形成对职位的量化描述或评价;定量结构化问卷最大的优势在于问卷一般经过大量的实证检验,具有较高的信度与效度,便于职位之间相互比较。非结构化问卷是目前国内使用较多的职位分析问卷形式,其特点在于能对职位信息进行全面、完整的调查收集,适用范围广泛,能根据不同的组织性质、特征进行个性化设计。与定量结构化的问卷相比,非结构化问卷存在精度不够、随意性强、与分析师主观因素高度相关等缺陷,但是非结构化问卷也有适应性强、灵活高效等优势。非结构化问卷不仅是一种信息收集工具,而且包含了任职者和职位分析师信息加工过程,因而其分析过程更具互动性、分析结果更具智能性。

2. 通用的工作分析调查问卷

示例

工作分析调查问卷

工作分析调查问卷填写说明

工作分析是人力资源管理体系的基石,并且在企业管理中占据重要的地位。工作分析的目的在于完整地收集一项工作的所有信息,客观地确认工作的职责、工作联系、绩效标准、工作环境和任职资格等内容。

首先感谢您在繁忙的工作中抽空填写本调查问卷,您填写的完整性和真实性对我们进行工作分析非常重要。请您留意每个项目后的说明和示例,可将内容较多的部分写在表格之外,也可以附页补充。请身兼数职的人员将多个职位的职责分开来,最好用不同的颜色标示。如有疑问,欢迎向工作分析项目组咨询,电话为:×××××××××。请于2018年××月××日前交至人力资源部××处。

再次感谢您的配合!

工作分析项目组
2018年××月××日

基本信息

姓名:	填写日期: 年 月 日
职位名称:	职位编号:
所属部门:	部门经理姓名:

调查信息

1. 请准确、简洁地列举你的主要工作内容(若多于2条可写在表格之外,下同):
   (1) _____ (2) _____

2. 请详细描述你的日常性工作内容(如果有工作日志,请附后):
   _____

3. 请详细列举你有决策权的工作项目:
   _____

4. 请详细列举你没有决策权的工作项目:
   _____

5. 请简明地描述你的上级是如何监督你的工作的:
   _____

6. 请简明地描述你的哪些工作是不被上级监督的:
   _____

7. 请详细描述你在工作中需要接触哪些职位的员工,并请讲明接触的原因:
   _____

8. 请列举你直接领导的下属的职位、姓名和工作内容:
   _____

9. 请简明地列举你编写的需要作为档案留存的文件名称和内容提要:
   _____

10. 请列举工作中需要用到的主要办公设备和用品:
    _____

11. 请描述你在人事和财务方面的权限范围:
    _____

12. 你认为胜任这个职位需要几年的相关工作经验?
    □不需要 □1年 □2年 □3年 □4年 □5年及以上
    □不需要培训 □不好估计

13. 你认为胜任这个职位需要什么样的文化程度?
    □初中 □高中 □大专 □本科 □硕士及以上 □不好估计

14. 你认为一位没有相关工作经验的大专学历的人员,需要多长时间培训可以胜任此工作?
    □不需要培训 □3天以内 □15天以内 □1个月以内
    □3个月以内 □半年以内 □半年以上 □不好估计

15. 你认为具有什么性格的人能胜任该职位?

16. 你认为胜任该职位需要具备哪些能力?

17. 你认为具有何种心理素质的人员能更好地胜任该职位?

18. 你认为具有何种知识范围的人能更好地胜任该职位?

19. 请描述该职位的工作环境,你认为什么样的工作环境更合适工作?

20. 你对该职位的评价:

填写人签字:　　　　　　　　　　　　　工作分析负责人签字:

3. 操作流程

通用工作分析问卷法的操作流程包括五个环节,依次是问卷设计、问卷测试、样本选择、问卷发放与回收、问卷处理与运用。

（1）问卷设计。

问卷中应当包括如下内容。

- 职位基本信息：任职者姓名、职位名称、所在部门、学历、工作经历、年龄、薪资水平等。
- 职位目的：要求任职者使用一段简短的和概括性的语句来揭示职位在组织中存在的目的和作用。填写格式为：工作依据(格式:"根据……")＋工作内容(格式:动词＋工作对象)＋工作成果(主要描述工作达到的目的)。
- 工作职责：按照工作任务的重要程度排列,写出该职位的工作任务。格式为：动词＋工作对象＋工作目标;还需要任职者估计某一工作职责占其全部工作时间的百分比。
- 绩效标准：各项工作职责须达到的绩效标准,包括工作结果的数量、时限、质量,以及对组织的影响等。
- 工作联系：与本部门内其他职位、其他部门、上级以及组织外的联系对象、联系内容、联系频率以及重要性等,工作联系的范畴界定为稳定的、长期的工作联系而非突发性的、偶尔的联系活动。
- 组织构架：包括二级上级、直接上级、直接下级以及平级。
- 工作特征：工作时间、出差比重、工作负荷等。
- 任职资格：工作对任职者的学历、工作经验、知识结构、工作技能、能力与素质等方面的要求。
- 所需培训：培训的目标、内容、时长、频率以及考核方式等。
- 职业生涯：职位晋升通道。

（2）问卷测试。

正式下发问卷之前，选取局部职位填写问卷初稿以测试问卷，针对测试中的问题及时修订和完善。

（3）样本选择。

针对某一职位进行分析时，若目标职位任职者较少（3人以下），则全体任职者均为调查对象；若任职者较多，则选取3～5人为宜。

（4）问卷发放与回收。

对填写问卷进行工作分析辅导培训，通过公司内部通信渠道（文件、OA系统等）发放工作分析调查问卷；在填写过程中，工作分析员及时跟踪填写状况，解答疑难问题，组织填写者交流填写心得，统一填写规范。回收问卷前将问卷反馈到被调查职位的直接上级，请他们对问卷中的信息进行确认、修正、签字，确保信息的真实性和准确性。

（5）问卷处理与运用。

剔除回收问卷中的不合格问卷或重新进行调查，将相同职位的调查问卷进行比较分析，提炼正确信息，编制工作说明书。

4. 操作注意事项

（1）问卷设计的质量。

问卷中要包括详细的填写说明书和填写范例，调查项目与调查目的应一致，问题的阐述应简明并易于回答，防止提诱导式问题。

（2）调查前培训。

在问卷调查前，必须对调查对象进行填写辅导，说明调查的意图，就问卷的内容和填写规范进行讲解，这样有利于取得问卷回答者对调查的合作，提高他们对问卷的理解程度。

（3）问卷调查过程的控制。

对调查过程的严密控制、及时沟通与反馈，能够提高问卷的效果。

（4）问卷调查信息的确认。

问卷回收之前，必须首先将问卷反馈到被调查者职位的上司，请他们对问卷中的信息进行确认、修正并签字，确保问卷收集信息的真实性与准确性。

5. 优缺点比较

（1）优点：
- 可以在短时间内从众多任职者那里收集所需的信息资料。
- 可在生产和工作时间之外填写，不影响正常工作。
- 调查范围广，可用于多种目的、多种用途的工作分析。
- 比较适用收集管理职位的工作信息。

(2) 缺点：
- 对问卷编制的技术要求较高。
- 不同任职者因对问卷中同样问题理解的差异，会产生信息资料的误差，进而偏离工作分析的目标。
- 问卷的回收率通常偏低。
- 不适合对文字理解能力和表达能力较差的人进行问卷调查。

三、观察法

1. 概述

观察法是指工作分析人员直接到工作现场，针对特定对象的作业活动进行观察，收集、记录有关工作信息，并进行分析和归纳总结的方法。前面介绍了访谈法和问卷法等工作分析方法，虽然它们都可以有效地采集工作岗位方面的信息，但存在明显的弱点：不能收集任职者从事岗位工作的细节信息。有时一些有经验的员工并不总是能够很好地完成自己的工作程序，许多工作行为已成为习惯，在实际工作中会不自觉地忽视工作程序的一些细节。因此，研究者们主张采用观察法对工作人员的工作过程进行观察，记录工作行为各方面的特点；同时，也能够了解工作中所使用的工具设备，了解工作程序、工作环境和体力消耗等。观察时可以用笔记录，也可以用事先准备好的观察项目表，一边观察一边核对。

观察前先进行访谈将有利于观察工作的进行。一方面它有利于把握观察的大体框架；另一方面它使双方相互有所了解，建立一定的合作关系，使随后的观察更加自然、顺利地进行。观察法主要适用于周期性、重复性较强的工作，分为直接观察法、自我观察法（工作日志）和工作参与法三种。由于三种方法在很多方面有共同之处，因此本书以直接观察法为例介绍观察法在工作分析中的应用。

观察法的结构化程度是指观察过程、记录方式、结果整理等环节在多大程度上得以事先确定和统一。按照结构化程度，观察法可以分为结构化观察法和非结构化观察法。结构化观察法，需要在现有理论模型（如KSAO）和对与职位相关的资料进行分析整理的基础上，针对目标职位的特点开发个性化的观察分析指南，对观察过程进行详细规范，严密掌握观察分析的全过程；非结构化观察法，只需根据观察的目标定位所要收集的信息进行观察，方式灵活，国内经常使用该种方法。

示例

观察记录表

被观察者姓名：　　　　　　　　　　日期：
观察者姓名：　　　　　　　　　　　观察时间：

工作类型：　　　　　　　　　　工作部门：
观察内容：
1. 何时开始正式工作？
2. 上午工作多长时间？
3. 上午休息_____次。第一次休息时间从_____到_____，第二次休息时间从_____到_____。
4. 上午完成_____件产品。平均多少时间完成一件产品？
5. 与同事交谈_____次。每次交谈约多长时间？
6. 室内温度_____度。
7. 抽了几支香烟？
8. 喝了几次水？
9. 什么时候开始午休？
10. 出了多少件次品？
11. 搬了多少原材料？
12. 噪声是多少分贝？

2. 操作流程

通用的工作分析观察法的流程包括三个阶段，依次是观察前准备阶段，现场观察与记录阶段，数据整理、分析与应用阶段。

（1）观察前准备阶段。

● 确定目标。

观察前首先要明确观察目的，针对不同的目的，将会有不同的观察客体、结构化程度、观察的关注点与之相对应。其次是要明确观察客体，观察的客体主要有个体、小组、团队、组织四个层面。层面定位是指将所要观察的职位置于怎样的环境中来观察。一方面，我们应根据目标职位的影响范围来确定观察的层面，若目标职位涉及这个组织的运行，则将其置于组织层面，以此类推。例如，对于一条流水线主管人员工作的活动观察应置于整个小组的层面，而对于其中某个操作人员的观察在个体层面即可。另一方面，在确定观察的客体时，我们要根据观察的目的选择合适的观察客体所处的层面。一般情况下，由于描述性观察法需要收集全面完整的信息，因此应针对上述四个层面展开全面的观察；验证性观察法仅针对所要验证的信息，因此只需根据需验证信息所涉及的客体进行观察即可。

● 选择观察对象。

根据工作分析观察法的目的以及客体的定位，我们要在目标职位任职者中选择合适的观察对象。若目标职位任职者较少，这些任职者都将是观察对象；若目标职位任职者较多，从经济和便利的角度看，一般选择3～5位典型的任职者作为观察对象，同时应选取绩效水平较高的任职者作为观察对象。在选定对象的同时,应该对观察对象进行相关的培训,应向他们说明工作分析的目的、操作流程,以及最终的影响等,消除其戒备心理。工作分析人员切忌采用"暗中观察"的方法。尽管这种方法能够真实地反映观察对象的实际工作状况,但是这种方法是不道德的,会降低组织成员对组织的信任感,可能会导致工作分析的失败。

- 选择合适的方法。

结构化观察法规范、连贯、可信度高,缺点是僵化,易造成信息的缺失;非结构化观察法灵活、信息收集面宽,但指导性差、分析整理难度大。

> 可以通过以下途径增加观察的结构化程度:
> 明确观察的具体内容,例如观察人与机器的互动、某人特定的行为、工作任务中包含的动作以及非正式组织的运行等;
> 要求观察者固定观察地点;
> 固定观察的时间跨度;
> 开发结构化表格收集、记录、分析信息。

在现实操作过程中,为了避免两种极端方法的缺陷,我们综合使用两种方法,在两者之间寻找恰当的平衡点,既避免观察的盲目性,又保证观察的灵活性。

- 确定时间地点。

为了不影响组织日常运行,观察时间应事先确定。时间、地点的确定应遵循典型性、经济性、全面性、民主性的原则。

- 确认设备工具。

在观察过程中,将有大量的信息需要观察人员进行快速的整理记录,因此有必要采用一些辅助的手段帮助观察员进行记录,常用的设备包括录音机、摄像机等。如上所述,在对任职者进行录音、录像之前,应事先告知其目的和方式,避免各种负面影响。另外,其他计时、度量的工具应根据实际观察的需要予以配备。

- 分析人员的选拔培训。

在实地观察之前首先需要选拔观察分析人员,要求观察分析人员具备公正客观的态度、较强的沟通能力、文字表达能力以及对行为的理解把握能力,对于某些特殊的工作,还需要有较强的体力等。然后对观察分析人员进行培训,目的是增强观察过程的可信度,收集更加准确可靠的信息,如培训质量的好坏。培训的内容主要包括工作分析的目的与特点的简介、研究设计的解释说明、观察法的操作及其要点等。培训的效果将直接关系到工作分析的质量,通过培训观察员,可以增加整个观察分析活动的规范性,同时通过集体讨论可以弥补观察方案中的不足之处,增强方案的可行性。

(2) 现场观察与记录阶段。

● 进入观察现场。

上述准备工作就绪后，并非意味着观察可以顺利进行了，还需要在进入工作现场时，做好前期铺垫工作，为观察的实施扫除一些影响因素。

● 现场记录。

在观察者与任职者之间建立良好的信任合作关系之后，即进入现场观察记录的阶段。观察记录质量的好坏对结果的影响是不言而喻的，因此在观察记录的过程中，观察分析一定要严格遵守观察记录的流程要求，本着严肃、敬业的态度，完成对目标职位每个环节的记录工作，现场观察中应注意以下问题：距离适中、适时交流、即时反馈。

(3) 数据整理、分析及应用阶段。

观察结束后应对收集的信息数据进行归类整理，形成观察记录报告。数据整理根据采用的方法不同有不同的整理要求：对于结构化的观察结果，应按照计划要求，对收集的数据进行编码、录入计算机，以便分析；对于非结构化调查，则应根据一定的逻辑顺序(如发生时间)进行整理排列，补齐观察过程中的缩写，形成一份描述性的报告，当然也可以加入个人判断。

观察法数据整理分析是一项庞杂的工作，尤其是非结构化观察法，要对大量的活动描述进行归类分析。本书随后将要涉及的工作日志法，从某种程度上说也是一种观察法，只是观察的主体是任职者本人。在工作日志法中，本书将会详细解剖信息收集提炼过程，非结构化观察法所获信息可以参照其分析提炼方法进行加工整理，获得标准化信息。

对于结构化的观察结果，可以根据设计要求和实际情况，采用各种统计分析方法进行统计分析。由于结构化观察法目前在国内运用相对较少，而且主要适用于操作性职位，因此本章不再赘述。

3. 注意事项

(1) 注意工作行为样本的代表性。

(2) 观察人员在观察时尽量不要引起被观察者的注意，避免干扰被观察者的工作。

(3) 观察前要有详细的观察提纲和行为标准。

(4) 观察者要避免机械记录，应反映工作有关内容，并对工作信息进行比较和提炼。

4. 优缺点比较

(1) 优点：

● 工作分析人员能够比较全面和深入地了解工作要求。适用于那些主要用体力活动来完成的工作，如流水线工人、专业技术人员等。

● 成本低，经济实用，且易操作。

(2) 缺点：

● 不适用于脑力劳动要求比较高的工作，以及处理紧急情况的间歇性工作。例如，律师、教师、护士、管理人员等。

● 对有些员工而言难以接受，他们觉得自己受到监视或威胁，从而在心理上对工作分析人员产生反感,同时也可能造成操作动作变形。

● 不能得到有关任职者资格要求的信息。

四、工作日志法

1. 概述

工作日志法是要求任职者在一段时间内实时记录自己每天发生的工作,按工作日的时间记录下自己工作的实际内容,形成某一工作岗位一段时间以来发生的工作活动的全景描述,使工作分析员能根据工作日志的内容对工作进行分析。工作日志法的主要用途是作为原始工作信息搜集方法,为其他工作分析方法提供信息支持,特别是在缺乏工作文献时,日志法的优势尤为明显。

工作日志法主要有以下功能:

(1) 提醒功能。员工在实际操作过程中,可能会同时进行多项工作(尤其对企业的最高管理者),会因为注意细节而忽略重要的事情,所以及时查看工作日志并进行标注,对企业的每一位员工都有重要作用。

(2) 跟踪功能。企业的最高管理者根据工作日志所记录的内容,对相关员工的重要事件进行跟踪,在跟踪过程中增加资源支持的优势,把风险降低到最低程度。

示例

工作日志范例

填写日期: 　　年　　月　　日

首先,感谢您在繁忙的工作中抽出时间配合本次工作分析活动,本次工作分析的主要目的是确定此岗位任职者的培训需求。您填写的工作日志将有助于我们全面界定您所在岗位的主要职责。在接下来的一个月里,请您如实、及时并且全面地填写工作信息,在填写过程中,请您注意以下几点:

1. 请您每工作半小时,按照工作活动发生的顺序如实地记录工作内容(若任务连续不可间断,在任务完成后请立即填写),切勿在一天工作结束后一并填写。

2. 请您严格按照表格要求进行填写,不要遗漏那些细小的工作活动,以保证信息的完整性。

3. 请您提供真实的信息,以免损害您的利益。

4. 请于本月末将填写的工作日志交至公司人力资源部。

当您在填写过程中遇到困难时,请及时与我们联系,电话:×××××××。

再次感谢您的支持与工作!

×××公司工作分析项目组

```
工作日志基本信息
姓名：           年龄：              部门：
职位名称：                          直接上级：
工作日志内容
```

工作序号	工作活动名称	工作活动内容	工作活动结果	时间消耗	备注

```
    年    月    日
填写人：                            审核人：
```

2. 操作流程

通用的工作日志法操作流程主要包括三个阶段，依次是准备阶段、日志填写阶段、信息分析整理阶段。

（1）准备阶段。

● 表单设计。

完整的工作日志包括四个部分，即前言、填写说明、任职者信息、工作日志内容。

工作日志内容的填写项目主要包括以下几个方面。

活动名称：工作活动概述；

编号：记录工作活动的顺序；

活动方式：准确描述活动是如何进行的；

活动对象：工作活动的客体；

活动结果：工作活动带来的直接结果；

频率：这段时间内重复出现的次数；

起止时间；

活动地点；

工作联系：比如，部门内和部门外的联系；

性质：区分常规的还是临时偶然发生的活动；

重要程度：分为三级，分别是很重要、重要、一般工作日志填写项目。
- 目标定位。

若目标职位的任职者较少，那么这些任职者都需要填写工作日志；若目标职位的任职者较多，从经济和便利的角度看，一般选择5~10位经典的任职者来填写，同时应选取绩效水平较高的任职者。

- 培训相关人员。

在选定对象以后，应该对其进行相关的培训，应向他们说明工作分析的目的、操作流程，以及最终的影响等，消除其抵制心理。

- 确定填写周期。

填写的总时间跨度，即工作日志填写的时间范围。一般对于能划分完整工作周期的职位，在可能的情况下，可以选取一个工作周期作为填写工作日志的总体时间跨度；对于大多数职位，一般选取一个月到一个半月作为工作日志填写时间。

确定填写工作日志的时间间隔的原则是，在尽可能不影响日常工作的前提下记录完整准确的工作信息。一般每日填写时间间隔为半小时，能最大限度地满足上述原则。

（2）日志填写阶段。

通过中期讲解、阶段成果分析、工作分析交流会等方法进行过程监控，督促被调查对象保质保量地填写好工作日志，这里要提到的是有些被调查对象往往不是在当时当日填写日志，而是在工作日结束时，甚至是过了几天之后才慢慢回忆前几天所做的工作，这样难免会造成信息的失真。

（3）信息分析整理阶段。

- 起草"手续办理""编制报表"等，然后按照各板块内部工作客体的不同对工作任务加以细化归类，形成对各项活动的大致描述。
- 工作职责描述。根据日志内容尤其是工作活动中"动词"确定目标职位在工作活动中扮演的角色，结合工作对象、工作结果、重要性评价形成任职者在各项工作活动的职责。
- 工作任务性质描述。区分工作活动的常规性和临时性，对于临时性的工作活动，应在工作描述中加以说明。
- 工作联系。将相同的工作联系客体归类，按照联系频率和重要性加以区分，在工作说明书相应项目下填写。
- 工作地点描述。对工作地点进行统计分类，按照出现频率进行排列，对于特殊工作地点应详细说明。
- 工作时间描述。可采用相应的统计制图软件，做出目标职位时间—任务序列图表，确定工作时间的性质。

3. 操作注意事项

工作日志法获取的信息单向来源于任职者，这容易造成信息缺失、理解误差等错误，因此在实际操作过程中,工作分析人员应采取措施加强与填写者的沟通交流,以削弱信息交流的单向性,如事前培训、过程指导、中期辅导等。为减少后期分析的难度,应按照后期分析整理信息的要求,设计结构化程度较高的填写表格,以控制任职者填写过程中可能出现的偏差和不规范之处。

4. 优缺点比较

(1) 优点:
- 成本低、所需费用较少。
- 对分析高水平与复杂的工作,显得比较经济有效。

(2) 缺点:
- 无法对日志的填写过程进行有效的监控,导致任职者填写的活动详细化程度可能会与工作者的预期有差异。
- 任职者可能不会按照规定的填写时间及时填写工作日志,导致事后填写的信息不完整甚至"创造"工作活动。
- 需要占用任职者较多的填写时间;工作的部分任务发生频率低,但是影响重大,是本工作的核心职能,在日志法中,有可能因在填写的时间区间内没有发生,而导致重要信息的缺失。

五、文献分析法

1. 概述

文献分析法是一项经济且有效的信息收集方法,它是指通过对与工作相关的现有文献进行系统性的分析来获取工作信息。由于它是对现有资料的分析提炼、总结加工,通过文献分析法无法弥补与原有资料的空缺,也无法验证原因描述的真伪,因此文献分析法一般用于收集工作的原始信息,编制任务清单初稿。

2. 操作流程

(1) 确定信息来源。

信息来源包括内部信息和外部信息。内部信息包括员工手册、公司管理制度、岗位职责说明、绩效评价、公司会议记录、作业流程说明、ISO质量文件、分权手册、工作环境描述、员工生产额记录、工作计划、设备材料使用与管理制度、行政主管与行业主管部门文件、作业指导书等;外部信息可以从外部类似企业相关工作分析结果或原始信息中收集,并作为原始信息加以利用,但必须注意目标职位与"标杆瞄准职位"的相似性。

(2) 确定并分析有效信息。

进行文献分析时,需要快速浏览文献,从大量的文献中寻找有效信息点。当发现有效信息后,可以根据收集信息内容的不同,使用各种符号进行标示,或者采用不同的颜色标示,以便之后快速查找。针对文献中信息不完整和缺乏连贯性的情况,应及时重点标出,在编制工作分析提纲时,作为重点问题加以明示;对于文献中隐含的工作内容以及绩效标准,应深入挖掘,在以后的分析中得以求证。

3. 操作注意事项

(1) 甄别信息。

对企业现有文献的分析,要坚持所收集信息的"参考"地位,采取批判吸收的态度,切忌先入为主,让其中错误多余的信息影响工作分析乃至其他管理活动的最终结果。

(2) 做好阅读标记。

研究文献时,要按照既定标准记录信息,切忌"走马观花",流于形式。

(3) 适度运用文献。

注意从文献中获得的信息的适度运用。不能使编制的工作分析工具流于表面,缺乏弹性,也不能因旧信息的大量堆积而影响任职者的判断。

4. 优缺点比较

(1) 优点:

- 分析成本低,工作效率高。
- 能够为进一步工作分析提供基础资料、信息。

(2) 缺点:

- 收集到的信息不够全面,尤其是小型企业或管理落后的企业往往无法收集到有效、即时的信息。
- 要与其他工作分析方法结合起来使用。

六、主题专家会议法

1. 概述

主题专家会议法是指熟悉目标职位的组织内部人和外部人就目标职位的相关信息展开讨论,收集数据,验证并确认分析结果。主题专家会议的成员主要包括内部成员和外部人员,内部成员是指任职者、直接上级、曾经任职者、内部客户、其他熟悉目标职位的人;外部成员是指咨询专家、外部客户、其他组织标杆职位任职者。

主题专家会议法在整个组织的管理过程中有着极其广泛的用途,比如德尔菲法等。在工作分析中,主题专家会议法主要用于建立培训开发规划、评价工作描述、讨论任职者的绩效水平、分析工作任务,以及进行工作设计等。

2. 操作流程

(1) 确定主持人。

主题专家会议法的主持人最好是组织内与目标职位相关的中层管理者,还需要人力资源部的工作分析专业人士对其进行专业指导和培训。主持人的主要职责是:

- 按照会议计划,协调并召集相关人员参加会议;
- 根据会议日程展开讨论,确保会议有序、高效地进行;

- 根据会议提要，提出讨论范围和内容，及时调整会议议题；
- 根据与会者讨论结果对目标职位做出判定；
- 准备并分发会议相关资料；
- 对讨论过程中的分歧，会后进行调研复核，并将结果反馈给相关人员。

主持人在会议中所起的作用决定了对主持人的知识要求的高低。如果主持人在会议中的参与程度较低，则不必具备相关职位知识；若在会议中扮演重要角色，则应充分了解该职位的相关信息。在实践中，主持人一般应对目标职位有一定的了解，同时对会议将要使用的各种资料理解透彻，以便更好地推动会议的进程，达到预期效果。

（2）选择相关专家。

主题专家一般以5~8人为宜，根据会议的主要目的确定与会者：如果会议的主要目的是工作设计，则与会的主题专家应包括职位的上级、咨询专家、外部客户、其他组织标杆职位的任职者等；若会议的目的是确定任职资格，则与会主题专家主要是上司、任职者、外部专家等。

（3）准备会议相关材料和设施。

为了使会议更加具有针对性，提高会议的效率，会议主持人应事先准备好相关书面材料或其他媒体材料，例如需确认的工作分析初稿、问卷、访谈提纲等。

（4）会议组织与安排。

进行会场布置以及后勤准备工作，提前通知与会者，并协助其准备好会议所需的相关文件资料。

3. 注意事项

（1）主题专家会议的主持人最好是组织中与目标管理职位相关的中层管理人员，并注意营造平等、互信的会议气氛。

（2）主题专家会议的组织者应该在会议前进行周密的安排、提供相关信息、协调时间、做好会议后勤的保障工作。

（3）主题专家会议应有专人记录，以备查询。

（4）对于主题专家会议未形成会议的事项，应在会后由专人负责办理，然后将成果反馈给与会人员。

4. 优缺点比较

（1）优点：
- 主题专家会议操作简单、成本低，适合各类组织开展；
- 可以运用于工作分析的各个环节，具备多方面沟通协调的功能，有利于工作分析结果最大限度得到组织的认同以及后期的推广。

（2）缺点：
- 结构化程度低，缺乏客观性；
- 受到与会专家的知识水平及其相关背景的制约。

表 2-2 主题专家会议过程示例

日　程	会　议　内　容	时　间
第一天	开场白	8:30
	会议简介	8:45
	讨论具体目标及相关用途	9:00
	讨论目标工作	9:15
	目标工作任务陈述并提供相关实证	9:30
	会议休息	10:30
	讨论工作结果及影响	10:45
	介绍并讨论工作任务列表	11:45
	午饭	12:00
	逐项评价并修订任务列表	13:00
第二天	填写与目标职位相关的调查问卷	8:30
	集中分析问卷数据	10:30
	午饭	12:00
	讨论与各项任务项对应的要求	13:00
	最终定稿	14:30

第二节　以人为基础的系统性职位分析方法

系统性职位分析方法是指职位分析方法从实施过程、问卷量表使用、结果表达运用方面都体现出高度结构化的特征,通过量化的方式刻画职位特征的职位分析方法。

以人为基础的职位分析方法是从任职者行为的角度描述职位,侧重于任职者在履行工作职责时所需的知识、技术、能力以及其他行为特征。在实践中运用较多的以人为基础的系统性职位分析方法主要有工作元素分析法（Job Element Analysis，JEA）、职位分析问卷法（Position Analysis Questionnaire，PAQ）、管理职位分析问卷法（Management Position Description Questionnaire，MPDQ）、基础特质分析系统（Threshold Traits Analysis，TTA）、能力需求量表法（Ability Requirement Scales，ARS）、工作诊断调查法（Job Diagnostic Survey，JDS）、工作成分清单法（Job Components Inventory，JCI）。

一、职位分析问卷法

1. 概述

职位分析问卷法(PAQ)是一项基于计算机的、以人为基础的系统性职位分析的方法。它是1972年由普渡大学教授麦考密克(E.J.McComick)开发出的结构化的职位分析问卷。经过多年实践的验证和修正,PAQ法已成为使用较为广泛的有相当信度的职位分析方法。

PAQ研究设计者最初的设计理念主要有以下两点:开发一种通用的、以统计分析为基础的方法来建立某职位的能力模型,以淘汰传统的测验评价方法;运用统计推理的方法进行职位间的评价,以确定相对报酬。此后,在PAQ的运用中,研究者发现PAQ提供的数据同样可以作为其他人力资源功能板块的信息基础,例如工作分类、人职匹配、工作设计、职业生涯规划、培训、绩效测评以及职业咨询等。这些运用范围的扩展,表明PAQ可以运用于建设企业职位信息库,以整合基于战略的人力资源信息系统。事实上,在国外PAQ的这种战略用途已经得以证明,并取得很好的效果。

对 PAQ 感兴趣的读者可以通过以下途径获得 PAQ 的详细材料:

问卷、材料——The University Book Store, 360West State Street, West Lafayette, Indiana 47906, U.S.A

电子版本——The Data Processing Division, PAQ Service, Inc., 1625 North 1000 East, Logan, Utah 84321

PAQ问卷主要包括以下结构维度,如表2-3所示。

表2-3 PAQ问卷的结构维度

1. 信息输入:从何处以及如何获得工作所需的信息	
知觉解释	解释感觉到的信息资源
信息使用	使用各种已有的信息资源
视觉信息获取	通过对设备、材料的观察获取信息
知觉判断	对感觉到的事物做出判断
环境感知	了解各种环境条件
知觉运用	使用各种感知
2. 体力活动:工作中包含哪些体力活动、需要使用什么工具设备	
使用工具	使用各种机器、工具

续 表

身体活动	工作过程中的身体活动（坐立除外）
控制身体协调	操作控制机械、流程
技术性活动	从事技术性或技巧性活动
使用设备	使用大量的各种各样的装备、设备
手工活动	从事与手工操作性相关的活动
身体协调性	身体一般性协调
3. 脑力处理：工作中有哪些推理、计划、信息处理等脑力加工活动	
决策	做出决策
信息处理	加工处理信息
4. 人际关系：工作中需要哪些人发生何种内容的工作联系	
信息互换	相互交流相关信息
一般私人接触	从事一般性私人联络和接触
监督/协调	从事监督协调等相关活动
工作交流	与工作相关的信息交流
公共接触	公共场合的相关接触
5. 工作环境：工作的自然环境和社会环境如何	
潜在压力环境	工作环境中是否存在压力和消极因素
自我要求环境	对自我严格要求的环境
工作潜在危险	工作中的危险因素
6. 其他特征：其他活动、条件和特征	
典型性	典型性工作时间和非典型性工作时间的比较
事务性工作	从事事务性工作
着装要求	自我选择着装与特定要求着装的比较
薪资浮动比率	浮动薪酬与固定薪酬的比率
规律性	有规律工作时间和无规律工作时间的比较
强制性	在环境的强制下工作
结构性	从事结构性和非结构性活动
灵活性	敏锐地适应工作活动、环境的变化

2. 操作流程

职位分析问卷法在操作中包含七个步骤：明确目的、获取支持、确定方法、人员培训、项目沟通、信息收集，以及结果分析。

(1) 明确目的。

工作分析并不是目的，而应用工作分析的结果，更好地实现某些人力资源管理职能才是工作分析的最终目的。工作分析的目的可以是建立甄选或晋升标准、确定培训需求、建立绩效评价要素或职业生涯规划等。

(2) 获取支持。

首先要明确组织文化，针对不同的文化选择不同的信息收集方式；其次要确定工作分析的开展方式，明确是从高级职位往下展开还是从低级职位往上推进；然后，制订具体方案并交管理者审阅，获得管理层的重视与支持。

(3) 确定方法。

收集职位分析问卷法的数据有很多不同的方式，概括起来无非是两种问题导致了不同的选择：谁来收集数据以及谁是工作信息的提供者。首先工作分析员可以是专业工作分析员、任职人员，以及该工作的主管人员，不同的人员又决定了工作分析培训的程度不同。就第二个问题而言，选择工作信息的提供者是与工作分析员的确定相联系的。一旦选定了工作分析员的类型，就必须识别出将提供工作信息的个体。通常，工作信息的提供者是有丰富经验的任职人员。

具体来说，工作分析信息收集范围与方式主要有以下两种典型的方式。

● 任职人员或直接主管提供工作信息，工作分析专业人员填写职位分析问卷的方式。

● 任职人员直接填写职位分析问卷的方式。

(4) 人员培训。

工作分析人员培训的内容是：熟悉工作分析本身（目的、意义、方法）、职位分析问卷的内容、操作步骤，以及收集数据的技巧。

(5) 项目沟通。

要传递给员工的基本信息包括工作分析的目的、时间规划，以及数据收集方式等。

(6) 信息收集。

在确定信息策略、培训工作分析员以及与员工进行必要的沟通之后，便进入了实际的信息收集阶段。要指出的是，第三个步骤中确定的信息收集范围与方式，特别是工作分析员的类型将在很大程度上直接决定获取职位分析问卷法信息的具体方法，诸如访谈法、观察法、直接问卷法等。

诸如，假设在第三步骤中采取的是由专业人员填写职位分析问卷法、任职人员或直接主管人员提供信息的方式，那么信息收集的具体方法则可以是访谈法或观察法，或者是两者的结合。

就访谈法而言，由于职位分析问卷法措辞的一般性和相对晦涩，通常在访谈之前，工作分析小组可以根据职位分析问卷法的结构，以及被分析工作的实际情况来设计补充的工作分析表格，然后再使用这些表格实施结构化的访谈。在访谈结束之后，使用讨论决定的标准将访谈结果直接对应到职位分析问卷法的各项目中。另外要指出的是,与任职人员的访谈和直接主管的访谈都是有价值的。而且,实践经验表明,将主管与任职人员组织在一起访谈与对他们进行分别访谈的效果是一样的;也就是说,主管人员在场与否不会影响任职者提供信息,但有时候情况也会恰恰相反,员工会把与主管一起访谈看作一次机会,是向主管陈述一些主管们平时没有注意到的重要信息的机会。而作为观察法,工作分析员可以直接观察工作场所,以及任职人员执行一项或多项工作任务的过程。

(7) 结果分析。

在所有职位分析问卷法填写完毕后,不但可以明确各工作对人员的任职资格要求,而且可以根据需要进行其他分析。对此,由于职位分析问卷法所收集的是经验性资料,所以一系列广泛的分析都是可以利用的,包括从简单的制表到更复杂的分析。例如,几项研究表明,职位分析问卷法测定了 32 项具体的、13 项总体的工作维度。通过这些维度,可以对任何一项工作进行评分。而一旦经过评分以后,工作内容的概况就可以建立起来并用于描述所分析职位的特征。因此,职位分析问卷法使得通过应用工作维度评分定量化地描述某一职位成为可能。接下来,这些维度评分能够用于对职位所需的雇员任职资格进行直接评估,甚至进而开发和挑选出用于评价这些重要雇员任职资格的测试和其他甄选技术。

3. 职位分析问卷法的运用

职位分析问卷的填写要在访谈的基础上由专业工作分析员填写。通过职位分析问卷法收集的数据信息,在进行完备性、信度与效度的检验后,就可以进行计算机分析处理,运用于人力资源管理各个方面。

有如下三种运用较多的工作分析报告形式。

(1) 工作维度得分统计报告:目标工作在职位分析问卷法各评价维度上得分的标准化和综合性的比较分析报告。所有的评价维度得分均采用标准分的形式,标准得分直接反映目标职位与职位分析问卷法提供的样本常模在该维度上的差异,百分比直观地说明目标职位在评价维度上的相对位置,便于不同职位之间的相互比较。

(2) 能力测试估计数据:职位分析问卷法通过对职位信息的分析,确定该职位对于任职者各项能力的要求,并且通过与能力水平常模的比较,将能力测试预测分数转化为相应的百分比形式,便于实际操作。能力测试估计数据的重要用途之一为人员甄选录用。

(3) 工作评价点值:通过职位分析问卷法内在的职位评价系统所收集的职位信息进行评价,确定各职位的相对价值。

PAQ 方法的主要提出者,麦考密克(1977)认为,与其他的工作分析方法相比,PAQ方法最有效的应用领域是工作评价。对于一份特定的工作,只要得出 PAQ 各个维度的分值就能通过一套公式换算成工作评价的点值,进而得出该工作的薪资水平。

詹纳雷特(1980)选择了 29 个小时工作、10 个一般职位和 26 个管理职位作为样本。用 PAQ 对它们进行了评价,并将得出的分值转化为工作评价的点值。通过与现实情况的对比,可以看出分析结果准确地反映了所分析工作之间的相对价值。

表 2-4　利用 PAQ 得到的工作分析结果

职位类型	工作名称	利用 PAQ 得到的工作评价点值
小时工作	保洁员 机械操纵员 初级维修员	308 370 539
一般职位	办公室服务员 打字员 客户服务代表	295 381 452
管理职位	值班主管 维修主管 控制间主管	611 694 781

4. 优缺点比较

（1）优点：

- 同时考虑员工与工作两个变量因素；
- 将工作分析不同的等级，用于进行工作评估及人员甄选；
- 不需修改就可用于不同组织、不同工作，所以比较各种组织间的工作更加容易。

（2）缺点：

- 耗时，并且必须由受过专业训练的工作分析员填写问卷；
- 工作特征抽象，不能描述实际工作中特定的、具体的任务活动。

二、管理职位分析问卷法

1. 概述

在现代企业组织中，管理职位因其工作活动的复杂性、多样性和内在性，给职位分析带来极大的困难。由美国著名职位分析专家 Hemphill、Tornow 以及 Pinto 等人开发的管理职位分析问卷（Management Position Description Questionnaire，MPDQ）法，正是致力于解决上述对管理职位进行职位分析的困境。

管理职位分析问卷法（MPDQ）是一种结构化的、以工作为基础、以管理型职位为分析对象的职位分析方法。MPDQ 主要收集、评价与管理职位相关的活动、联系、决策、人际交往、能力要求等方面的信息数据，通过特定的计算机程序加以分析，有针对性地制作各种与工作相关的个性化信息报表，最终为人力资源管理的各个职能板块——工作描述、职位评价、人员甄选、培训开发、绩效考核、薪酬设计等提供信息支持。

2. 管理职位分析问卷结构

管理职位分析问卷法是一套系统性的工作分析方法，包含信息输入板块、信息分析板块、信息输出板块（见图 2-1）。

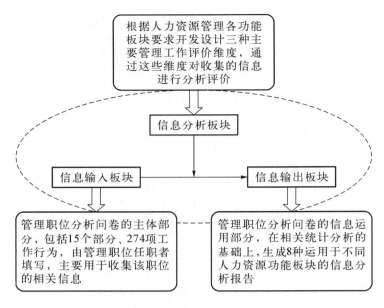

图 2-1 MPDQ 系统分析模型

MPDQ 问卷主要由 15 个部分、274 项工作行为组成，如表 2-5 所示。

表 2-5 MPDQ 维度示例

序号	主要部分	项目释义	题数
1	一般信息	描述性信息，如工作代码、预算权限、主要责任等	16
2	结构图	职位在组织结构中的位置，如上司、平级、下属等	5
3	决策	决策活动描述和决策的复杂程度	22
4	计划组织	战略性规划和短期操作性计划、组织活动	27
5	行政事务	包括写作、归档、记录、申请等活动	21
6	控制	跟踪、控制和分析项目、预算、生产、服务等	17
7	监督	监督下属的工作	24
8	咨询创新	为下属或其他工作提供专业性、技术性咨询指导	20
9	工作联系	内部工作联系与外部工作联系，包括联系对象与目的	16
10	协调	在内部联系中从事的协调性活动	18
11	表达	在推销产品、谈判、内部激励等工作中的表达行为	21
12	指标监控	对财务、市场、生产经营以及政策等指标的监控与调解	19
13	KSAOs	工作对任职者知识、技术和能力的要求及所需要的培训活动	31
14	自我评价	上述 10 项管理功能的时间和相对重要性评价	10
15	反馈	任职者对本问卷的反馈意见以及相关性补充说明	7
	总计		274

3. 优缺点比较

（1）优点：

通过计算机程序，管理职位分析问卷法在某种程度上降低了主观因素的影响，同时其最终报告以大量图表形式出现，信息充足，简单易懂，提高了人力资源管理的效率。

（2）缺点：

灵活性不足，各种管理分析维度是在对外国管理人员进行实证研究的基础上形成的，在中国必将有个"本土化"的修订过程。

表 2-6 MPDQ 问卷示例

第五部分：控制
第一步：评定重要性 请指出以下每项活动对您职位的重要程度。然后按 0~4 分计分（标准如下），将分数写在每个题目前面的空白处。请记住，在评定时需要考虑该活动和其他职位活动相比的重要程度和发生的频率
"0"——该活动与本工作完全无关 "1"——该活动只占本工作的一小部分并且重要程度不高 "2"——该活动属于本工作的一般重要部分 "3"——该活动是本工作的重要组成部分 "4"——该活动是本工作的关键部分或者说是至关重要的部分
• 审阅需要提交的机会，使之与组织的目标与策略保持一致 • 追踪并调整工作活动的进度，以保证按时完成目标或合同 • 为项目、计划和工作活动制定阶段目标、最后期限，并将职责分派给各人 • 监督产品的质量或者服务效率 • 对部门的发展和效率制定评估标准 • 在工作计划或项目结束后，评估其效果并记录在案 • 每个月至少进行一次工作成效的分析 • 分析工作报告 • 控制产品生产或服务质量 • 监督下属完成部门目标的工作进程 • 监督在不同地区的部门的工作进程，并调整它们的活动以达到完成组织目标的要求 • 解释并执行组织的安全条例
第二步：评论 在下面的空白处请写下您认为对您的职位，该部分还应该包括的其他工作

三、工作要素法

1. 概述

工作要素法（JEA）是一种典型的开放式人员导向型工作分析系统，这种工作分析方法是由美国人事管理事务处研究并开发出来的。这种基于工作要素的工作分析系统的提出，建立在德国心理学家冯特所倡导的基本原则的基础上，即"在没有熟悉最简单的事物之前，我们不可能进一步了解到更复杂的现象"。对于工作本身来说，其最简单的方面就是组成该工作的各种要素或者成功完成该工作所需具备的人员特征。工作要素法的目的就在于确定对成功完成特定领域的工作有显著作用的行为。在这里，将由一组专家级的任职者或其上级来对这些显著要素进行确定、描述和评估，通常将这种由专家级任职者或者任职者的上级组成的小组称为主题专家组。通常情况下，工作要素法的分析对象不是某一具体的工作岗位，而是某一类具有相似特征的工作，如专业技术人员的工作就是一类具有相似特征的工作。

作为一种典型的开放式工作分析系统，工作要素法的开放性就在于它所研究的行为或行为的特征要素与其他工作分析系统所研究的行为或行为的特征要素有所不同。工作要素法研究的行为及其特征要素是由对所分析的工作非常熟悉的一组专家级任职者或其直接上级，即主题专家组来确定的。

工作要素法所关注的工作要素非常广泛，包括知识、技术、能力、愿望、兴趣和个性特征等。这些工作要素通过任职者、同事、直接上级和其他主题专家来收集并确定。有一点要注意，工作要素法并不包括任何与具体工作任务相关的信息。通常，工作要素法所涉及的工作要素包括如下五类。

- 知识。专业知识的掌握程度、外语水平、知识面等。
- 技能。计算机运用技能、驾驶技术、机器操作技术等。
- 能力。口头表达能力、判断能力、管理能力等。
- 工作习惯。对工作的热爱程度、承担超负荷工作的意愿、工作时间规律性等。
- 个性特点。自信、主动性、独立性、外向、内向等。

这里要特别说明的是，只有那些对完成所研究的工作有重要影响作用的要素才能被列入考虑之中，而不是所有与工作相关的要素都要加以考虑，这也是工作要素法与工作分析问卷的区别所在。

2. 操作流程

（1）提出工作要素。

工作要素的提出是由主题专家组来完成的，在主题专家组的成员选择上要依据以下四项标准。

- 了解工作的要求。
- 熟悉新员工和有经验员工的特征。
- 没有主观偏见。
- 能够全面考虑工作的各方面因素。

主题专家组确定以后，就可以进行工作要素的提取工作。一般是从知识、技能、能力、工作习惯四个方面进行工作要素的提取。在工作要素的选择过程中要考虑这些知识、技术、能力和个性特征是否满足下列三个标准。

- 任职者所必须具备的。

- 能够区分出优秀员工的。
- 低绩效员工所缺乏的。

主题专家组成员根据自己了解和掌握的情况提出相应的工作要素，然后按一定的逻辑顺序将这些工作要素汇总，并在汇总的过程中根据需要进行必要的补充和调整。在列出所有的工作要素之后，针对每个要素列出它的子要素。例如，准确性是收银员工作的工作要素之一，它的子要素可能包括找零的准确性、操作收款机按键的准确性和价格演算的准确性等。

（2）评估工作要素。

接下来就是利用工作要素表对工作要素及其下级子要素进行评估。在这一过程中，主题专家组成员将各自独立的工作要素和子要素进行评价，评价主要从以下四个方面考虑。

- 对挑选普通任职者的影响。
- 对选拔优秀员工的影响。
- 在选拔过程中如果忽视了该要素可能造成的影响。
- 对分析员工来源的影响。

（3）对评估结果的解释和描述。

通过对评估结果的解释和描述可以确定最终的工作要素及其下级子要素。

3. 优缺点比较

（1）优点：

- 工作要素法的开放性程度较高，可以根据特定工作提取个性化的工作要素，能够比较准确、全面地提取出影响某类工作的绩效水平的工作要素。
- 与其他工作分析系统相比较，工作要素法的操作方法和数值的标准转化过程具有一定的客观性。
- 工作要素法在人员招聘过程中的人员甄选，以及确定培训需求方面具有很高的应用价值。工作要素法分析结果中的选拔性最低要求要素为人员甄选提供了可靠的依据；同时得出的培训要素也为企业确定员工培训需求找到了重要的来源。

（2）缺点：

- 在初步确定目标工作的工作要素时，过于依赖工作分析员对工作要素的总结。工作分析员对工作的看法不同，导致大量的工作要素出现，而其中有些工作要素对目标工作来说并不重要，或者只是一些几乎适合于所有工作的要素，在通常情况下，这些要素往往会被剔除掉，这无疑会导致许多无用工作，浪费时间和人力。
- 评分过程比较复杂，需要强有力的指导与控制。
- 焦点小组成员在工作要素评价时，容易偏向于肯定的回答，认为这些要素很重要，另一些要素也很重要，难以取舍。这主要是因为焦点小组成员所进行的工作要素评价只是他们的一种主观臆断，并没有客观标准作基础。这样一来，所得出的分析结果如最低要求要素、培训要素等,数量太多,难以突出重点,大大降低了工作分析结果应用在其他人力资源管理职能中的操作性和最终效果。

四、临界特质分析系统

1. 概述

临界特质分析系统(TTAS)是完全以个人特征为导向的工作分析系统。它的设计目的是为了提供标准化的信息以辨别人们为基本完成和高效完成某类工作,分别至少需要具备哪些品质、特征,临界特质分析系统称这些品质和特征为临界特质。

学习资料 2-1

皮瑞恩和罗兰(Prien & Ronan)在对工作分析的文献进行研究时指出,"长期以来,人们试图研究出一种分类,它能涵盖所有工作的某方面特征,而且可以提供一种标准,按照这种标准,可以对工作进行比较。"TTA方法正是在这样的目标基础上发展起来的。研究者通过探讨工作分析专家普利莫夫、麦考密克等人的研究成果,得出以下3点结论。

(1) 每个工作都具有两方面的特征:任职者必须完成的工作任务和活动,以及为了完成这些工作任务需要满足的条件。一份完整的工作说明书必须包括与这项工作相关的所有活动、任务及要求。

(2) 为了实现人员甄选、配置、开发和激励,一份工作说明书必须明确任职者完成工作职能所需要具备的特质。

(3) 为了便于辨别工作对任职者特质的要求,有必要开发一种特质库,这种特质库能用有限的特质,描述所有工作对任职者的要求。

著名的工作分析专家罗派兹(F. M. Lopez)将工作范畴分为5类:身体特质、智力特质、学识特质、动机特质和社交特质,并定义了12种工作职能、33种特质因素。这些特质力图涵盖从事任何一项工作所需要的所有特质,如表2-7所示。

表2-7 临界特质分析系统特质指标

工作范畴	工作职能	特质因素	描述
身体特质	体力	力量	能举、拉和推较重的物体
		耐力	能长时间持续地耗费体力
	身体活动性	敏捷性	反应迅速、灵巧、协调性好
	感官	视力	视觉和色觉
		听力	能辨别出各种声响

续 表

工作范畴	工作职能	特质因素	描 述
智力特质	感知能力	感觉、知觉	能观察、辨别细微的事务
		注意力	在精力不集中的情况下仍能观察入微
		记忆力	能持久记忆需要的信息
	信息处理能力	理解力	能理解口头表达或书面表达的各种信息
		解决问题能力	能演绎和分析各种抽象的信息
		创造性	能产生新的想法或开发新的事物
学识特质	数学能力	计算能力	能解决与数学相关的问题
	交流	口头表达能力	口头表达清楚、简练
		书面表达能力	书面表达清楚、简练
	行动力	计划性	能合理安排活动日程
		决策能力	能果断选择行动方案
	信息与技能的应用	专业知识	能处理各种专业信息
		专业技能	能进行一系列复杂的专业活动
动机特质	适应能力	适应变化能力	能自我调整、适应变化
		适应重复	能忍受重复性活动
		应对压力的能力	能承担关键性、压力大的任务
		适应孤独的能力	能独立工作或忍受较少的人际交往
		适应恶劣环境的能力	能在炎热、严寒或嘈杂的环境下工作
		适应危险的能力	能在危险的环境下工作
	控制能力	独立性	能在较少的指导下完成工作
		毅力	能坚持一项工作任务直到完成
		主动性	主动工作并能在需要时承担责任
		诚实	遵守常规的道德与规范
		激情	有适当的上进心
社交特质	人际交往	仪表	衣着风貌达到适当得体的标准
		忍耐力	在紧张的气氛下也能与人和睦相处
		影响力	能影响别人
		合作力	能适应团队合作作业

从表2-4可以看出,对于临界特质分析系统而言,人的特质可以分为两大类:能力因素和态度因素。其中,身体特质、智力特质和学识特质属于能力特质,而动机特质和社交特质属于态度特质。

2. 操作流程

完整的临界特质分析系统包括三种分析技术:临界特质分析、工作要求与任务分析、技术能力分析。在三种分析技术中临界特质分析是最重要的。

(1) 临界特质分析。

临界特质分析比较注重对被分析工作的选择。因为对组织中所有工作进行分析是不现实的,也是没有必要的,因此工作分析的第一步应该选择和明确需要对哪些工作进行分析。为了完成这项工作,临界特质分析系统采用职业矩阵的方法对工作进行挑选。职业矩阵通过两维指标对工作进行分类,这两维指标是:工作族、工作复杂程度和责任大小。

在进行临界特质分析时,要由直接主管、其他主题专家组成员或任职者评价33种特质的等级、相关性、实用性;也就是说,评价在该工作岗位上达到可接受的或优秀的绩效水平与哪些特质相关,需要达到哪种等级,这种要求是否切合实际等。要注意的是一些后天特征,比如受教育程度和工作经验等,并没有列入临界特质分析的特质名单中。

具体来说,运用临界特质分析进行工作分析就是先由多位该工作的直接主管组成分析小组,在对他们进行培训后,由每个分析人员首先独立地对各个特质与该工作的相关性做出判断,即判断每个特质对于该工作某些工作职能的有效完成是否有重要意义。如果某特质被评定为"0"等级,那么,这意味着几乎所有工作的任职者都需要达到这一特质,我们称此类情况为该特质与被分析工作绝对相关。如果某一特质被判定为相对相关,分析人员接下来就需要判断为取得可接受的绩效水平,任职者至少需要达到这一特质的哪个等级。

在每个分析人员独立地完成自己的评定后,由主持人按照一套标准化的统计方法对所有数据进行统计分析,得出最后结果;也就是说,为完成这份工作,任职者需要具备哪些特质、至少需达到该特质的哪个等级,以及对于总体绩效而言,每个相关特质的贡献度(权重)有多大等。

同样的方法可用于判断为达到优秀的工作绩效,任职者需要具备哪些特质、至少需要达到该特质的哪个等级,以及对于总体绩效而言,每个相关特质的贡献度(权重)有多大等。

(2) 工作要求与任务分析。

在临界特质分析系统中,临界特质分析是对任职者进行分析,而工作要求与任务分析是对工作本身进行分析。临界特质分析系统的重点部分是临界特质分析,即侧重于对人员的分析。

工作要求与任务分析技术是利用工作描述问卷,如任务清单等,对目标工作包含的任务和要求进行分析和描述。问卷由具有代表性的任职者样本进行填写,问卷要求任职者判断问卷中每项工作任务或职责的重要性及在整个工作中所占的比重。将问卷结果输入电脑进行汇总分析,从而确定哪些是目标工作的关键性工作任务和职责。

在分析的最后阶段,将对临界特质分析和工作要求与任务分析的分析结论进行比较。因为工作要求与任务分析由任职人员填写问卷,代表一线工作者的声音;而临界特质分析主要由一线的直接主管完成,代表直接主管的看法,两种信息来源以及两种不同工作分析技术的结合将有助于提高分析结果的准确性和完整性。

因为工作要求与任务分析问卷中的每条工作描述都与特定的工作职能和特定的特质相对应,所以评价临界特质分析和工作要求与任务分析两种工具之间的一致性是完全可能的。有研究者曾经分别用临界特质分析和工作要求与任务分析对300个工作进行分析,结论肯定了使用这两种技术的准确度和信度。经验表明,临界特质分析和工作要求与任务分析两种技术的分析结果的一致率为85%。对于不一致的项目,需要通过主题专家小组再次观察以最终确定。

工作要求与任务分析程序范例如图2-2所示。

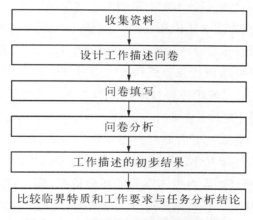

图2-2 工作要求与任务分析程序范例

(3) 技术能力分析。

技术能力分析是临界特质分析系统用到的第三种技术。这种技术仅适用于分析对技术知识和技能有重要要求的工作。技术能力分析的目的在于明确完成技术性的工作职能所需要具备的各种能力。在临界特质分析系统中,对知识和技能有严格的区分。知识指的是仅仅通过大脑和中枢神经系统就可获得的信息,通常是通过学习获得;而技能要同时通过身体和大脑才能获得,它的来源只能是实践。工作分析的技术将直接影响对目标工作知识技能要求的判断,因此,技术能力分析是对技术类工作进行完整分析的重要组成部分。技术能力分析的前期工作同工作要求与任务分析相同,即收集资料、问卷设计、问卷填写和问卷分析。主要的不同之处在于问卷的内容以及问卷中的所有描述都对应于一项工作职能,即特定信息或技能的应用。在下面的步骤中,技术能力分析不同于工作要求与任务分析。

- 确定最低要求。

在这一步中,需要直接主管或其他主题专家小组成员各自独立对通过问卷分析确定的关键知识和关键技能进行评价,其评价的尺度有以下两项:(1)是否是员工刚上任就需要用到的知识或技能;(2)是否需要员工在没有指导的情况下完成。

专家们的评价将被综合平均,最终确定哪些知识和技能是需要新员工具备的,并能在没有指导的情况下独立完成相关的工作任务。

- 确定培训需求要素。

主题专家还可以确定某项知识和技能要求在任职者工作的某个阶段就必须具备,选择项包括以下几项:在上岗前必须具备;在上岗后6个月内必须具备;在上岗6个月后才能具备。

那些在上岗后6个月内必须具备的知识和技能要求将成为新员工培训需求的重要组成部分;在上岗6个月后才能具备的知识和技能要求可以成为企业将来培训的选择。

- 形成技术能力说明书。

技术能力分析的最终结果是技术能力说明书。这份说明书包括以下内容:一是对目标工作的实现有重要意义的技术知识和技能;二是新员工需具备并能在没有指导的情况下独立应用的知识和技能;三是要对新员工进行培训的知识和技能等。

临界特质分析、工作要求与任务分析和技术能力分析组成了一套完整的工作分析系统,但是并不要求一定要同时使用三种技术对每个工作进行分析。可以通过考虑如下因素,选择具体的技术和操作顺序:企业环境、目标工作的特点、工作分析的目的等。例如,对于低层次的工作岗位,通常就不需要进行技术能力分析;而对于经理层以上的工作岗位,工作要求与任务分析可能并不适用。但是,临界特质分析是整个分析系统的核心,因此通常是必不可少的。当任职者也参与临界特质分析时,临界特质分析完全可以作为一个独立的分析系统进行操作。分析结果对于人员甄选有重要的参考价值。当单独使用临界特质分析技术时,使用者应该借鉴其他两种技术的可取之处,以提高分析结果的准确性。

3. 优缺点比较

(1)优点:分析结果相对准确,适用范围广泛。

(2)缺点:实用性不强,需要耗费大量的人力和财力,且过于精确复杂,超出了大部分人力资源专家和一线管理者的能力范围。

第三节 以工作为基础的系统性方法

以工作为基础的职位分析方法是指从职位角度出发,侧重描述完成其组成元素——

工作任务——所需的活动、绩效标准以及相关任职条件(KSAOs)等,该方法的关注点是准确详尽地描述履行工作任务的前期投入、中期过程和后期产出。在实践中主要有以下几种以工作为基础的职位分析系统:功能性职位分析法(Functional Job Analysis,FJA)、任务清单分析法(Task Inventory Analysis,TIA)、关键事件法(Critical Incident Technique,CIT)、管理及专业职位功能清单法(The Managerial and Professional Job Function Inventory,MPJFI)。

一、功能性职位分析法

1. 概述

功能性职位分析法(FJA)是美国培训与职业服务中心(U. S. Training and Employment Service)的研究成果。其主要研究方向集中于工作本身,是一种以工作为导向的工作分析方法。功能性职位分析法以工作者所发挥的职能为核心,对工作的每项任务要求进行详细分析,对工作内容的描述非常全面具体。

2. 分析框架

FJA方法的分析框架包括以下4个方面。

(1) 分析工作结果与工作行为。

在进行职能工作分析之前,工作分析人员往往对目标工作完成什么(即工作结果)和做什么(即工作行为)这两个概念区分不清,其结果是导致工作结果和工作行为这两个方面容易被混淆,并直接导致工作者实际的工作行为和需要他们完成的工作行为被混淆。

在职能工作分析中,每项任务描述必须以能描述工作者行为的特定动词开始,比如,打印、誊写、阅读等,并以"目的是""为了"等类似描述工作结果的词语作为任务描述的结尾。只有同时具备工作行为和工作结果,一项工作任务的描述才算完整。

(2) 分析工作者的三种职能。

FJA方法认为工作者与数据、人、事发生关系时所表现的工作行为可以反映工作特征、工作目的和人员的职能。每个目标工作均在一定程度上与三者相关。对"数据"要用思考处理,对"人"要用人际关系的方法,对"事"要用体能完成。

此外,FJA方法对任务的描述还考虑了关于任职者条件的4个因素:

一是工作者指导,指任职者在执行任务时需要得到多大程度的指导;

二是理解能力,指任职者在执行任务时需要运用的理解能力应达到什么程度;

三是数学能力,指任职者在执行任务时所要求具备的数学能力有多高;

四是语言开发能力,指任职者在执行任务时所要求的口头及语言表达能力如何。

工作分析人员制作出工作者职能的水平等级和取向表,以确定各项工作任务所需的工作者职能和任职条件的相关等级。

(3) 分析完整意义上的工作者。

工作者完成工作职能时必须具备通用技能、特定技能、适应性技能三种技能,它们的具体定义如下：

① 通用技能

通用技能也称职业技能，指的是个体依据个人偏好和能力水平综合形成的处理事务、数据、人际关系的技能。它包括：维修和操作机器，比较、编制和分析数据，请教或指导他人时的信息沟通等。

通用技能是使人能够将人、事、数据有机联系在一起的技能，受个人偏好和个人能力（理解、算术、语言、人际交往能力）的影响，联系的程度存在差异，它是在受教育、培训和岗位上获得的，并可在特定工作情境中得到强化。

② 特定技能

特定技能指的是个体根据业务需要的标准来从事某一特定工作的技能。这种技能一般是在大学或研究院，或是从大量的从事某项工作的经验，又或是从先进的培训中获得的。

③ 适应性技能

适应性技能指的是个体根据工作中遇到的身体上的、交往上的、组织安排上的变化情况，灵活处理相关问题的技能。它包括自己与上司之间的关系，冲动的控制，与他人的趋近、疏远、抵触，时间的掌握（即守时和自我作息习惯的调整），理财时的细心，衣着（式样和修饰）。适应性技能源于气质，是在家庭环境和与同辈交往中形成，并在学校生活中得到强化。

FJA方法认为，一名工作者在工作中能否成功地运用其通用技能，很大程度上依赖于他的适应性技能在何种程度上使他接受和融合了特定技能的要求。

（4）分析工作系统。

工作系统包括工作者、工作组织和工作本身。工作系统中的每个部分都有自己的规则和语言。工作者可以通过任职资格和技能组合来描述，工作组织可以通过目标来描述，工作可以通过工作者行为、工作指南和绩效标准来描述。

3. 操作流程

功能性职位分析方法的操作流程主要包括九个步骤，依次是回顾现有工作信息、安排同主题专家的小组会谈、分发欢迎信、确定FJA任务描述的方向、列出工作的产出、列出任务、推敲任务库、产生绩效标准、编辑任务库。

（1）回顾现有的工作信息。

工作分析员必须首先熟悉主题会议专家法的语言。每一份工作都有其独特的语言，因为其处在特定的组织文化和技术环境中，必然带有特殊的烙印。现有的工作信息，包括工作描述、培训材料、组织目标陈述等，应该都能使工作分析员深入了解工作语言、工作层次、固定的操作程序，以及组织的产出。工作分析员应该尽可能准备一些在功能性职位分析格式下可得的信息，如果不能准备所有信息的话，也可以达到两个目的：其一是说明在哪些方面需要补充信息；其二是向主题专家演示这部分信息。

这个步骤通常会花费1~3天的时间,这主要取决于可得的信息量以及时间的压力。在此花费的精力会减少小组会谈的时间和精力。

(2) 安排同主题专家小组会谈。

同主题专家进行的小组会谈通常要持续1~2天时间,选择的主题专家从范围上要尽可能广泛地代表工作任职者。会议室要配备必要的设备:投影仪、活动挂图、涂改带;会议室的选址要远离工作地点,把对工作的影响减到最小。

(3) 分发欢迎信。

自我介绍之后,工作分析员应当向与会者分发一封欢迎信,来说明小组会谈的目的,尤其要点明参与者是会议的主体,要完成大部分工作,而工作分析员只是作为获取信息的向导或是促进者的角色存在。

(4) 确定FJA任务描述的方向。

给主题专家提供任务陈述的格式和标准。这个过程大概会花费20~30分钟。

(5) 列出工作的产出。

我们首先希望主题专家小组能将工作的产出列出来。我们通常会问专家们这样一些问题:"你认为被雇用的工作任职者应该要提供什么产品或服务?工作的主要结果是什么?"一般情况下,主题专家小组列出5~6条工作结果,工作结果的形式包括各种实物、报告、建议书、统计报表、决议、服务等。我们将这些工作结果整理好列在活动挂图上,挂在墙上。

(6) 列出任务。

由主题专家对任何一个工作结果进行描述:为了得到这个工作结果,需要完成的任务有哪些。通常,开始时描述的技能不熟练,会存在一个逐渐适应的过程。工作分析员应该不断进行鼓励,给大家创造一个好的开始。工作分析员可以通过提问这样的方式来激发大家的思维:"工作是以工作说明或是指示开始的吗?工作是日常例行的不需要特殊的指导吗?工作者个人需要主动干些什么?首先干什么?你是怎么知道该这样干的?"很快,在完成了几项任务之后,大家会很快掌握到工作的精髓和诀窍,接下来工作进程会大大加快。

这项工作一直要持续到小组达成一致意见,所列出的任务应能覆盖工作所包括的95%以上的工作任务,并要确信没有遗漏重要的任务项。当然,中间可以灵活安排几次休息的时间,保持工作的良好节奏。

每项任务列出后工作分析员将其写在活动挂图上。因为这个过程有多人参与,很可能还要进行字句上的斟酌和替换。在开始时大家常常有一个趋势,就是直接给出工作最终的结果,将其作为过程。这就需要工作分析员进行指导,帮助小组将过程行为从最终结果中挑选出来。举例说明:主题专家通常会以"决定"或是"推荐"这样的词汇来开始描述任务。实际上,"决定"一般是分析和协调行为的最终结果。同样,"推荐"也是数据处理和咨询这一行为的结果。工作分析员应该强调"目的",应该询问:是什么导致"决定"和"推荐"行为的?

> 比如：
>
> 最初的句子是这样的："决定雇员填补空职必须具备的资格。"
>
> 改为："分析以经验和心理为基础的工作说明书数据，目的是决定雇员填补空职必须具备的资格。"

（7）推敲任务库。

每一个工作产出对应的任务都被写出来之后，我们发现一些任务会在几个工作产出中反复出现，比如说"沟通"。在某些情形下，同样的任务会在信息来源或是最终结果上有细微的差别。另外，主题专家会议应该说明有多少任务会以相同的行为开始。这些工作使小组对他们的工作有一个全面深刻的认识，不仅让他们认识到不同工作之间的相似之处，而且可以使他们看到哪些任务是琐碎的，应该作为其他任务的一部分而存在，而哪些却是可以拆分为多个部分的。

（8）产生绩效标准。

主题专家满意地完成了任务库之后，下一个任务就是要让他们列出为了满意地完成任务任职者需要具备的素质。工作分析员一般使用下面的问题来引导小组进行分析："大家可能注意到我们只是整理和分析了工作行为、最终结果、信息来源、指导以及工作设备，而没有涉及需要具备什么素质才能做好工作。我们可以设想我们是某项工作的管理者，我们需要为这项工作找一个合适的雇员，你将以什么标准来进行甄选？请大家考虑素质和特点的时候，尽量同任务尤其是任务对应的行为联系起来考虑。"

我们可能会得到很多一般性的东西，有必要进一步进行分析，最好能让大家举出例子："这些素质特征以什么方式在何处体现出来？"通常，很多任务都需要相同的素质特征，我们应该请主题专家进一步说明其中哪些素质特征是比较重要的，而哪些是最为关键的。同样，在分析这些素质特征赖以成长的经验时也是如此。完成这些工作后，小组会议就可以结束了。

（9）编辑任务库。

工作分析员将活动挂图上的信息收集起来，在此基础上用前文所述的格式进行任务库的编辑。我们要对这些信息进行整理，疏通语句，斟酌用词，特别是动词的使用。数据库即将完成之时，应该抄录一份给主题专家小组做最后的修改纠正。

4. 功能性工作分析方法的成果板块

功能性工作分析方法的成果包括五个板块：工作任务陈述、功能等级、目标、绩效标准、培训内容。

（1）工作任务陈述。

功能性工作分析的基本单位是"工作任务"而非"工作"，针对各项任务的特征进行剖析，按照一定的分析程序编制结构性的工作任务陈述，结构为：

行为(活动)＋(工具、装备、资源、工作信息)＋任务结果

（2）功能等级。

功能性工作分析法认为人的工作行为总是体现为与一定的人、信息、事物的关系,而其在不同的工作活动中,与这三者之间的相互作用的形式、复杂程度以及结果有很大差异,对这些差异的准确描述正好构成某项任务区别于其他任务的相对稳定的特征。因此,功能性工作分析在对任务进行标准化描述的基础上,通过界定任职者对于人、信息、事物作用的功能等级,可以更加准确地对目标任务进行描述。

功能性工作分析的核心是分析工作者的职能。其对职能的分析是通过分析工作者在执行任务时与数据、人和事的关系来进行的。工作行为的难度越大,所需的能力越高,就说明工作者职能等级越高。

（3）目标。

组织目标是由组织战略、计划推导出的对于目标任务的工作要求,由具体任职者填写。

（4）绩效标准。

该板块包括定性和定量的绩效标准,主要界定该工作任务所须达到效果、质量、数量、时间等方面的要求,同时在绩效标准的确定中往往会体现对任职者专业性能力和适应性能力的评价。

（5）培训内容。

该板块主要根据工作任务所需的功能性和专业性能力,确定完成该项任务所需的功能性培训、特殊性和适应性培训。

表2-8为FJA功能等级表。其中将任职者对于信息作用的功能等级分为0~6级,将任职者对人作用的功能等级分为0~8级,将任职者对事物作用的功能等级分为0~7级。

表2-8　FJA功能等级表

信息		人		事	
号码	描述	号码	描述	号码	描述
0	综合	0	教导	0	装配
1	协调	1	谈判	1	精确操作
2	分析	2	指导	2	操作控制
3	编辑	3	监督	3	驾驶操作
4	计算	4	使高兴	4	操纵
5	复制	5	劝说	5	照看
6	比较	6	发出口头信号	6	送进—移出
		7	服务	7	驾驶操作
		8	接受指导帮助		

在表 2-8 中,数字越大代表任务越简单,数字越小代表任务越复杂。

二、任务清单分析法

1. 概述

任务清单分析法(TIA)是一种典型的工作导向性工作分析系统。任务清单分析法是由美国空军人力资源研究室的雷蒙德(Raymond E. Christal)及其助手开发成功的,它的研究始于 20 世纪 50 年代,通过从 10 万名以上雇员那里收集实验数据进行验证,前后经历了 20 年时间才趋于成熟完善。

2. 内容

任务清单分析系统包括两个子系统:一是用于收集工作信息的一套系统的方法、技术;二是与信息收集方法相匹配的用于分析、综合和报告工作信息的计算机应用程序系统。其中,任务清单系统中收集工作信息的工具,实际上是一种高度结构化的调查问卷,一般包括两个部分:一是背景信息,二是任务清单。背景信息部分包括两类问题:传记性问题与清单性问题。传记性问题是指那些可以帮助分析者对调查对象进行分类的信息,如姓名、性别、职位序列号、职位名称、任职部门、服务期限、教育水平、工作轮换愿望、职业生涯意向等。清单性问题是指为了更加广泛深入地了解有关工作方面的背景信息而设计的问题。它为调查对象提供了一套包括问题与答案选项的清单,清单的内容可能包括:所用的工具、设备,所要培训的课程,对工作各方面的态度等。背景信息部分的问题有各种格式:填空,选择能最恰当地描述你的选项,或者选择所有符合你的选项等。

任务清单部分其实就是把工作按照职责或其他标准以一定的顺序排列起来,然后由任职者根据自己工作的实际情况对这些工作任务进行选择、评价等,最终理顺并形成该工作的工作内容。如果任务清单构建成功,那么在该职业范围内,每个调查对象都可以选择清单中的某些任务选项,将它们按一定标准组合在一起从而准确地描述他的工作。在任务清单系统中,任务被定义为工作任职者能够清晰辨别的一项有意义的工作单元,任务清单可以来自对工作的观察,也可以来自另外的任务清单,如某部门的任务清单或某工作族的任务清单;也可以借助于主题专家法进行任务描述。关于任务的描述方法也相当简单,通常是描述一项行动,包括行动的目标以及其他必要的限定。第一人称代词"我"一般是隐含的任务执行者。根据任务清单的使用目的的不同,可以选择和设计相应的任务评价维度及其尺度。最常用的维度有相对时间花费、执行频率、重要程度、困难程度等,尺度可以是 5 级、7 级或 9 级等。

工作任务清单的调查对象一般是某一职业领域的任职者及其直接管理者。任职者填写背景信息部分,并在任务清单中选择符合他所做工作项目并给予评价;任职者的管理者通常提供有关工作任务特征的信息,如任务的难度、对工作绩效的影响等。然后,运用一定的计算机应用程序软件对收集的信息进行处理、分析、综合,并向管理者提供工作分析报告。

表 2-9 技术研发岗位任务描述清单示例

任务主体：技术研发岗
制订年度产品开发计划
组织新产品立项
设计新产品方案
拟订产品开发费用预算
绘制产品设计图纸
测试研发阶段的新产品
解决新产品测试中出现的问题
总结产品研发经验
制订新产品性能参数标准
编写新产品技术文件和培训教材
组织新产品试生产
对销售部进行新产品相关培训
对客户进行新产品培训
参与公司项目招投标中的技术支持工作
参与公司项目合同签订前的技术支持工作
解答客户提出的销售部无法解决的技术问题
参与解决售后维修中的技术问题
参与新产品开发项目可行性研究
提出专利申请建议
编写专利申请技术文件
更新技术资料
对公司新产品的开发提出建议
收集并研究国内外同行业新技术、新工艺的相关资料
参加技术研发培训
参加技术交流活动
管理科研档案
完成上级交代的其他任务

3. 操作流程

为了说明任务清单分析系统的实施，本节以人力资源部及其所包含的工作岗位为例，说明如何利用任务清单分析系统对人力资源部门的职位进行分析。

（1）构建任务清单。

如前文所述，任务清单的构建有多种方式，可以来自对所研究工作的观察或工作日志；也可以来自另外的任务清单，如某部门的任务清单或某工作族的任务清单；还可以借助主题专家法进行人物描述。在此，选择从部门清单中演绎出相应职位的工作说明书。

对人力资源部门的任务清单构建可以采用目标分解和调查研究相结合的方法。首先明确人力资源部的部门目标，再由部门目标到部门职能，然后把部门职能分解为必须要做的工作，再把工作逐步分解，直到分解为各个任务项目。其中，每一个分解过程除了理论推导之外，都要参考实际的调查资料。最后，把各个任务项目按一定的逻辑顺序编排起来，就形成了用作问卷的人力资源部门的任务清单。

通过资料分析和实践的调查研究发现，人力资源部的部门目标是通过建立、维持和发展有效的人力资源管理系统,以实现组织的目标。人力资源管理系统的有效性最终是通过它实现组织目标的有效性来评价的。人力资源管理要实现的组织目标主要有三种,即高工作效率、高员工满意度及合理的人工成本。这三方面是人力资源管理有效性的主要衡量标准,因此也是人力资源部的三个主要目标。

(2) 利用任务清单收集信息。

任务清单实质上是一个高度结构化的调查问卷。在列出任务清单的基础上加上评价尺度,便成为用于收集信息的工具。在利用任务清单收集信息的过程中,要注意以下四个方面。

● 调查范围与对象的确定。

可以选择两个以上行业的多家企业人力资源部的专职工作人员。这样可以收集大量的数据,借助计算机进行数据处理后,从而可以得到有关人力资源部工作任务的全面、综合的信息。通过这种方式所得的结论最具有一般性意义,而且可以对调查所用的任务清单进行较大的修正完善。也可以选取一个行业的多家企业的人力资源部的专职工作人员,这样可以收集到被关注行业的企业人力资源部工作任务的大量数据,所得结论具有行业特点。再者,也可以只对一个企业人力资源部的专职工作人员进行调查。这样既可以对该企业人力资源部的实际工作任务有全面系统的了解,又可以明显发现与调查所用的任务清单的差别,在此基础上可以做进一步的比较研究,为企业人力资源部工作任务的科学化、规范化做出贡献。当然,可选择的方案还有很多,关键是要根据调查研究的目的,选择适用可行的方案。

● 调查方式的选择。

如果是集体调查,即把被调查者集中到一起同时进行调查,那么就可以由调查实施者本人发放、回收问卷。如果是单独调查,即由被调查者本人选择应答的时间和地方,那么最好通过正式的组织渠道发放、回收问卷。如果有保密的需要,可以附信封,问卷填好后,装入信封,密封以后再收回来。要强调的是,应当建立一定的控制系统以保证回收率,否则,有些被调查者就会随手把问卷扔进废纸篓。

集体调查方式有利也有弊。有利的方面在于:有机会做广泛的、直接的指导,解释调查的目的;回答有关提问;保证回收率;保证被调查者有充分的时间提供有用的信息。不利的方面在于:增加了成本,如把被调查者从工作现场集中起来的往返时间、路费、聘请或培训专门的调查人员的费用等,会在一定程度上影响正常的工作流程。因此,调查方式的选择要根据实际情况。

● 选择适当的信息源。

一般而言,有关工作执行与否、时间花费的信息最后由工作执行者本人来提供;而其他一些任务评价信息,如工作的重要程度、困难程度、工作失误后果的严重程度最好由本工作领域经验丰富的管理者来提供,或至少参考他们的意见。

● 遵循填写任务清单的一般步骤。

由于任务清单格式的不同、任务评价维度的类型与数目的不同,填写的步骤也不尽相同。填写任务清单的一般步骤如下:

第一步,被调查者以填空或选择的方式回答背景信息部分的所有问题。

第二步,被调查者阅读任务清单上的所有描述,并在属于其正常工作范围内的任务描述旁边作标记。

第三步,被调查者在另一张空白纸上写出没有被包含在任务清单中但属于其正常工作范围内的所有任务描述。

最后,被调查者重新回到任务清单起点,逐一对其所选定的任务进行评价。

按照工作任务清单分析法的要求,被调查者需要两次浏览任务清单,一次是找出被调查者本人所执行的各个工作任务,另一次是对所找出的工作任务进行评价。这样做不仅可以做到查漏补缺,而且可以预防那些没有读懂填写说明的被调查者对某些任务做出的错误评价。

在实际应用中,通常会出现这样一种情况,即被调查者总是倾向于将绝大多数任务评价为"重要的"或者"需要花费大量时间",但实际上,任职者的工作时间和精力是有限的,不可能完成那么多重要的或者花费大量时间的工作任务,因此这类评价的结果有失准确性。为了避免这种情况发生,调查人员在进行调查说明时,要督促被调查者慎重考虑对工作任务的评价,并要强调相对的概念,对于一项工作而言,必有一部分工作任务不是那么重要或者只需要花费很少的时间。

(3) 分析任务清单所收集的信息。

任务清单系统收集的信息,绝大部分是量化的,可以应用计算机程序进行统计分析。而且较为成熟的任务清单系统都有自己的应用软件,如 TIA 通常运用 CODAP 系统进行分析。同时,也可以借助一些普遍应用的软件,如社会科学统计程序 SPSS、EXCEL 等进行统计分析;至于那些不可量化的信息,或为某些特殊目的收集的附加信息,应根据工作分析的目的进行相应处理。

3. 优缺点比较

(1) 优点:

- 信息可靠性高。
- 可有效获得工作职责、工作内容、工作关系和劳动强度等方面的信息。
- 所需费用较少。
- 难度较小。容易被任职者所接受。
- 可操作性强。

(2) 缺点:

- 对任务的定义难以把握,导致任务的划分缺乏明确具体的标准。有时,有些任务描述只有一项非常简单的活动,而有些任务描述却包括丰富的活动内容。
- 使用范围较小,只适用于工作周期较短、工作内容比较稳定、变化较小的工作。

- 整理信息的工作量大,归纳工作比较烦琐。
- 任职者容易受到近期工作的影响,忽略其他时间进行的重要工作任务。

4. 任务清单分析系统的应用

任务清单分析系统的一个重要作用在于它能够向管理当局提供众多领域有用信息。对任务清单获得数据的分析结果可应用于人力资源规划、人员招聘、绩效管理、薪酬管理、培训开发、工作设计等许多方面,也可应用于工作满意度调查、培训课程的设计、确定任职资格等。以任职资格的确定为例,由于任务清单包括某一岗位要执行的全部工作任务,所以这些清单为确定人员任职资格提供了一个极好的基准。关于不同岗位的工作要求,就业服务部门会收集一些相关的信息,如岗位任务的身体要求方面的详细信息(如举、拖或推的力量要求),管理者可以运用这些数据确定各岗位对身体条件的要求。任务清单也可以用于评估一些岗位的学习难度,一般通过调查问卷来收集某一岗位相对学习难度方面的数据,并运用这些数据来确定任职资格。

三、关键事件法

1. 概述

关键事件法(Critical Incidents Technique,CIT)是一种由工作分析专家、管理者或工作人员在大量收集与工作相关信息的基础上详细记录其中关键事件以及具体分析其岗位特征、要求的方法。其特殊之处在于基于特定的关键行为与任务信息来描述具体工作活动。这种方法最初用于培训需求评估与绩效考核。虽然这种方法使用的范围有限,但是毫无疑问也是一种重要的工作分析方法。

与工作描述、任职资格分析等活动相比,由于关键事件法能有效提供任务行为的范例,因而更频繁地应用于培训需求评估与绩效评估中。在最初应用关键事件法进行工作分析的时候,需要工作人员回忆并且记录下那些能反映出特别好或特别差(我们称之为关键的)工作绩效的特定行为或事件。实际上,随着关键事件法不断发展,要求更有代表性描述绩效行为以及更加精确刻画完成工作的各种方法。

2. 操作流程

(1) 获取关键事件。

一个正确的关键事件编写应该具备以下四个特征:特定而明确的;集中描述工作所展现出来的可观察的行为;简单描述行为发生的背景;能够说明行为的结果。

获取关键事件所采用的方法主要有关键事件讨论会议、非工作会议形式(包括观察、访谈和调查等)。这两种方法的目的在于帮助工作人员整理能体现工作绩效与行为的范例。产生结果的过程应该结构化和简单化,这样使得回忆和整理的过程尽量容易。

- 关键事件讨论会议。

最为普通的确定关键事件的工具是讨论会议,有6~12名工作专家参加,由熟悉关键事件的专家来主持会议。工作专家对即将分析的工作要完全熟悉,有充分的机会去观察完成工作时典型的、较差的和特别出色的等各种水平的行为表现。这就是说,通常要选择有工作经验的管理者,或有足够的经验和观察力的工作者。工作分析员一般选择至少有5年相关工作经验的人,当然对于不同工作而言,工作难度和多样性也不一样,不能一概而论。一般情况下选择一些口头表达能力较强和好奇心比较强的人,他们一般比较关注别人的工作,能获得更多的信息。

确定会议的方向。会议主持人应该向大家解释研究工作的目的是什么,为什么要编写关键事件,如何编写关键事件,以及它们如何应用。在决定工作成果范围的过程中,工作专家必须清楚最终工作成果如何应用。例如,如果目的是建立在绩效评估系统,主持人应该将大家的讨论引导到各种类型的绩效领域和绩效评估系统各种最终应用的方式的方向去。在工作会议开始时,有可能的话,举几个如何应用大家工作成果的例子,比如绩效等级说明等,这对大家理解他们编写关键事件的格式是大有裨益的。

方法的选择——事件记录。在工作会议中有两种方法用来记录关键事件。其一是分发表格,供大家填写;其二是采用非结构化方法,因此必须准备一份简要而全面的说明书,包括每一关键事件所包含的基本信息。当然会议主持人可以引导大家就行为规范进行讨论,将大家的发言记录下来,然后按照要求整理成文字。

另外,工作分析的目的不同也会诱使工作专家会议及整理过程的方法不同。最早应用关键事件法的时候,主要是确定能够将最好的和最差的工作者同其他人相区别的行为,所以引导方法是自由发散的,影响专家回忆与整理过程的主要因素是行为的显著性,这是一种非结构化的方法。但是,如果我们的目的是要完全覆盖所有的工作内容。我们就必须要对所有的绩效等级进行分类说明,例如相当不足、差强人意、优秀、极为卓越等,为大家提供一种结构化的分层分类方法,这样往往可以使大家回忆与整理出更多的范例。

● 非工作会议形式。

一是访谈。个人访谈也会被用来获取关键范例。其实,除了访谈者做文字工作这点不同之外,访谈过程与工作会议非常相似。一般来说,如果信息来源的口头表达能力要比书面表达能力强,那么使用访谈法较为适宜。这种方法的最主要不足在于要花费分析人员大量的时间和精力。

用访谈来收集范例与工作会议非常相似,我们需要收集同样的信息:导致范例发生的一系列事件,对行为明确有详细的描述和行为结果。较为结果化的方法通常效果最佳。访谈者应该一开始就介绍工作分析的目的,展示一些范例,解释范例是如何发生、如何进行编辑、如何转化成标准格式的。访谈对象可以对这一过程和结果提出问题,分析人员应当请访谈对象思考特别好(差或一般)的绩效的范例。访谈者在描述行为发生的环境、反应和结果时,应该进行详细的记录,必要时可以问一些探索性问题来获取补充的信息。尽量使用开放性的提问方式,从而获得更加全面的信息。

利用访谈这种方法来获取关键范例也与其他大多数两个人的交流一样,需要在一定的环境下才能有效地进行。必要的环境要求是私密、不被打断、方便访谈者。

二是问卷。对分析人员的精力和时间占用最少,但是对调查对象有较高的要求。他们要有较好的书面表达能力和语言组织能力。通常,这种方法适用于律师、经纪人等专业人士。

(2) 编辑关键事件。

在关键事件收集好之后,必须对其进行编辑加工,为下一步应用关键事件做好准备。除了纠正一些拼写和语法错误之外,首先应按照上文所述的要求,检查每个范例是否内容完整,前后格式是否统一。其次要考虑范例的长度,范例必须要有合适的长度才能保证能够提供必需的信息,太长则会给阅读者带来困难,要在这两者之间找到平衡点。最后要考虑读者的认同感,技术语言、职业行话、俗语应该被保留,其中的差别能使他的使用者感同身受。

3. 关键事件法的绩效维度

不同的绩效标准对应不同的工作行为,因此相同性质的工作行为可以成为同一维度的工作行为;某个维度所包含的工作行为或行为范例对应的是某个水平的工作绩效,这些工作行为或范例从这个意义上说都是相关的,构成了某个绩效水平的工作族。

绩效维度可以在关键事件库编写出来之后,通过"内容分析"过程来予以确定。绩效维度也可以在关键事件编写之前通过一些方法来确定,然后以此来指导整理范例的过程,这两种思路我们在下面都会谈到。

(1) 从关键事件来定义绩效维度。

在某些情况下,在关键事件以自由开放式的形式写出来之后,绩效维度可以在行为范例中确定。这些情形可能是工作分析员对工作内在结构并不肯定,或者工作分析员注意力集中于区分最好的和最差的工作者事件维度,这时我们只要求工作专家写下特别好绩效和特别差绩效的范例。在编写出足够多的事件足以反映极端的绩效水平之后,对这些范例进行内容分析。简而言之,我们将这些范例按照相关性进行分组,试图找出作为绩效基础的共同之处。这是一个主观的创造性工作,可以按以下的步骤来进行:

● 首先,以开放的心态仔细阅读所有的事件,你会开始发现人们在完成工作的过程中,有一些共同的东西反复出现。

● 凭直觉将明显可以归为一类的范例归类,代表它们所说明的维度,然后对剩下的未分类的范例进行归类,在其中找出新的不同维度。继续这个过程直至找到足够多的维度。

● 对上面的分类进行整理和修改。不同类别的事件可以重新组合成新的维度,如果有些分类过于相似,有些事件无法归于哪一类,则可以将它们合并为一类。

● 让至少四个人独立进行第三步的工作,然后大家在一起对各自结果中的不同之处进行讨论,决定哪种维度的结构是最好的。若几个人给出的维度是相似的,那么就可以说这些维度反映了真实的绩效结构。

● 由于工作分析专家对工作更加熟悉,在一些看起来不相同的事件中他们更容易归纳出相同之处,所以要将工作分析专家也吸收到确定维度的工作中来。

● 最后把内容分析的结果让工作分析专家做最后的检查。检查的内容包括是否容易理解、术语使用是否得当、是否能够覆盖整个工作的方方面面。

（2）在编写范例之前确定维度。

● 与工作专家讨论分析维度。

最简单的在编写范例之前确定维度的方法就是与工作者、管理者和其他工作专家讨论,请他们来确定工作绩效的重要组成部分、方面、维度。根据不同项目的目的,这些维度可以从三个方向确定：工作者行为方向、所需知识和技能方向,以及素质导向。虽然编写范例必须是行为导向的,但是维度的确定却并不一定是行为导向的,尽管用行为导向的维度可能会比素质导向的维度得到更多的绩效范例。尤其是在开发绩效评估系统时,行为导向的维度通常因为与工作相关程度更高而更容易被接受。

因为绩效维度的概念比较模糊,工作专家有时在被要求确定绩效维度时较难理解工作分析员的目的是什么。我们可以再次使用一些为大家所熟悉的工作来帮助他们理解这个问题。

同工作专家讨论三种类型的维度,让他们理解行为导向维度、知识、技能维度和素质维度的区别,接着告诉他们我们在具体情况下应该使用哪种维度,为什么使用这样的维度。

● 确定维度的统计方法。

有一种相对比较简单的方法叫作"任务绩效相似性分类"方法。其思路是将工作的每项任务都写在索引卡上,请一些有经验的工作专家将任务分成不同的相关任务集合。分类的依据是绩效与任务的相关性,也就是说,如果工作者在此项任务上表现较好,则在所有的任务上都表现较好;反之亦然。如果工作者在某项工作上的表现不能提供在另外某项工作上表现的信息,这种任务则不是绩效相关的,应该被放在不同的集合中去。

● 利用既得的工作信息来确定工作维度。

最后,我们可以利用已有的信息来确定维度,这些信息可以在正式的工作描述中的主要工作职责、培训课程等中找到。重要之处在于首先决定衡量什么,然后用行为导向的范例来说明每一目标领域中可能的不同的有效性水平。

 示例

销售工作的 15 种关键行为

◆ 善于把握客户订货的信息和市场信息。
◆ 密切注意市场需求的瞬间变化。
◆ 善于与销售部门的管理人员交流信息。
◆ 善于同生产部门的管理人员和执行人员交流信息。

- ◆ 对上级和用户都忠诚老实、讲信用。
- ◆ 能够说到做到。
- ◆ 坚持为用户服务,了解和满足用户的要求。
- ◆ 积极收集产品的售后反馈信息。
- ◆ 向用户宣传企业其他的产品。
- ◆ 积极扩大产品销售额及市场占有率。
- ◆ 不断掌握新的销售技术和方法。
- ◆ 在新的销售途径方面有创新精神。
- ◆ 维护公司形象,树立企业良好的声誉。
- ◆ 结清账目。
- ◆ 工作态度积极主动。

4. 优缺点比较

（1）优点：

● 关键事件法被广泛应用于人力资源管理的许多方面,例如甄别标准与培训需求的确定,尤其应用于绩效评估的行为锚定与行为观察中。

● 由于对行为进行观察和衡量,故而描述工作行为、建立行为标准更加准确,能更好地确定每一行为的作用。

（2）缺点：

● 收集与整理关键事件需要花费大量的时间和精力。

● 对中等绩效的员工关注不够。

第四节　传统工业企业职位分析方法

一、工作研究

1. 概述

工作研究是运用系统分析的方法将工作中不合理和不经济的因素排除,寻找更经济和更容易操作的工作方法,以提高系统的效率。工作研究的基本目标是避免在时间、人力、物力和资金等多方面的浪费。

工作研究包含方法研究和工作衡量两项技术。方法研究是通过对现行工作方法的过程和动作进行分析,从中发现不合理的动作或过程并加以改善；工作衡量则是运用一些技术来确定合格工人按规定的作业标准,完成某项工作所需要的时间。

2. 操作流程

一项完整的工作研究包括如下八个步骤：

（1）确定所要研究的工作；

（2）利用最适当的记录方法，记录直接观察到的事，以便使数据成为便于分析的形式；

（3）严格检查记录的事实，并对完成的每一件事逐项进行考虑，包括这项活动的目的、发生的地点、完成的顺序、当事人，以及采用的方法；

（4）制定最经济的方法；

（5）衡量所选择的方法，并计算从事这一工作的标准作业时间；

（6）确定新的工作方法及其有关的作业时间；

（7）将新的方法规定为标准做法；

（8）通过适当的控制程序，维持这种新标准做法。

3. 功能

（1）工作研究有利于重新组织工作并提高组织的生产效率。这种方法一般很少甚至无需对厂房和设备进行投资。

（2）工作研究是系统性的。它保证不忽略任何一个影响作业效率的因素，无论是分析原有做法还是开发新的方法，并保证提供有关该项作业的全部情况。

（3）由于工作研究是规定绩效标准的最精确的方法，因此使用该种方法确定工作绩效更加有益，而生产的有效计划与控制的依据则是这种标准。

（4）适当应用工作研究会立即带来节约，只要作业以这种改进的方式继续进行，就可持续不断地节约。

（5）工作研究的使用范围广泛，在制造车间、办公室、实验室和诸如批发与零售、饭店等服务行业，以及农场等领域都可以采用。

（6）工作研究是管理部门可利用的最有效的调研手段之一。

4. 操作注意事项

（1）建立良好的合作氛围。

要使工作研究对提高生产率起重大作用，管理部门与工人之间必须在应用工作研究之前建立良好的关系，而且员工必须信任管理部门，否则，很难消除他们的抵触情绪。

工作研究人员可以通过如下方式来取得普通工人的积极配合：

● 工作研究人员对自己研究的目的要开诚布公和坦率诚恳；

● 将正在研究的内容以及进行研究的原因告诉工人；

● 在关注提高生产率的同时，还要提高工人的工作满意度。

（2）得到高层管理人员的支持。

在进行工作研究之前，应当先向高层管理者说明工作研究的目的和方法，以获得他们对工作研究活动的理解和大力支持。

(3) 挑选工作研究人员。

挑选工作研究人员应当考虑他的教育程度、实践经验，以及个人品质等方面。

二、方法研究

1. 概述

方法研究是一种对现行作业系统进行记录和分析，寻找最经济和最合理的工作程序和操作方法的管理技术。它是在现有条件下，不增或少增投资，消除工作中费力的动作，克服停工、等待等浪费工时的现象，充分发挥员工的工作潜力。

方法研究包括生产过程（程序）分析、作业（操作）分析与动作分析。生产过程分析是以整个工作系统为研究对象；作业分析与动作分析则缩小到以某个作业或操作动作为研究对象。应先做好程序研究，然后再做动作研究。

2. 操作流程

方法研究主要包括选择研究对象、确定研究目标、记录现行方法、信息分析整理、设计使用新方法和实施新方法共六个步骤。

（1）选择研究对象。

一般来说，工作研究的对象主要集中在系统的关键环节、薄弱环节，或者普遍性问题，以及从实施角度容易开展并且能够快速见效的方面。因此，应该选择效率明显不高、成本耗费较大、亟待改善的工作作为研究对象。工作研究的对象可以是系统的全部或者局部，如生产线中的某一工序、某些工作岗位，甚至某些操作人员的具体动作、时间标准等。

（2）确定研究目标。

研究目标通常包括：

- 减少作业时间；
- 节约生产中的物料消耗；
- 提高产品质量的稳定性；
- 增强员工的工作安全性，改善工作环境与条件；
- 改善员工的操作，减轻劳动疲劳；
- 提高员工对工作的兴趣和积极性等。

（3）记录现行方法。

将现在采用的工作方法或工作过程如实、详细地记录下来。可借助于各类专用表格技术来记录，动作与时间研究还可借助于录像带或电影胶片来记录。尽管方法各异，但都是工作研究的基础，而且记录的详细程度和正确程度将直接影响下一步对原始资料所做分析的结果。现在有不少规范性很强的专用图表工具，它们有助于研究人员准确地、迅速地并且方便地记录研究事实，为分析这些事实提供标准的表达形式和语言基础。

（4）信息分析整理。

详细分析现行工作方法中的每一个步骤和每一个动作是否必要，顺序是否合理，哪些可以去掉,哪些可以改变。

(5)设计使用新方法。

这是工作研究的核心部分,包括三项主要任务:建立、使用和评价新方法。建立新方法可以在现有工作方法的基础上,通过"取消、合并、重排、简化"这四项技术形成对现有方法的改进。这四项技术俗称工作研究的"ECRS"技术,具体如下。

- Elimination:取消。

对任何动作首先要问:为什么要干?能否不干?

取消所有可能取消的工作、步骤或动作(其中包括身体、四肢、手和眼的动作)。

减少工作中的不规则性,比如确定工具的固定存放地,形成习惯性机械动作。

除需要的休息外,取消工作中一切怠工和闲置时间。

- Combination:合并。

如果工作不能取消,则考虑是否应与其他工作合并。

实现工具的合并、控制的合并、动作的合并。

- Rearrangement:重排。

对工作的顺序进行重新排列。

- Simplification:简化。

简化工作内容和步骤,也指简化动作、节省能量。

经过 ECRS 技术处理后的得出工作方法可能会有很多,应从中选择最佳的方案。评价新方法的优劣主要从经济价值、安全程度和管理方便程度几个方面来考虑。

(6)实施新方法。

工作研究成果的实施可能比工作研究本身难得多,尤其是这种变化在一开始还不被人了解,并且改变了人们多年的习惯时,工作研究新方案的推广会更加困难。因此,实施过程要认真做好宣传、试点工作,做好各类人员的培训工作,切勿急于求成。

3. 功能

通过方法研究可以改进工艺和程序;改进工厂、车间和工作场所的平面布置,改进整个工厂和设备的设计;经济地使用人力,使作业变得容易、安全并降低劳动强度,减少不必要的疲劳;改进物料、机器和人力的利用,缩短生产周期,降低成本,增加产量;改善实际工作环境,提高员工的工作积极性。

三、工作衡量

1. 概述

工作衡量是指衡量完成一种操作或一系列所需要的时间,找出无效时间并区分有效时间和无效时间,以便发现以前总工时中隐藏的无效时间及其性质和数量。工作衡量还有另外的作用,它不仅能发现无效时间,而且能用来指定完成工作任务的标准时间,从而杜绝无效时间再次出现。

2. 目的

工作衡量关注通过调查研究来减少甚至消除无效时间。

3. 基本程序

工作衡量的基本程序如图2-3所示。

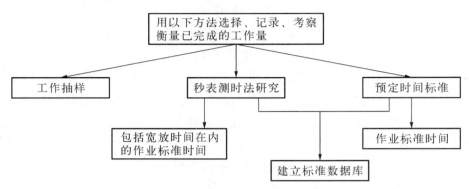

图2-3 工作衡量的程序

四、时间研究

1. 概述

时间研究是一种工作衡量技术，用以记录一定条件下进行的某种作业的要素的工作效率和时间并分析其数据，从而得到按照规定标准完成作业所需的时间。

2. 分类

时间研究可以分为整体时间研究和单元时间研究两大类。

（1）整体时间研究是把工作日作为一个整体研究对象，对工人和机器设备的各种时间消耗进行观测和记录，找出工时浪费的具体表现和原因，并采取有效措施，进而制定出工作日的标准时间。整体时间研究主要有工作日写实和工作抽样两种方法。

（2）单元时间研究就是研究一个作业单元的工时消耗情况，通过对实测工时的记录、评定，制定出作业单元的标准时间。

3. 时间研究的基本工具

时间研究的基本工具是秒表一只、记录板一块、时间研究记录表。

研究人员在进行时间研究时需要携带以上这些工具，此外还需要以下一些室内作业工具：小型计算器一只、计时准确的带秒针时钟一个。

测量工具：皮尺、钢卷尺、千分尺、弹簧秤、转速表等。

根据所研究的工作的类型，还需要准备其他量具。

4. 操作流程

选出需要衡量的工作后，进行时间研究一般包括以下八个步骤。

（1）收集和记录一切可能影响工作开展的有关作业、操作人员和环境条件的资料。

(2) 记录工作方法的详细说明，将作业分为各种要素。
(3) 对细节进行考察，以保证使用最有用的工作方法和动作。确定抽样数目。
(4) 用计时表测量并记录操作人员完成每项作业要素所用的时间。
(5) 根据观察人员关于标准速度的概念评估操作人员的有效工作速度。
(6) 把观察到的时间纳入基本时间。
(7) 确定操作基本时间之外的宽放时间。
(8) 确定操作的标准时间。

讨论案例

新任人力资源部经理决心进行工作分析

张某是某公司的新任人力资源部经理。他希望能够立即在公司开展工作分析，在其就任后的第六个星期，他就将工作分析问卷发给员工，但是填写的结果却令人迷惑不解。从操作员工（机器操作工、技术员、抄写员）那里得到的关于其工作的反馈，与从他们的直接上级那里得到的大不相同。管理者所列出的都是比较简单的和例行的工作职责，而一般员工却认为自己的工作非常复杂，而且经常会有偶然事件发生，自己必须具备各种技能才能处理好工作。

管理者与员工对工作的不同理解更加坚定了张某进行工作分析的决心，他想通过此次工作分析活动，使管理者和一般员工对工作的认识达成一致，出现的争论达到最少。

【案例讨论与练习题】
1. 你认为该公司是否应该进行工作分析？
2. 针对该公司的具体情况，你认为应该采取何种方法才能使工作分析的结果更加有效？

本章复习题

1. 访谈法的优缺点是什么？
2. 非结构化问卷主要包括哪些内容？
3. 观察法的操作流程是什么？有哪些注意事项？
4. 工作日志法的主要功能是什么？
5. 关键事件法的操作流程是什么？有哪些注意事项？
6. 文献分析法的信息来源是什么？
7. 选择主题专家时应注意哪些问题？

第三章 工作分析的流程

【本章要点】

通过对本章内容的学习,你应了解和掌握如下问题:
- 确定合适的工作时机
- 制定工作分析的工作计划
- 工作分析的过程

导读案例

A公司怎样实施工作分析

A公司是一家从事软件开发的公司。自2016年成立以来,凭借高质量的产品和良好的售后服务,业务增长一直保持着较高水平,公司规模不断扩大。伴随着这个进程,公司的组织结构与岗位职责发生了很大变化。在最近做的一个员工满意度的访谈调查中,公司总经理王刚发现,很多新进员工不明白自己的岗位职责是什么,部门主管对所属员工的工作也颇有微词。部门和部门之间也经常因为工作的事情而发生推诿现象,部门经理往往要花费很多时间进行协调处理,这无形中就浪费了很多时间。虽然大家都彼此体谅,以公司业务为重,基本完成了各项工作。但是,这种不良情绪似乎在不断蔓延,对公司未来的发展有很大影响。王总通知人力资源部李晓红经理,要求人力资源部负责解决这个问题,并且在两个月内提出解决方案。李经理经过思考认为,目前很有必要对岗位职责与工作任务做一个详细了解,工作分析的技术是其中的一个重要方法。当前的任务,就是做一个工作计划实施工作分析。在设计具体实施方案的时候,人力资源部出现了不同意见。有人认为应该从收集基本信息开始,有人认为应该直接进行访谈调查,有人认为应该首先与各部门经理做个沟通,也有人认为应该与岗位任职者直接交流。那么,工作分析的规范流程是什么样的?工作实践中应该如何去规范地完成这项工作呢?

工作分析是一个非常复杂的、完整的过程,需要一定的时间来进行,一般需两个月左右。当然每个企业的情况不同,有的时间较长,有的时间较短。另外,各个企业中的工作种类和所使用的分析方法也存在不同之处。但是不论是哪种情况,工作分析一般都要遵循一个多步骤的基本流程,一般包括4个阶段,即准备阶段、实施阶段、结果形成阶段及应用反馈阶段。在每一个阶段里,又包括若干步骤。

第一节 工作分析的准备阶段

一、确定合适的工作时机

把握工作分析的时机,就是要说明什么时候要开始考虑开展工作分析活动并付诸行动。进行有效的工作分析,必须选择合适的时机。一般来说,当出现以下情况时,就需要考虑开展工作说明书的修订工作。

(1)公司组织体系变化;
(2)部门职能与岗位职责增加或者减少;
(3)岗位设置发生调整;
(4)工作流程、工作标准、工作方法、生产组织方式等发生变化;
(5)工作中出现责任不清等事项。

二、明确工作分析的目的

工作分析是收集整理有关工作的信息,并对各项管理活动提供信息支持。工作职责和任职资格是工作说明书的核心,最简洁的工作说明书可以只包括这两个部分。不同的管理活动对信息要求的侧重点有所不同。因此,要在获取一般性信息的基础上,综合考虑某项管理活动的特殊性,增强信息的针对性与实用性,如表3-1所示。

表3-1 工作目的与信息收集的重点

目的	信息收集的重点
组织优化与设计	组织结构,岗位的职责权限,工作流程 岗位的工作范围,岗位与岗位之间的边界,每一岗位的主要工作流程
聘用与选拔	岗位任职资格与条件,哪些是核心指标,评价标准是什么
培训与开发	岗位任职资格与条件,标准与实际的差距
绩效考核	每一岗位的性质、特点与价值,明确考核的指标与标准
薪酬管理	每一岗位的性质、特点与价值,明确薪酬评价要素与标准

三、制订工作分析的工作计划

为了顺利地开展工作分析,必须制订一份详细的工作计划,对工作分析的过程进行科学、合理的安排。工作分析的工作计划是指根据企业工作分析的目的,对这一过程中的人员配置、活动内容、工作进度、阶段任务等进行的描述与说明。它体现了企业开展该项活动的目的和意图,是企业开展工作分析的依据,是工作分析有序进行的保障。工作分析的工作计划经领导审核批准后由人力资源部门负责实施。工作计划的内容如表3-2所示。

表3-2 工作计划的内容

编号	项目
1	工作分析的意义和目的
2	工作小组的组织结构与人员构成
3	工作分析收集的信息内容
4	工作分析采用的方法
5	工作分析的结果
6	工作分析的时间和程序
7	办公用品与设备准备情况
8	费用的预算

四、组建工作小组

为了顺利地实施工作分析,建立一个专门的工作小组是十分必要的。通过组建专门的小组,可以从工作时间、人员配置、组织建构等方面保证工作的顺利完成。组建工作小组可以参考以下一些标准。

1. 工作人员的相对稳定

减少人员的流动性以及其他事务的干扰,确保员工有足够的时间和精力完成此项工作。工作分析需要对组织的结构、岗位等情况进行了解与熟悉,要通过访谈、观察、问卷等多种方法收集信息,要对收集到的信息进行分析与提炼,完成这些均需要一定的时间。保持人员的相对稳定,有助于保持分析过程的连续性,提高分析的深度与广度,形成一份客观、翔实、有效的岗位说明书。如果小组成员的流动性过强,则新成员需要时间去熟悉有关信息,就会影响工作分析的工作进度;如果其他事务过多,则会挤占工作分析的时间,影响工作质量。

2. 人员的多样性

人员可以不仅仅局限在人力资源部的专业人员,工作小组可由人力资源部、企业内其他部门以及外部咨询机构的人员共同组成。首先,工作分析是一项专业性较强的工作,需要人力资源部提供专业的技术支持,这些人员包括部门的领导、主管、专门的工作分析人员等。其次,工作分析的对象是企业中的工作岗位及任职者,各岗位的任职者及所在部门熟悉岗位工作情况,工作分析需要他们的合作。他们的积极支持与配合是获取有效工作信息、提高工作分析质量的重要保障。再次,外部咨询机构。来自外部的专业咨询机构,具有较强的专业能力,可以大大提高分析的效果。

工作分析小组建成后,可以由人力资源部负责统筹组织。在具体实施过程中,可以有不同的实施主体,如表3-3所示。这些主体具有不同的优点和缺点,在实际工作中,可以从企业工作人员的专业水平、企业成本、确保公平性等角度进行考虑组建工作小组并确定实施主体。

表3-3 工作分析实施主体的三种选择

工作分析实施主体	含 义	优 点	缺 点
组织内人力资源部	以人力资源部为主,其他部门配合	节省成本;实施主体了解公司文化、战略和现状	耗费大量人力和时间;如果工作分析方面的经验不丰富,会影响实施效果
组织内各部门	由工作分析需求部门自己实施工作分析,人力资源部门提供支持	节省成本;非常熟悉本部门工作,收集的信息全面、内行	从人力资源管理的角度看,实施过程中和形成的工作分析结果文件可能不专业,会影响工作分析的信度
外部咨询机构	聘请咨询机构实施工作分析,人力资源部门配合咨询顾问,协调问题,确保计划的实施	工作分析经验丰富;作为第三方的中立位置,员工易于接受工作分析结果,相对也容易提供真实的信息给工作分析员	耗费咨询费用;咨询顾问不了解企业具体情况,组织需要花费时间与他们进行企业文化、战略、管理等方面的沟通

资料来源:朱勇国,《工作分析》,中国劳动社会保障出版社,2006年,第89页。

3. 职责分工的明确性

工作小组本身也是一个组织。这个组织由一些成员组成,遵循一定的工作规范,完成一定的使命即根据企业的需要完成工作分析。作为一个组织,内部应该具有一定的职能分工,负责不同的职责,通过分工协作完成相应的任务。明确的职责说明可以让工作小组成员明确各自的职责,按职责规定去完成自己的工作。这包括两个含义:第一,职责规定清晰明确;第二,员工也要在日常工作认真履行职责。工作小组的成员根据需要分成若干岗位,明确各自的任务分工、工作流程、时间进度和阶段成果,形成"分工负责、权责清晰"的工作小组,避免在工作中出现相互推诿的现象,提高工作小组的工作效率。

4. 工作行为的规范化

工作的规范化是工作小组顺利开展工作的保障。首先,工作小组应该形成岗位分工、行为标准、访谈流程、问卷设计、文档管理等业务规范,要并要求所有成员自觉执行。例如,小组定期开会反馈前一阶段的工作进展情况,实现成员间的信息和经验的共享;要求每个成员在工作中保留过程文档并定期汇总,确保工作文件的完整性。其次,具有清晰的工作流程,各项业务程序、管理程序、信息反馈渠道等都清晰合理,使工作中的信息流能顺畅流动。再次,小组应该形成一定的工作规范并制度化,使各项任务的管理都有章可循,避免人为因素的干扰。良好的程序和事项,能够将各个环节联系起来,使工作分析小组的各项职能充分发挥出来,准确地将工作信息传递到每一名工作人员。通过相对稳定的工作规范,一方面可以推进该项工作的有序开展,另一方面可以向企业和员工展示职业化的工作行为,增强企业和员工对小组工作的认可度与支持度。

五、收集、分析有关的背景信息

通过收集与组织有关的信息,可以有效地了解该组织的结构、职能分配、层级关系等情况,完成这项工作,这些信息对于进行工作分析具有积极的意义。根据信息来源的不同,这些信息可以分为组织内信息与组织外信息。组织内信息包括组织结构图、工作(业务)流程图、岗位职责说明书;组织外信息包括国家职业标准、其他组织中相关岗位的职责说明书等。

1. 组织结构图

组织结构就是构成组织的各要素在不同排列组合的基础上发生相互联系、相互影响和相互作用的方式。它在根本上决定着组织的性质和功能。组织结构图是用图形的方式表示组织内部各职能机构、业务部门、工作岗位相互之间的关系。它是组织结构的直观反映,也是对该组织功能配置的一种简易说明,如图3-1所示。

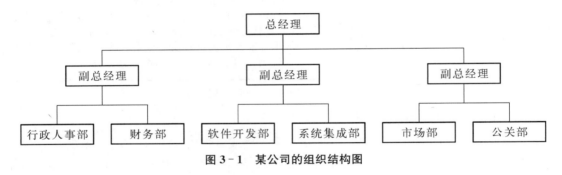

图3-1 某公司的组织结构图

运用组织结构图可以了解以下内容:(1)组织中的部门组成、岗位设置情况;(2)组织中的部门职能与工作职责分配情况;(3)部门、岗位与人员等在组织中的位置及相互关系;(4)组织中的业务流程与信息沟通渠道。

组织结构包括多种类型,主要有以下五种:第一,直线制结构。组织中每一位管理者对其直接下属有直接职权;组织中每一个人只能向一位直接上级报告,管理者在其管辖的范围内有绝对的职权或完全的职权;各级管理者执行统一指挥和管理职能,不设专门的职能机构。第二,职能制结构。组织中设置专门的职能机构代替直线型的全能管理者;各职能机构在自己业务范围内可以向下级下达命令和指示,直接指挥下属。第三,直线职能制结构。在各级按照组织职能来划分部门和设置机构,实行专业分工;这些部门和人员只是上级的参谋和助手,不具有直接发布命令和指挥的权力。第四,事业部制结构。以某个产品、地区或顾客为依据,将相关的研究开发、采购、生产、销售等部门结合成一个相对独立单位的组织结构形式。它表现为,在总公司领导下设立多个事业部,各事业部有各自独立的产品或市场,在经营管理上有很强的自主性,实行独立核算,是一种分权式管理结构。

第五,矩阵式结构。这种组织结构是将事业部制与职能制组织结构结合起来的组织类型。

2. 流程图

流程图是用图形的方式表示企业中某项活动过程,这种过程既可以是生产线上的工艺流程,也可以是完成一项任务必需的管理过程。例如,一张流程图能够成为解释某个产品的制造工序,甚至组织决策制定程序的方式之一。这些过程的各个阶段均用图形块表示,不同图形块之间以箭头或者直线相连,代表它们在系统内的流动方向。流程图是了解和掌握企业内部业务逻辑的有效方式。作为企业业务流程的一种直观表达,对于工作分析人员了解组织现状、业务流程、工作关系等具有积极的意义。图3-2所示是一家公司申请设备的流程图。

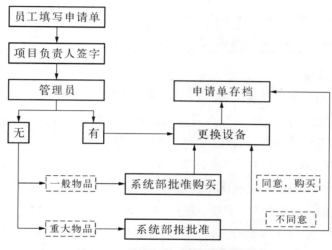

图3-2 某公司申请设备的流程图

3. 部门职责与岗位职责说明书

部门是根据企业发展目标而确定的承担一定管理职能的机构。企业中的每一个部门都有相应的职责。部门职责说明书明晰了各部门的管理层级、管理权限、工作内容、工作岗位设置等信息。岗位是根据部门职责而设置的具体工作职位,通过职位之间的协作,完成部门的工作职责。如表3-4所示是一家公司软件开发部职责与岗位职责说明书。

表3-4 某公司软件开发部职责与岗位职责说明书

软件开发部职责
软件开发部是本公司下设的技术研究和开发部门,主要工作是对内独立承担由公司下达的自选项目、对外承接商业性项目的设计开发任务,同时参加由公司组织的跨部门协作项目。该部门应具备以下功能: ・用户需求调查和分析; ・系统分析和方案设计; ・面向应用的计算机软件的研究开发; ・基于计算机网络的应用系统研究开发; ・软件产品的集成和文档编撰。

续 表

岗位设置	岗 位 职 责
部门经理	负责技术发展部的工作计划、参与项目的前期调查研究、用户需求分析、项目进度管理和人员调度、产品集成和验收、用户培训等项工作
项目经理	负责项目的进度管理和人员调度、定期向上级主管汇报项目进展情况;参与项目的前期调研工作、系统设计、项目开发以及调试工作
系统工程师	参与项目的前期调研和用户需求分析、负责项目的系统设计、开发、调试集成、验收以及总体文档编撰工作
软件工程师	负责项目的软件开发、调试、测试以及相关文档编撰工作
程序员	负责项目的编程、调试以及相关文档编撰工作

4. 国家职业标准

《中华人民共和国职业分类大典》(以下简称《大典》)编制工作于1995年初启动。历时4年,1999年初通过审定,1999年5月正式颁布。它参照国际标准职业分类,从我国实际出发,在充分考虑经济发展、科技进步和产业结构变化的基础上将我国职业归为8个大类(见表3-5)、66个中类、413个小类、1 838个细类(职业)。这些分类比较全面客观地反映了我国社会职业结构现状,是我国第一部对职业进行科学分类的权威性文献。这部《大典》"第一次对我国社会职业进行了科学规范的划分和归类。它全面反映了我国社会职业结构,填补了我国职业分类领域的空白……它的颁布,标志着我国职业分类工作进入了一个新的历史发展阶段"[①]。它对开展劳动力需求预测,加强职业教育和职业培训,推动职业资格证书制度建设,促进人力资源开发具有重要作用。

表3-5 我国的职业分类

分 类	分 类 名 称
第一大类	国家机关、党群组织、企业、事业单位的负责人
第二大类	专业技术人员
第三大类	办事人员和有关人员
第四大类	商业、服务业人员
第五大类	农、林、牧、渔、水利业生产人员
第六大类	生产、运输设备操作人员及有关人员
第七大类	军人
第八大类	不便分类的其他从业人员

---

① 《中华人民共和国职业分类大典》,中国劳动社会保障出版社,1999年,第3页。

2004年8月18日,劳动和社会保障部对外发布了形象设计师等9个新职业,标志着我国正式建立了新职业研究与定期发布制度,新职业信息主要包括职业名称、职业定义、主要工作内容等。截至2007年3月,已经发布了9批共计96种新职业。

由于产业结构调整、科技进步和生产力发展的影响,我国的职业结构正在发生变化,一些旧的职业逐渐消失了,一批新职业如雨后春笋般涌现。这些新职业既包括近年来新出现的全新职业,也包括原有职业的内涵和从业方式因技术发展产生较大变化的更新职业。例如,劳动关系协调员就是2007年第4季度发布的新职业(见表3-6)。为了反映这些新变化,劳动和社会保障部组织有关专家对《大典》进行了增补修订。目前,已经出版了《大典》的2005年、2006年、2007年的增补本。

表3-6 劳动关系协调员职业信息

职业名称	劳 动 关 系 协 调 员
职业定义	从事劳动标准的宣传和实施管理以及劳动合同管理、集体协商协调、促进劳资沟通、预防与处理劳动争议等工作的人员。
主要工作内容	(1) 劳动标准实施管理; (2) 管理劳动合同; (3) 参与集体协商与集体合同管理; (4) 进行劳动规章制度建设; (5) 开展劳资沟通和民主管理; (6) 协调处理员工申诉和劳动争议。
职业概况	劳动关系是最重要和最复杂的社会关系,其内容高度敏感,形式复杂多样。在全球化、信息化不断发展的背景下,新型劳动关系大量涌现。由于缺乏成熟的调控机制,我国目前的劳动关系总体上比以前更加脆弱,劳动违法案件和劳动争议案件数量持续增长。为了适应新形势下保持和谐劳动关系的需要,有必要进一步完善劳动关系协调体系,建立劳动关系协调的专业化队伍。 劳动关系协调员是用人单位和员工双方利益协调机制、诉求表达机制、矛盾调处机制、权益保障机制的最基层承担者。劳动关系协调工作责任重、专业性强,不仅要求从业人员具有认真负责的态度、客观公正的意识,更要具备劳动关系和劳动保障法律方面的专业知识以及娴熟的沟通与交流技能。

资料来源:中国劳动力市场,http://www.lm.gov.cn/gb/training/2007-11/22/content_210644.htm。

六、完成信息收集的准备工作

1. 明确分析对象

明确所要分析的岗位的工作性质与特征。不同的岗位具有不同的特征,因而信息的来源、信息的内容、收集的方法等也会有所不同。体力型的工作岗位可以用观察法收集信息,脑力型的工作岗位不适宜用观察法,应以访谈法、工作日志法等收集信息。

2. 分析信息收集的内容

在对现有资料进行分析的基础上，综合本次工作分析的目的等因素，确定工作分析需要收集的信息内容。这些信息主要包括以下内容：

（1）工作本身的信息：工作任务、工作绩效标准、工作程序、工作方法、劳动工具、工作时间、工作环境、工作关系等。

（2）对任职者的要求：身体素质、教育程度、专业知识、工作经验、心理特征等。

3. 选择信息的来源

信息的来源有多种途径。首先，岗位的任职者。这是信息的重要来源，因为任职者直接完成相关工作，熟悉本岗位的工作任务、工作环境、工作要求等。任职者有时候也会夸大对自己有利的信息，从而使得有关信息出现失真。其次，该岗位的管理者。管理者能够从组织全局的角度描述该岗位在组织中的作用地位、工作关系等信息。不足之处是，由于处于管理岗位，可能会缺乏对工作难度、关键点等信息的具体了解。此外，还可以通过相关岗位的任职者收集相关信息。由于不同层次的信息提供者所提供的信息存在不同程度的差别，因此，工作分析人员应该保持公正的立场，如实记录不同的信息，结合企业实际情况进行客观分析。

4. 确定收集信息的方法

收集工作信息的方法有观察法、访谈法、问卷法等。每种方法都有自己的优点与不足，要根据具体的情况选择合适的方法。采用何种方法，取决于公司的组织规模、岗位特征、工作分析人员的专业水平、岗位任职者的受教育程度、实施成本等因素，这需要负责人根据实际情况综合考虑后决定。实际上，这些分析方法很少单独使用。不同的方法有不同的特点，因此要根据时间情况进行选用，如表3-7所示。一般来说，在收集信息的过程中都是多种方法的综合使用，一次工作分析的实施过程可能是几种方法的使用过程。只有这样，才能充分发挥每种方法的优点，弥补彼此的不足，确保信息的全面性、合理性、有效性。

表3-7 部分方法的比较

方法	优点	缺点	适用工作类型
访谈法	1. 可以对工作者的工作态度与工作动机等较深层次的内容有比较详细的了解 2. 能够简单而迅速地收集多方面的工作分析资料 3. 便于及时沟通	1. 需要专门的访谈技巧 2. 容易受员工主观影响，信息可能会失真	适合于群体广泛，既包括脑力职位者，也包括体力职位者
观察法	1. 可以直接观察到具体的工作内容 2. 有利于减少访谈中被访谈者的主观倾向	1. 无法了解员工的真实想法 2. 可能会引起被测人员的紧张、反感等情绪	活动特征比较明显的工作

续 表

方法	优 点	缺 点	适用工作类型
问卷法	1. 可以在短时间内收集众多岗位信息资料 2. 调查范围广，可用于多种目的、多种用途的工作分析	1. 问卷编制的技术要求较高 2. 不同任职者因对问卷中同样问题理解的差异会产生信息资料的偏差	只适宜于有文字理解能力并有一定书面表达能力的人群，例如管理类、技术类岗位

确定合理的方法后，要及时设计好有关的工作表单、提纲、问卷等文件。例如，访谈法需要完成访谈提纲、观察法需要设计观察记录表等。

七、准备必要的物品与文件

为了顺利地实施工作分析，还要准备一些必要的物品与资料。这些物品与资料是顺利完成工作分析任务的物质保证。

1. 物品的种类

工作分析过程中涉及的物品大致如表3-8所示。

表3-8 物品目录

用 途		工作分析				
负责人		小明				
物品明细						
类 别	名 称	型 号	数 量	用 途	来 源	
文 具	笔					
	纸张					
	文件夹					
工具设备	笔记本					
	录音笔					
	摄像机					
	相机					
	计时器					
	存储设备					
其他工具	车辆					

（1）文具。笔、纸、文件夹等。这些物品在整个过程中都会使用。

（2）工具设备。笔记本、录音笔、摄像机、相机、计时器、存储设备（U盘或者移动硬盘）等工具。这些工具需要根据情况选择使用。例如，使用访谈法时可能会用到录音笔，使用观察法时可能会用到摄像机、计时器等器材。此外,还要明晰这些工具设备的来源情况,包括自备、租用、借用、岗位所在单位负责等情况。

(3) 其他工具。例如,如果需要外出,车辆的准备情况等。

2. 文件的种类

工作分析过程中涉及的文件大致包括以下几类,表3-9是一个示例。

表3-9 文件目录

分　　类		数　　量	负责人/部门
宣传文件	文字材料	1	
	PPT		
工作表单	工作计划		
	访谈提纲	2	
	访谈记录表	2	
	观察提纲	2	
	观察记录表	1	
	调查问卷		
相关岗位与人员信息表			

(1) 宣传文件。介绍工作分析目的、意义、方法等的文字材料或者幻灯片。可以在与公司高层领导、职能部门、直线经理、员工等群体进行沟通时使用,便于浏览或者演示。此外还有工作计划、具体方案等,便于工作分析小组成员掌握工作计划内容,调整自己的工作节奏与进度。

(2) 工作表单。即工作分析中所需要的各类表单,包括观察记录表、访谈提纲等。这是收集、填写工作信息的工具,填写完成后的这些表单是进一步开展工作的基础性信息。为了防止遗漏,可以实现根据工作计划,列出所有需要的工作清单,然后由工作人员逐项整理与设计,完成各项准备工作。同时,这些工作也为最后进行文件的整理与归档提供了便利。

(3) 相关岗位与人员信息。在确定了工作分析的部门和岗位后,要及时与有关部门、人员进行沟通。如果有必要,工作分析人员要将相关人员的部门、职位、岗位、联系方式等信息记录下来。这样一方面可以在开始实施时,对人员的情况有个基本了解,便于进行有效沟通;另一方面可以在需要进一步确认有关信息时,便于与相关人员进行联络。

3. 工作步骤

物品与文件的准备工作可以按照以下步骤进行。首先,制定物品与文件清单(如表3-8、表3-9所示)。根据工作分析的计划和要求,列出所需要的物品清单,包括名称、型号、数量、用途、来源等。文件清单包括各类需要使用的表格、提纲等。其次,指定专人负责落实有关物品与文件的准备情况,确保在开展工作之前将全部物品准备好。例如,录音笔、摄像机是否可以正常使用,电源是否充足,是否有备用电池等,各类表格是否都已按规范完成设计并打印完毕。

4. 遵循原则

物品与文件的准备工作把握以下四个原则。第一,全面准备有关物品与文件,防止在工作分析实施过程中发现物品或文件不足。第二,准备好的物品与文件要妥善保管,防止丢失。第三,具备成本意识。根据公司实际情况,选择合适的方式准备相关物品与文件,注意节约,防止造成浪费。第四,采取列表式的提示清单。在这些物品与文件的准备过程中,可以采取列表的方式,这样可以把物品与文件的名称、数量等信息清晰全面地展现出来。要注意的是,这种分类的目的是提示工作分析人员准备必要的工具与文件,防止遗漏。在实际使用过程中,工作分析人员可根据情况灵活制定相关表单,完成该项准备工作。

八、明晰工作风险

工作风险是指在完成工作分析任务的过程中,由于环境变化、人员变动等产生的一系列影响任务完成的问题。在任务执行过程中肯定要涉及人员、资金等的组织与协调工作,同时还面临着环境的变化等,这些都会带来种种难以预见的不确定性因素。这些不确定因素的存在使得员工能否按照预定的计划完成工作分析的任务也具有了不确定性,这也就意味着存在工作风险。关键是工作分析任务的负责人通过风险分析,把风险控制在尽可能小的范围内。这就需要不仅仅找出存在哪些风险以及导致风险的因素,更重要的是,要找到避免这些风险的措施。有效的风险分析与管理是避免任务失败、取得成功的必要手段。

1. 工作风险的特点

工作风险具有两个特点。(1)工作风险存在于任务执行的整个过程中。在工作分析的准备阶段、实施阶段、结果形成阶段、应用阶段等都可能存在工作风险。(2)工作风险来源多元化。工作风险主要来源于三个方面:第一,任务本身的不确定性带来的工作风险。比如本次工作分析的任务重点是劳动强度,大家对这项任务都不熟悉,对于执行过程中的问题无法预知。第二,任务的外部环境变化导致的不可控因素带来的风险,影响了任务的执行,例如,公司业务激增,造成员工满负荷工作,无法提供有效的配合时间。第三,本企业内部与任务有关的因素带来了风险。如经费不足、人员短缺、设备故障等。

2. 工作风险的类型

与工作风险来源相对应,工作风险分为三种类型。第一,系统性风险。这种风险是由于系统本身产生的,需要运用专业人员的经验、技能等,尽量防止这种风险的发生。第二,外部环境带来的风险。这种风险无法控制,但是可以进行预测。工作分析小组要通过收集有关信息,分析有关风险发生的概率,并制定出相应的对策与方案。第三,内部环境带来的风险。根据以往的经验,工作分析小组负责人要针对可能出现的问题,提前制定应急措施,保证任务的顺利进行。如针对可能出现的保障方面的风险,做好包括人员、设备、资料、后勤供应等方面的保障措施。

3. 工作风险分析步骤

(1) 风险识别。

即识别面临的各种风险。任务在执行过程中,存在多种风险。根据任务的性质,通过对任务的环境等因素进行分析,确定潜在的风险范围,识别面临的各种风险,并确定可能发生的风险的类型。

(2) 确定事件发生的概率以及产生的后果。

针对不同的风险类型,评估风险概率和可能带来的负面影响,为确定有效的应对方案奠定良好的基础。

(3) 风险影响评估和方案选择。

根据事件概率与后果分析,对工作分析任务可能带来的影响进行评估,以确定最佳工作方案。

(4) 选择风险处理计划及方案。

描述处理风险的各种方法,并推荐具体的处理风险的行动,选择最佳的削减风险的措施。根据风险的不同类别,采取不同的应对措施。如果是外部因素造成的风险,那就要积极进行预测,在风险发生前完成各项准备工作,把风险带来的损失减少到最低限度。如果是内部因素造成的风险,那就要通过加强管理、组织与协调等方式避免出现风险。

九、获取相关人员的支持

工作分析的对象是工作岗位,在实施过程中需要与工作岗位的任职者与管理者发生关系。只有获取相关人员的理解与支持,才能顺利地开展工作分析任务。

1. 高层领导的支持和认可

在工作说明书编写之前,要与公司的高层领导充分讨论,正确定位工作说明书编写的意义和作用,并取得领导对工作分析的理解、支持和认同。确保项目实施过程中,获取高层领导的认可,在思想动员、工作安排、人员配置等方面提供支持。高层领导的支持是顺利完成工作分析的重要保障。可以采取工作汇报等方式,讲解有关工作分析的目的意义、工作方法等。

2. 职能部门管理者的支持与配合

首先,职能部门的管理者是岗位任职者的上级,他们的态度会对员工产生一定的影响。其次,他们可以从组织全局的角度提供更多关于岗位的信息,弥补员工由于组织层级较低所提供信息的不足之处。再次,工作说明书的内容的审核与确认需要他们的支持与帮助。第四，职能部门的管理者是工作说明书的重要使用者之一，工作分析小组需要得到他们在使用过程中的反馈信息，并对其进行进一步补充和完善。

3. 员工的理解与支持

这是做好工作分析的有效保证。首先，员工是工作岗位的运行主体，大量的工作分析任务需要员工的直接配合与协作。其次，员工的态度与行为将直接决定能否获取足够、翔实的工作信息。如果员工存在不信任、抵触等心理状态，那么就会形成不真实的工作行为，因而获得的信息往往是无效的信息。因此，要通过积极有效的沟通，消除员工的戒备心理，获取员工的积极配合与支持，协作工作分析任务的顺利完成。

为了取得相关人员的支持，要在沟通和交流中告知如下相关信息：

（1）工作分析任务的相关信息：工作分析的目的和意义、工作分析的时间安排、工作分析采用哪些方法、工作分析小组的职责与任务、工作分析会形成哪些结果等。

（2）相关人员的职责信息：哪些部门和人员参与这项工作、在实施过程中需要何种配合方式、各部门和员工的反馈方式是什么等。

第二节　工作分析的实施阶段

工作分析的实施阶段主要包括与岗位任职者进行沟通、收集整理相关信息、信息的确认等。

一、与岗位任职者进行沟通

与任职者进行沟通是实施工作分析前的一个重要环节。岗位任职者熟悉岗位的工作情况，是该岗位职责的执行主体。能否获取真实、可靠的信息在很大程度上取决于岗位任职者的信任与配合程度。因此，在正式开始前，需要与任职者进行沟通，建立信任关系，创造一个良好的工作氛围。有效的沟通就像润滑剂，有助于工作分析人员与任职者之间建立良好的合作关系。

1. 沟通导入

工作分析人员与任职者通过介绍相互认识，彼此熟悉，以创造一个有利于谈判的良好气氛。

2. 沟通交流

工作分析人员简要介绍这次工作分析的目的、使用的方法、注意事项、工作时间、操作程序等，并解答任职者的问题。通过问题解答、说明与交流，消除其顾虑，建立信任关系。

二、收集整理相关信息

按照有关的程序和方法,由工作分析人员将各类原始信息进行收集与整理,这是信息的初次加工阶段,是工作分析各类信息的形成阶段。具体包括信息收集、信息整理与汇总、信息加工、信息审核、信息录入等过程。

不同的工作分析方法对于收集整理的过程有不同的操作方法和要求,要根据具体的方法灵活安排信息。例如,采用访谈法的过程中,可能会采用一些符号、简写、数字等方法,以便于当时的及时记录。因此,访谈结束后,应立即进行补充和完善,将符号、简写等速记方式转化为可以阅读和使用的文字与图形说明,从而形成一份详细、完整的访谈记录。

收集整理信息的过程中要把握两个原则:及时性原则和准确性原则。

1. 及时性原则

及时就是通过多种手段将实施过程中得到的相关信息及时记录。这里包括两个方面。一方面,要及时发现和收集信息。例如在实施过程中,访谈过程中的信息内容较多,有时无法判断哪些信息是准确有效的,必须最迅速、最敏捷地反映出工作的进程和动态,并适时地记录下已发生的情况和问题。因此,可以采取录音、录像、拍照等工具协助进行记录。另一方面,要及时录入信息。将相关信息及时录入计算机,为信息分析提供基础性数据。

2. 准确性原则

收集整理的信息不仅要求及时,而且必须准确而不能是模棱两可的。只有准确的信息,才能为岗位说明书的形成提供科学的信息支持。失真以至错误的信息,不但不能对工作分析起到指导作用,相反还会导致工作分析结果出现偏差。

为保证信息准确,首先要求原始信息可靠。只有可靠的原始信息才能加工出准确的信息。信息工作者在收集和整理原始材料的时候必须坚持实事求是的态度,克服主观随意性,对原始材料认真加以核实,使其能够准确反映实际情况。其次是保持信息的统一性。在加工整理信息时,要注意信息的统一,做到计量单位相同、描述语言规范,以免在信息使用时造成混乱现象。

三、信息的确认

将整理好的信息,发给任职者或者其上级主管进行确认,并了解是否准确、详细地说明了岗位的相关情况。信息确认的内容主要包括信息是否完整、信息是否准确、信息描述是否符合从业规范、信息是否容易理解等。在收到有关反馈意见和建议后,进一步修改、补充和完善信息。

确认信息要注意以下一些事项。第一,确认信息要设定期限。一方面,可以防止无限期拖延确认任务;另一方面,可以防止已经收集到的信息失效,失去了工作分析的意义。

第二，专人负责收集确认信息。由专人对整个所有确认的信息资料进行汇总，形成一份关于本次任务的详细的工作信息文件。第三，妥善保管相关的确认信息等文件。这些文件的格式包括纸质文件、电子文件等类型。

第三节　工作分析的结果形成阶段

结果形成阶段主要是通过信息分析、描述与编制、审核与批准等行为形成岗位工作说明书。

一、信息分析

这是工作分析的核心阶段。这个阶段的任务是将收集到的信息进行分析与研究，明确工作分析的以下内容。

1. 工作名称分析

工作名称是对本岗位工作任务所做的概括，包括职务、职称、等级、工种等项目。该岗位的名称是什么，是否反映了该岗位在组织中的地位与作用等。

2. 工作职责分析

工作职责是指为了达到某一特定目的而进行的多项活动的综合，不仅包括对本工作任务范围的分析，还包括对工作责任大小、重要程度的分析。

3. 劳动条件和环境的分析

主要包括以下因素：工作环境有无噪声污染，温度、湿度和空气的含尘量如何，以及工作环境有无危险等。对上述因素的定性和定量分析应结合国家各行业主管部门公布的有关标准进行。

4. 工作关系分析

本岗位的工作与哪些工作岗位发生业务关系、业务关系的内容是什么、本岗位的汇报对象、本岗位的监督对象等。

5. 任职条件分析

从事本岗位需要具备什么条件，即对任职者资格要求，这些要求包括文化程度、业务知识、外语水平、工作经验、身体要求、心理素质等。

二、描述与编制

根据对收集整理的信息的分析，可以获取本岗位的工作名称、工作职责、工作关系、任职条件等信息。然后，按照工作分析的专业规范与要求将这些信息分别归类，填入设计好的标准格式，形成职位说明书。这份书面文件是工作分析的重要结果（如表3-10所示）。

表 3-10 人事部经理的工作说明书

岗位名称	人事部经理	岗位代码	HR0001	所属部门	人事部
直属上级	副总经理	填写日期	2010.05.19	核准人	李 明
职责概要	负责公司人力资源管理的各项工作					
工作内容	1. 协助总经理决定公司劳动人事政策，负责研究贯彻执行公司劳动人事诸方面的方针、政策、指令、决议。 2. 就公司重大人事任免事项提供参考意见，负责拟订机构设置或重组方案、定编定员方案的上报。 3. 负责拟订每年的工资、奖金、福利等人力资源费用预算和报酬分配方案，上报公司批准后按计划执行。 4. 负责审核员工录用、晋升、调配、下岗、辞退、退休、培训、考绩、惩罚意见，并提交总经理决定。 5. 负责审核户口调动、职称评定、出国审查、住房分配等重大事项的方案，并提交总经理决定。 6. 负责编订和修改公司各项劳动、人事、劳保、安全、保险的标准、定额和工作计划，并及时监督、检查其执行情况。 7. 负责指导、管理、监督人事部下属人员的业务工作，改善工作质量和服务态度，做好下属人员的绩效考核和奖励惩罚事项。 8. 完成公司临时交办的其他工作。					
工作关系	内部关系	上级：副总经理 同级：其他业务部门的经理 下级：招聘培训主管、薪酬主管、绩效主管等				
	外部关系	劳动保障部门等				
任职资格	教育背景	人力资源管理或行政管理、心理学等相关专业大专以上学历				
	培训经历	接受过系统的人力资源管理技术、劳动法规、基本财务知识的培训				
	工作经验	从事人力资源管理或者人事管理工作5年以上				
	工作技能	能独立解决比较复杂的人事管理实际问题，具有较强的计划、组织、协调能力和人际交往能力，能熟练使用办公软件				
	工作态度	具有较强的责任心，富有创新精神与团队合作意识				
	身体状况	身体健康，仪表端正，性别、身高不限				
工作环境	工作地点	办公室，环境舒适，基本无职业病危险				
	工作工具	电脑、电话、文具、打印机、复印机等常用办公设备				

三、审核与批准

为确保工作描述和工作规范的正确、清楚、易理解，编写完成的工作说明书由管理者和员工检查一遍，有助于获得对职务分析结果的认可和接受，并根据有关建议和意见，对岗位说明书进行修订。

修订后的工作说明书，按照一定的程序，经过负责人的批准后，正式公布执行。可以通过公告板、文件、会议等多种形式公布相关信息，方便各部门与员工从多个渠道了解工作说明书的有关内容。

第四节　工作分析的应用反馈阶段

工作说明书是根据企业的需要完成的规范性文件。只有将编制的工作说明书运用到企业实际工作中,才能充分展现其在企业管理中的作用。工作说明书的利用率高,说明工作分析的成效大;反之,工作说明书的利用率低,不仅在人力、物力上造成浪费,还使有用的信息得不到正常的交流与使用。在这个阶段主要开展以下工作:培训运用工作说明书的部门与人员、根据工作分析的结果制定各种具体的应用文件等。

一、培训相关的部门与人员

编制完成的工作说明书明确规定了岗位的名称、工作职责、任职资格等内容。工作说明书有多个使用主体,主要包括岗位任职者、岗位所在部门、人力资源部等多个主体。要针对不同的使用主体进行针对性的培训,使得这些部门与人员明确以下内容:工作说明书中各部分内容的含义、本人所在岗位的工作说明书的内容、如何使用工作说明书等。

二、制定各种具体的应用文件

工作说明书只有运用于企业的各项实践中,才能充分发挥其基础性作用。因此,要协助各部门制定完成相应的具体文件。例如:如何根据工作说明书确认岗位招聘条件;如何根据工作说明书确定工作的绩效标准等。

三、健全工作说明书的管理机制

工作说明书的使用是一个动态过程,必须建立一套完整的管理机制。

1. 健全信息管理体系

采用计算机系统完成信息的录入与更新工作,全面反映工作说明的各项内容。指定专门的人员负责工作说明书等工作文件的管理与使用,形成标准化、制度化的管理规范。重视用科学的定量分析方法,从大量数据中找出规律,提高科学管理水平,使信息充分发挥作用。

2. 建立灵敏的信息反馈机制

组织的变化、岗位的调整、新技术的运用等都会引起工作内容与任职资格的变化,因此,必须及时了解和改进工作说明书的变化状态。一方面,人力资源部要定期检查追踪工作岗位信息的变化情况,通过专门的训练,使信息工作人员具有识别信息的能力;另一方面,严格规定反馈制度,各职能部门定期向人力资源部反馈相关信息,由人力资源部对各种数据信息做深入的分析,为进一步改进和完善工作说明书提供科学依据。

3. 重视对工作说明书的过程管理

不仅仅注重工作说明书的制定过程,还要注重工作说明书的使用过程、反馈和修订过程,切实发挥工作说明书在人力资源管理活动中的作用。

四、工作分析的评估与反馈

工作分析任务完成后,要对整个工作进行评估与反馈。这不仅仅是了解本次工作是否达到了预期目的,还有助于对本次任务执行的过程和环节进行改进和优化,为以后开展此项工作提供可借鉴的经验。

为了完成此项工作,我们可从以下三个方面确定有关评估与反馈内容:

(1) 工作分析的过程信息:对工作分析过程的总体评价如何,是否满意,是否影响了他们的工作,如何改进等。

(2) 工作分析的内容信息:是否全面反映了工作的信息,是否体现了岗位性质与特征,是否科学界定了岗位的任职资格与条件等。

(3) 工作分析的效果信息:是否达到预期目的,是否明确了岗位职责与相互关系,是否提高了工作绩效,是否规范了岗位的操作方式与流程等。

通过本章的学习,我们对工作分析的流程有了大致的了解。为了给大家更直观的印象,我们作图以说明(见图 3-3)。

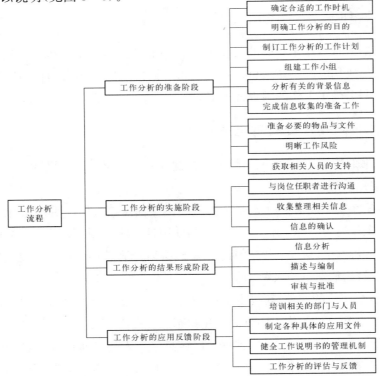

图 3-3 工作分析流程图

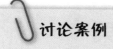

讨论案例

按照正确的流程进行工作分析

A公司规模不断扩大,部门与组织体系有了新的整合。2017年,公司管理层决定对公司开展一次工作分析,对部门与岗位工作进行明确界定,为新业务的发展奠定良好的基础。之后,该公司的人力资源部制定了工作分析的具体程序,工作分析主要分为以下四个阶段进行,即准备阶段、实施阶段、结果形成阶段和应用反馈阶段。

阶 段	主 要 工 作
准备阶段 (5月10日—5月20日)	1. 对现有资料进行分析研究 2. 选择待分析的工作职位 3. 选择工作分析的方法 4. 设计调查用的工具 5. 制订总体的实施方案
实施阶段 (5月21日—6月21日)	1. 召开员工大会,进行宣传动员 2. 向员工发放调查表、工作日志表 3. 实地访谈和现场观察
结果形成阶段 (6月22日—7月1日)	1. 对收集所得信息进行归纳与整理 2. 与有关人员确认信息 3. 编写工作说明书
应用反馈阶段 (7月2日—7月10日)	1. 将工作分析所得结果反馈给员工和其直接主管 2. 获取他们的反馈意见 3. 对工作说明书的内容进行调整和修改

【案例讨论与练习题】

请问应该如何评价A公司及人力资源部的工作分析实施程序?

1. 如何制订工作分析的工作计划?
2. 试述工作分析的工作流程。

第四章 工作分析的结果

【本章要点】

通过对本章内容的学习,你应了解和掌握如下问题:
- 工作说明书的含义、内容与作用
- 工作描述的含义与内容
- 工作规范的含义与内容
- 工作说明书的管理

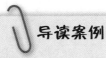
导读案例

陈旧的岗位说明书

孙经理是一家公司新任的人事经理,这些天一直在熟悉公司的情况。他发现,关于员工自己的岗位的职责,上级主管与员工的说法都不太一样,并且大家都对别人有些怨言。于是,他通知负责档案管理的小王,要求调阅公司的岗位说明书。拿到工作说明书后,王经理仔细一看,上面标明的时间竟然是2010年5月。于是,他问:"有没有最新的、修改过的这类文件?"小王回答说:"孙经理,我自从接手这个工作,就没有人看过那些说明书。要不是您要看这些资料,估计它还放在文件柜子里呢。"听到这些情况,孙经理陷入了思考。

第一节 工作说明书的编制

工作分析的结果就是形成工作说明书,它是以标准的格式对岗位的工作特征及任职者的资格条件进行规范化的描述性文件。利用工作说明书,员工可以了解他们工作的任务,明确其工作职责范围,清楚组织对他们的期望值,还可以为管理者的人事决策提供依据。工作说明书一般包括两部分,即工作描述和工作规范(又称任职资格)。工作描述是对岗位工作基本信息的界定,说明该岗位做什么、为什么做、做到什么程度以及岗位的工作条件和环境等。工作规范则是说明要承担该岗位的工作职责,必须具备的知识、技能、能力和经验等资格条件。这两部分不是简单的信息罗列,而是通过客观的内在逻辑形成一个完整的工作岗位信息系统。

一、工作说明书的含义与内容

工作说明书又称职位说明书、岗位说明书,是关于工作岗位特征与任职资格的说明文件。这些信息主要包括两部分(如图4-1所示):第一部分是工作描述,是围绕与工作岗位有关的信息进行的描述与说明,包括岗位的工作性质、工作职责、工作活动、工作条件等信息;第二部分是工作规范,即任职资格,是岗位工作人员所应具备的教育经历、工作技能、个性品质以及工作背景等资格条件。它是运用有关方法与各种调查资料,对工作加以整理、分析、判断所得出的结论,最终编写成的一种规范性文件,是工作分析的重要结果。

工作说明书是按照一定的标准和规范形成的一份关于岗位的书面材料,可用表格显示,也可用文字叙述。编制岗位工作说明书的目的,是为企业的招聘录用、签订劳动合同以及职业指导等现代企业管理业务提供原始资料和科学依据。要注意的是,岗位工作说明书的内容,可依据工作分析的目的加以调整,内容可繁可简。

工作说明书是工作分析最终的表现形式,具有明确的格式要求和严格的质量标准。一般来说,职务说明书主要包括概况、概要、职责任务与资格条件四个部分。合格的职务说明书必须具有准确性、完备性、普遍性、简约性、预见性与可操作性。

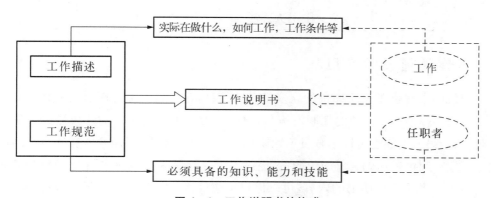

图4-1 工作说明书的构成

工作说明书的编写并没有统一的格式,可以根据情况或繁或简。常用的格式有一栏式和两栏式两种。前者把工作描述和工作规范放在一个统一的文件里,而后者把工作描述和工作规范作为两个独立的文件,通常把工作描述放在正面而把工作规范放在背面。

表4-1是某公司"人力资源管理经理"的工作说明书,属于一栏式工作说明书。

表 4-1　人力资源管理经理工作说明书

岗位名称	人力资源管理经理	所属部门	人力资源管理部	岗位编号	060608
直接上级	行政副总经理	工资等级			

工作职责
• 编写、执行公司的人力资源管理规划 • 负责制订招聘程序，组织社会和学校招聘，安排面试和综合素质测试 • 负责制订考评政策、考评文件、考评沟通，并负责不合格员工的辞退 • 负责制订薪酬、晋升政策，组织提薪、晋升评审 • 负责制订福利政策，办理社会保障与福利 • 办理员工各种人事关系转移，办理职称评定手续 • 组织员工岗前培训，协助办理培训进修手续 • 与员工进行积极沟通，了解员工工作、生活情况
衡量标准
• 工作报告的完整性 • 公司其他员工对人力资源管理部工作的反馈意见
职业发展道路
可转换的职位：行政部经理 可升迁的职位：行政副总经理
任职资格
• 工作经验：5 年以上管理类工作经验 • 专业背景要求：曾经从事人力资源管理工作 2 年以上 • 学历要求：大专以上 • 年龄要求：30 岁以上 • 个人素质：积极热情，善于与人交往，待人公允

二、工作说明书的作用

工作说明书提供了关于岗位的众多基础性信息，在人力资源管理活动中具有重要作用。工作说明书表明了岗位的任职资格与条件，一方面为招聘工作的选拔测试过程提供了客观依据，另一方面也可以了解员工素质与要求之间的差距，以便开展有针对性的在职培训与开发。岗位描述确定了岗位职责，描述了职责范围，可以进一步深化为考核标准与考核内容。根据工作说明书的内容，可以进行岗位评价，确定岗位之间的相对价值，为整个薪酬体系的设计提供了支撑数据。以岗位说明书的考核标准为依据，可以对员工的德、能、勤、绩等方面进行综合评价，判断他们是否称职，并以此作为任免、奖罚、报酬、培训的依据。总之，工作说明书是人力资源管理活动中不可缺少的基础性文件，是众多管理活动的依据。

三、工作描述

1. 工作描述的含义

工作描述是对组织中各类工作岗位的工作性质、工作任务、工作职责、工作环境、工作关系等所做的统一说明。工作描述是围绕工作岗位进行的描述与说明，为进一步的人力资源管理活动提供基础性信息。

2. 工作描述的内容

工作描述大致可以包括以下主要信息：工作识别信息、工作概要、工作职责、权责与相互关系等。通过这些信息反映工作的以下内容：工作编号、工作名称、汇报关系、所属部门、直属主管、工资等级、工资标准、工作性质、工作地点等。

（1）工作识别信息。

工作标识是工作识别信息，是一项工作区别于另一项工作的信息，包括工作编号、工作名称等信息。通过这些信息可以对不同的工作进行分类，明确一项工作在组织中的地位与作用。此外，在这部分内容中还可以包括工作关系、工资信息、审核信息等。表4-2为某部门软件工程师的工作识别信息。

表4-2 某部门软件工程师的工作标识

工作编号	SF-001-005	岗位名称	软件工程师
所属部门	软件开发部	直接上级	项目经理

● 工作编号。

每一个工作岗位具有相对稳定的工作内容与工作职责等信息，为了对这些信息提供一个简单而准确的识别信息，就需要对其进行编号。工作编号是指按照一定的编码规则赋予每个工作岗位一个固定的编码信息。通过对工作进行编码，为工作岗位进行唯一标识，这对于推进职位的信息化管理、提高企业管理水平具有重要的意义。

工作编号可以根据企业实际工作的需求进行确定。一般来说，工作编号应该符合以下四个要求：第一，唯一性。工作编号必须唯一确定相关的工作岗位。如果两种不同的工作岗位的编码一样，把两个不同的工作岗位的信息资料混在一起，就容易造成岗位信息混乱，失去应有的管理价值。第二，方便性。随着企业管理的需求和信息化的发展，越来越多的公司会运用计算机系统对公司的岗位进行管理。因此，工作编码应该便于运用计算机等进行处理，并且保证工作编号的唯一性。第三，可扩性。在企业的经营管理活动中，企业会根据市场变化等情况对公司的组织结构进行调整，增加或者减少一些岗位与员工。这就需要编码规则能够适应公司的这些新变化，可以在不改变原有规则的基础上进行扩充，以增加或者减少部门与岗位的信息。第四，可用性。工作编号是由一组数字与字母等的组合构成的，虽然便于计算机处理，但是对工作人员来说，存在不易记忆、容易混淆的缺点。因此，需要建立编码表，形成较为固定的编码规范，增强工作规范的可用性、软件的可读性，方便管理者和员工理解编号的意义。

为了制定工作编号，就需要一定的编码规则。编码规则也是企业管理中的一项重要制度，是企业进行信息化和规范化管理重要的基础性文件。编码规则的主要内容包括三个方面：第一，编码是一组有序的字符排列编码，可以由数字、字母、符号（如划线）

等便于计算机处理的符号构成。建议不要用除数字和英文字母之外的特殊字符。第二，编码长度（编码字符个数）不宜过长。编码长度可以采用六位或八位数，以便于查找。第三，编码可按部门、岗位评价与分级的结果对岗位进行编码。如表4-1所示某部门软件工程师的工作编号，其中，SF表示软件开发部，001表示第1开发小组，005号表示所在岗位。

- 工作名称。

工作名称是根据工作的主要内容与职责等确定的名称。通过工作名称可以把不同的工作区别开来，并有助于人们了解工作性质与内容等相关信息。工作名称应该符合以下三个要求：第一，名称应该简洁明了，能够反映该项工作的主要职责与内容；第二，工作名称应该标准化，以求通过名称就能了解职务的性质和内容；第三，尽量采用社会通用的名称，以方便人们理解该项工作的职责与内容。

- 所属部门。

所属部门是指该项工作所在的部门、委员会、班组等。一般用组织中的正式部门或者工作小组的名称表示，如市场部、人力资源部、行政部、技术委员会等。一方面，在组织中有多项工作岗位，每一个岗位都有自己相对固定的工作部门；另一方面，不同的部门之间可能存在相同性质的工作岗位，例如在高校中，许多学院（系）都设有教学秘书这个工作岗位，通过"所属部门"可以明确该项工作在组织中的具体位置。

- 直接主管。

本岗位的上级主管是哪些职位，这些信息一方面指明了管理、监督与汇报渠道，另一方面也标明了岗位的一种晋升渠道。

- 其他相关信息。

其他相关信息主要包括：工资信息，即工资标准、工资等级等；编写日期，即编写岗位说明书的时间；岗位分析人，即谁完成工作分析任务；审核人，即谁负责进行审核确认；确认时间，即完成审核工作的时间。

（2）工作概要。

工作概要又称工作概述，是对工作内容的简单概括。通常用简洁、明确的语言说明岗位工作的特征以及主要工作范围，包括该岗位的主要职责、工作范围与工作目的等。通过工作概要，有助于人们了解从总体上把握该项工作的总体性质、工作任务、工作范围等信息。

工作概要的格式通常用动词开头来描述最主要的工作任务，即"工作范围＋工作职责＋工作目的"。例如，某公司财务部经理的工作概要是"全面负责公司财务管理及财务策划，确保公司资金的正常运作"。

应尽量避免在工作概要中出现笼统的描述，比如"执行需要完成的其他任务"。虽然这样的描述可以对主管人员分派工作提供更大的灵活度，但实际上，一项经常可以看到的工作内容而不被明确而清晰地写进工作说明书，只是用"所分配的其他任务"一类的文字，就很容易为回避责任找到一种托词，这使得对工作的性质以及员工需要完成的工作的叙述出现有意无意的漏洞。

（3）工作职责。

仅仅通过工作概要对工作的内容进行描述与说明是远远不够的，还要确定保证工作内容高效完成的各项职责。工作职责是说明本职务的工作任务、培训、指导、服务、计划、沟通等方面的职能以及各种责任。工作职责详细说明了本岗位所要承担和完成的工作内容，逐项加以说明岗位工作活动的内容、各活动内容所占时间百分比、活动内容的权限、执行的依据等，是工作概要的具体表现形式与进一步细化。有利于各使用主体（包括企业中的部门与员工等）能够快速掌握和明确本部门的工作流程和操作方法，明确各自的工作职责。

确定员工责任要有明确的岗位职责规定。岗位职责说明书并不是要面面俱到，而是对岗位职责进行合理有效的分工，促使有关人员明确自己的岗位职责，认真履行岗位职责，出色完成岗位职责任务。工作职责要按照主次顺序书写，用关键词描述所应担负的责任，同时明确每个职位的关键要素与核心能力。常用的动词如表 4-3、表 4-4 所示。

表 4-3 根据对象分类的职责常用动词

动词作用的对象	相应的动词
针对计划、制度、方案、文件等	编制、制订、拟订、起草、审定、审核、审查、转呈、转交、提交、呈报、下达、备案、存档、提出意见
针对信息、资料	调查、研究、收集、分析、归纳、总结、提供、汇报、反馈、转达、通知、发布、维护管理
某项工作（上级）	主持、组织、指导、安排、协调、指示、监督、分配、控制、牵头负责、审批、审定、签发、批准、评估
直接行动	组织、实行、执行、指导、带领、控制、监管、采用、生产、参加、阐明、解释
上级行为	许可、批准、定义、确定、指导、确立、规划、监督、决定
下级行为	检查、核对、收集、获得、提交、制作
其他	维持、保持、建立、开发、处理、执行、接待、安排、监控、汇报、经营、确认、概念化、合作、协作、获得、核对、检查、联络、设计、测试、建造、修改、执笔、起草、引导、传递、翻译、操作、保证、预防、解决、介绍、支付、计算、修订、承担、谈判、商议、面谈、拒绝、否决、监视、预测、比较、删除、运用

资料来源：朱勇国，《工作分析》，中国劳动社会保障出版社，2006 年，第 246 页。

表4-4 美国工作分析常用动词库

study 研究	produce 生产	adapt 采用	rotate 旋转
maintain 保持	establish 建立	develop 开发、发展	check 检查、核对
formulate 阐明	supervise 监督、主管	provide 提供	direct 指导
assist 协助、帮助	prepare 准备	analysis 分析	build 建造
determine 决定	coordinate 协调、调整	route 发送	authorize 批准
locate 定位、查找	compose 组成	file 文件处理	recommend 推荐
arrange 排列、安排、协商	monitor 监督、检测、监控	report to 报告	predict 预测
plan 计划	administrate 管理、执行	manage 管理、设法达成、执行	control 控制
identify 确认	conceptualize 概念化	cooperate 合作、协作	ensure 保证
take charge 主持	gain 获得	submit 提交	resolve 解决
connect 联络	design 设计	lead 带领	research 研究、调查
evaluate 评价	calibrate 校准	test 测试	keep 保持、维持
modify 修改	write 写、起草、执笔	make 制作	enter 进入、输入
oversee 监视	resale 转售	forecast 预测	negotiate 商议、谈判
compare 比较	delete 删除	use 应用	discuss 讨论
observe 遵守	collect 收集	conduct 引导、传导	examine 检查
schedule 计划、制定进度	read 读	organize 组织	permit 批准
operate 操作	perform 执行	identify 识别	participate 参加
patrol 巡逻	inspect 检查	prevent 防止	greet 问候
handle 处置	interpret 解释	dispute 争论、辩论	work with 共同工作
recommend 推荐、建议、介绍	receive 接收、接待	cash 兑现	confer 赠与
pay 支付	count 计算	attend 参加	verify 核对
construct 建造、构造、创立	repair 修理、修正、修订	review 评论	interview 面谈
undertake 从事、承担	support 支持	post 张贴、布置、邮寄	reject 拒绝

资料来源：付亚和,《工作分析》(第二版),复旦大学出版社,2010年,第12页。

（4）绩效标准。

工作说明书中还包括有关绩效标准的内容,即完成某些任务或工作量所要达到的标准。这部分内容说明企业期望员工在执行工作说明书中的每一项任务时所达到的标准或要求。合格的绩效标准能够使员工清晰地认识到自己所在岗位需要完成的内容与标准,减少履行工作职责时的盲目性,实现组织管理目标。

制定绩效标准应该达到以下要求。

● 绩效标准应该与工作职责相对应。也就是说,有工作职责就应该有与其相对应的绩效标准要求。一般来说,对于工作说明书中的每一职责和任务都能列出具体的绩效要求,从而形成一套较完整的绩效标准。

● 绩效标准应该具体而明确。在确定具体的绩效标准时,应该尽可能使用量化的指标来确定有关的绩效标准。采用具体而明确的绩效标准的:一方面有助于员工明确完成该项职责所要达到的标准;另一方面可以减少主观因素对员工绩效的影响,有助于上级对员工的工作进行检查与考核,确保考核的客观性。

● 绩效标准应当适度。制定的标准太简单了,员工很轻松就能完成,员工容易认为工作缺乏难度和挑战性,逐渐失去学习动力和工作热情;制定的标准太高了,员工难以完成,也会逐渐丧失工作热情和信心。因此,要根据社会平均劳动生产率、企业发展战略、企业实际情况以及工作岗位的要求等因素确定合理的绩效标准,使得员工经过努力能够完成。

● 应该可以度量。例如,文字录入员的一项工作职责为"负责文字的录入工作",其绩效标准可以设定为"汉字录入速度每分钟 120~150 个字,录入的出错率应小于 0.5%"。

(5)工作关系。

工作关系指本岗位与组织内外的其他工作岗位的关系。这些关系包括两个部分。

● 组织内的工作关系。

该岗位的汇报对象是谁,可以监督哪些岗位,合作伙伴是谁等。权限包括决策权、人事任免权、监督权、审批权等。

● 组织外的工作关系。

该岗位与组织外的政府机构、公司企业等机构中的哪些部门有工作联系,有何种联系等。在工作关系中,与其他部门和组织联系的频率也有所不同。对于经常联系的部门与岗位,要了解以下内容:这些岗位的种类与名称是什么、在哪些业务上有工作联系、通过哪些程序建立工作联系等。对于偶尔发生联系的部门,也要明确其名称、数量与产生工作关系的原因。例如,某政府部门的电子政务网站由某公司负责建立与维护,该项目经理的工作关系如表 4-5 所示。

表 4-5 某公司项目经理的工作关系

	工 作 关 系	
公司内部	直接上级	软件开发部经理
	直接下级	软件工程师、程序员
	同 级	其他项目经理
公司外部		政府部门相关机构、管理咨询公司等

（6）工作条件与物理环境。

简要列出完成此项工作所需要的条件与环境要求。主要包括：

- 完成工作所需要的资料、工具、机器设备与材料；
- 工作的时间要求；
- 工作的地点要求与环境要求，例如温度、湿度、光线强度、噪声、安全条件以及高空、地下等。

（7）其他信息。

除了以上基本信息外，还可以对岗位的劳动强度、工作的难易程度、岗位评价与等级等情况进行说明，以进一步了解本岗位的相对价值、在生产中的地位和作用，以及归级列等的情况。

表 4-6　某公司销售部经理岗位工作描述示例

岗位名称：销售部经理 所在部门：销售部 直接下级（岗位）：区域经理4名、销售办公室主任1名 工资等级：13级 分析日期：2018-03-29	岗位编号：XSB-01-01 直接上级（岗位）：营销总监 分析人：多启悦 批准人：李雪绮

工作概要：负责公司产品销售计划制订、执行、监督、指导各区域销售工作，完成公司销售目标
工作职责及具体内容： 职责1：负责部门销售计划的制订 　　具体内容： 　　（1）对整个部门的销售工作结果负责； 　　（2）承担上级下达的销售指标（任务量、费用、回款、市场等指标）； 　　（3）拟订部门年度销售计划，分解目标，报批并督导实施； 　　（4）拟订部门年度结算计划，分解目标，报批并督导实施； 　　（5）拟订部门年度销售预算，分解，报批并督导实施； 　　（6）分析市场状况，正确做出市场销售预测、中期计划调整，并报批； 　　（7）审核季度产品销售预测、计划； 　　（8）审核部门的月度业务、财务计划。 职责2：监督部门销售的具体执行 　　具体内容： 　　（1）负责组织实施各类产品的销售工作； 　　（2）关注销售市场的总体形势，及时上报有关重大情况； 　　（3）负责监管有关客户、竞争对手、服务质量等各类信息的反馈； 　　（4）负责监管合同的综合管理，包括合同结算、合同款的回收、技术转让合同的科技市场登记等工作； 　　（5）负责监管标书、合同等与销售工作密切相关的文件、资料的制作与管理； 　　（6）负责监管各类销售数据的统计工作，并负责向上级及经理办公室提供相关动态数据； 　　（7）负责销售费用监管，控制销售成本，力争利润最大化，保障销售活动总体在经济状态下运行，并与财务部保持密切联系，对销售成本、费用控制负责； 　　（8）负责销售合同的审批，负责审批其他具有法律效力的协议等文件，对结果负责； 　　（9）同国家电力公司有关部门、各网局和省局及调通局部门、代理商、客户等建立和保持多方面的外部联系，及时了解影响公司总体产品方向的信息； 　　（10）管理业务队伍的销售行为，避免严重影响公司正常经营的失误；

续 表

  （11）保持 24 小时随时响应业务人员的有关业务权限的请示；
  （12）参加业务员请求的必要的客户的来访接待和宴请；
  （13）随同业务人员拜访客户，解决重要业务问题；
  （14）同业务人员保持密切沟通，并适时检查业务工作情况；
  （15）随时灵活地处理重大的偶然性问题；
  （16）根据中期及年度销售计划，开拓完善经销网络；
  （17）每周定期组织例会，并参加与企业有关销售业务会议；
  （18）指导、监督、检查下级销售指标的完成情况。
职责 3：负责部门建设工作
  具体内容：
  （1）全面负责销售队伍的建设，使销售员队伍适应新形势；
  （2）培训新一代的销售干部；
  （3）负责部门内中层各级的工作程序的培训、执行、检查（包括产品销售、组织合同评审、合同与标书管理、及时的信息反馈、客户接待工作等）；
  （4）负责基层负责人的工作分配、考核和激励；
  （5）为所辖员工提供良好的工作保障，为下级的成长进步提供良好的发展环境；
  （6）根据合同毛利润、毛利润率、完成合同的工作量、合同的市场影响、合同的产品影响等确定合同的质量，实现合同质量的量化。
职责 4：负责部门间协调工作
  具体内容：
  （1）与各部门经理在工作中随时保持沟通，做好与其他各相关部门之间的协调工作，负有重要的内部协调责任；
  （2）建立相关的流程，优化工作效率。
职责 5：部门工作日常运转
  具体内容：
  （1）对部门具体的销售工作、业务员行为管理和部门管理等行政工作需要做出大的决策，负有较大的决策责任；
  （2）做好上级布置的非计划内工作；
  （3）出席公司有关要求销售部长参加的各种会议；
  （4）处理部门大量的报销审核事宜；
  （5）处理部门大量的业务发票开票审核事宜。

所用工具设备	计算机、统计软件
工作环境特征	独立办公环境
工作均衡特征	（1）需要经常加班； （2）接待事务众多，饮食起居缺乏规律； （3）适应市场工作节奏快、任务多样化的特点

工作关系：
外部：国家电力公司有关部门，各网局和省局及调通局部门，代理商，客户
内部：各产品部、供应部、生产部、人力资源部、经理办公室、企管部、财务部、运营管理部、市场部、销售部全体员工

考核标准：
  （1）业务指标的完成情况：合同额、回款率、市场开拓等指标；
  （2）组织结构建设：销售部组织结构与市场工作的适应情况（部门机构设置适应业务工作需要，并采用节省人员成本的做法）；
  （3）销售队伍管理：业务指标数字化管理，每季度召开工作会；
  （4）员工培训情况：员工接受培训比率，新员工培训的组织。

3. 工作描述的作用

工作描述是对工作岗位的工作职责、绩效标准、工作关系、劳动条件等进行的详细说明，这些信息适用于人力资源管理的各个环节，为企业的人力资源规划、职业生涯设计、组织结构设计等提供基础性信息。例如，劳动条件的分析与整理，为进一步改善劳动环境、增强劳动保护提供了依据。工作关系的分析与说明，可以清晰界定岗位之间的工作职责与工作范围。

四、工作规范

1. 工作规范的含义

工作规范又称任职资格，是指任职者要胜任该项工作所必须具备的基本资格与条件，主要有学历（文化程度及所学专业）、年龄、身体状况、相关经历、个性特征、能力、基本技能、知识要求、其他特殊条件等。任职资格是工作说明书的重要组成部分。这些内容对于招聘培训、选拔晋升、培训开发等管理活动具有重要的意义。

2. 工作规范的内容

工作规范的内容包括基本要求、教育状况要求、工作经验要求、能力要求、其他要求等几个方面。如表4-7所示，这是某软件公司培训部讲师的任职资格要求。

表4-7 某软件公司培训部讲师的要求

岗位名称		讲师
所在部门		培训部
基本要求		性别不限，年龄不限，身体健康，形象好，气质佳
教育状况	学历专业	大学本科学历，计算机相关专业
	知识要求	精通Linux系统管理、Linux服务管理、Linux的安全管理等
	工作经验	有从事过Linux讲师相关培训经验者，具有Linux认证讲师证者优先
能力要求		良好的语言表达能力 快速地分析问题和解决问题的能力 良好的沟通能力 能快速引导学生完成相关技能学习的能力
个性品质		工作严谨认真 能够承受工作压力 富有主动性，热爱教学工作 有亲和力，诚恳耐心 具有强烈的责任心

（1）基本要求。

● 年龄：岗位对任职者是否有年龄要求。在实际工作中，有些岗位对任职者的年龄是有要求的，这是因为一些工作需要一定的经验与技能。

● 性别：岗位对任职者是否有性别要求。例如，矿山的采掘岗位、井下安检岗位等不适合女性从事此类工作，要求任职者为男性。

● 身体状况：身高、体重、健康状况、力量与体力、运动的灵活性、感觉器官的灵敏度、速度与耐力、身体协调性与柔韧性等。

(2) 教育状况要求。

这是指岗位对任职者的知识要求，具体包括教育程度、学历、学位、知识等。

● 教育程度。

教育程度是指接受的各级各类教育的状况，包括所读过的学校名称、科系、就读时间与毕业时间、相关特殊进修、短期研修与取得证书的时间等。

● 学历。

学历是指人们在教育机构中接受科学、文化知识训练的学习经历。简言之，学历是一个人受教育的经历，一般表明其具有的文化程度。一个人在什么层次的教育机构中学习，接受了何种层次的训练，便具有相应层次的学历。从广义上讲，任何一段学习经历，都可以成为学习者的"学历"。而在社会中，人们通常所说的"学历"则是指具有特定含义、特定价值的"学历"，也就是说，一个人具有什么学历是指一个人最后也是最高层次的一段学习经历，以经教育行政部门批准、实施学历教育、有国家认可的文凭颁发权力的学校及其他教育机构所颁发的学历证书为凭证。这里所涉及的学历主要是指国民教育系列的学历。

我国的学历分为小学、初中、高中（包括高中、职高、中专、技校）、大专（大学专科）、大本（大学本科）、硕士（硕士研究生）、博士（博士研究生）。

国民教育系列承认的学历在高等教育方面有专科、本科、硕士研究生和博士研究生四个层次，从学历系列上讲主要包括专科、本科、第二学士学位班、研究生班（目前已停办）、硕士研究生和博士研究生六个方面；此外，还有 1970—1976 年普通高校举办的大学普通班。

● 学位。

学位是标志被授予者的受教育程度和学术水平达到规定标准的学术称号。学位包括学士学位、硕士学位和博士学位三种。博士是学位的最高一级。在我国，"博士后"是指获准进入博士后科研流动站从事科学研究工作的博士学位获得者，并不是学位。

学习资料 4-1

学位与学历的联系与区别

学历是一个人学习的经历，学位是一个人具有的水平和能力。学位不等同于学历，获得学位证书而未取得学历证书者仍为原学历。取得大学本科、硕士研究生或博士研究生毕业证书的，不一定能够取得相应的学位证书；取得学士学位证书的，必须首先获得大学本科毕业证书,而取得硕士学位或博士学位证书的,却不一定能够获得硕士研究生或博士研究生毕业证书。现在经常出现将学位与学历相混淆的现象,如有的人学历为本科毕业,以后通过在职人员学位申请取得了博士学位,这时,其学历仍为本科,而不能称为取得了"博士学历"。

- 知识。

专业知识。胜任本职业工作所具有的专业知识。例如,作为心理咨询师应掌握普通心理学、人格心理学、心理咨询学、心理测量学、心理学研究方法等基本的专业知识。

法律知识。了解一般的法律法规、国家政策等,尤其是熟知与本岗位、本专业有关的法律法规、规章条例、国家政策等。

外语知识。由于工作岗位的需要,对任职者的外语语种与水平的要求。例如,从事英语翻译工作,就需要熟悉英美文化,具有熟练的听、说、读、写等技能。

(3)工作经验要求。

完成岗位工作、解决相关问题的实践经验。为了更好地履行岗位职责,一些技术与管理岗位对任职者的工作经验提出了要求。

组织中的各职类在管理工作经验、行业工作经验要求上有所不同,体现了岗位的行业性、专业性特点。工作经验可以分为社会工作经验、专业工作经验和管理工作经验。第一,社会工作经验,指参加工作后的工作经验,包括任职者的所有工作经历。第二,专业工作经验,指从事过相同的岗位与专业的经验状况。第三,管理工作经验,即是否从事过管理工作、从事过哪类管理工作、从事管理工作的时间等。

学习资料 4—2

专业技术职务有哪些系列

目前专业技术职务系列包括高等学校教师、自然科学研究、社会科学研究、工程技术、卫生技术、农业技术、新闻、档案、文物博物、出版、图书资料、工艺美术、教练员、技工学校教师、翻译、播音、会计、统计、经济、中专学校教师、中学教师、小学教师、实验技术、律师、公证、艺术、船舶技术、民用航空等。

(4)能力要求。

能力是指人们能够从事某种工作或完成某项任务的主观条件,它是知识具体运用的表现形式。这种主观条件主要受两个方面因素的影响:一是先天遗传因素,二是后天的学习和实践的因素。能力总是和人完成一定的活动相联系在一起的,能力直接影响工作效率。能力包括思维行为沟通能力、思维语言沟通能力、语言行为沟通能力、理解力、判断力、分析能力、综合能力、记忆力、观察力、想象力等。

不同的工作岗位对任职者的能力要求是不同的。例如在公务员的日常工作中,文书书写、资料阅读、数字资料分析等都是经常面对的工作。这类工作对从业者的能力具有特殊要求。因此,公务员考试主要测查的是从事行政职业应该具备的一般能力,如数量关系、判断推理、常识判断、言语理解与表达、资料分析等,这些都是从事行政职业即国家公务员所必须具备的一般能力。

（5）其他要求。

其他要求包括心理素质、性格特点、品格气质、兴趣爱好等。

表 4-8　某软件公司招聘专员岗位工作规范

岗位名称：招聘专员	编号：
部门：人力资源部	直接上级职务：人力资源部经理
分析人员：	分析日期：

1. 体格要求
　　年龄：25～40 岁　　性别：不限
　　身高：女性,1.55～1.70 米；男性,1.60～1.85 米
　　体重：与身高成比例,在合理的范围内即可
　　视力：必须能够看清计算机屏幕、数据报告和其他文件
　　听力：必须能够与同事、员工和顾客交流,参加各种会议和准备公司信息
　　健康状况：无残疾、无传染病
　　外貌：无畸形,相貌出众更佳
　　声音：普通话发音标准,语音和语速正常
2. 知识和技能要求
　　（1）学历要求：人力资源专业、心理学专业或相关专业本科以上
　　（2）工作经验：3 年以上国有大型企业工作经验
　　（3）专业背景要求：曾从事人力资源招聘工作 2 年以上
　　（4）英语水平：国家六级
　　（5）计算机：熟练使用 OFFICE 系列办公软件
3. 特殊才能要求
　　（1）能够准确地与部门主管交流工作情况,能够进行人力资源的规划和预测,能够准确、清晰、生动地向应聘者介绍企业情况,能够准确、巧妙地解答应聘者提出的各种问题
　　（2）能够准确、快速地将希望表达的内容用文字表达出来,对文字描述很敏感
　　（3）工作认真细心,能认真保管好各类招聘材料
　　（4）有较强的公关能力,能准确地把握同行,介绍招聘情况
4. 其他要求
　　（1）能够随时出差
　　（2）不提供一个月以上的假期

五、工作说明书编写要求

工作说明书作为组织重要的文件之一,是对某类职位的工作性质、任务、责任、权限、工作内容和方法、工作环境和条件,以及本职务任职人资格条件所做的书面记录。通过工作分析程序获得的资料,经过归纳与整理,可撰写成工作说明书。一份实用性强的工作说明书应符合下列三个要求。

1. 清晰明白

在编写工作说明书时,对于工作的描述必须清晰透彻,让任职人员读过以后,可以准确地明白其工作内容、工作程序与工作要求等,无须再询问他人或查看其他说明材料。应避免使用原则性的评价,同时对较专业且难懂的词汇必须解释清楚,以免在理解上产生误差。这样做的目的是为了让使用工作说明书的人能够清楚地理解这些职责。

2. 具体细致

在说明工作的种类、复杂程度、任职者须具备的技能、任职者对工作各方面应负责任的程度这些问题时,用词上应尽量选用一些具体的动词,尽量使用能够准确地表达你的意思的语言。比如运用"安装""加工""设计"等词汇,避免使用笼统含糊的语言,如在一个岗位的职责描述上,使用了"处理文件"这样的文句,显然有含混不清的成分,"处理"是什么意思呢?因此,在具体的编写时,要仔细区分到底是对文件进行分类,还是进行分发。

3. 简短扼要

整个工作说明书必须简短扼要。在描述一个岗位的职责时,应该选取主要的职责进行描述,一般不超过10项为适,对于兼顾的职责可做出必要的补充或说明。

第二节 工作说明书的管理

一、工作说明书管理的含义

工作说明书管理是对工作说明书的制定、使用、修订、保存与归档等阶段进行管理,是工作分析职能中的重要环节之一。这些阶段相辅相成,互为衔接与补充,共同构成工作说明书的管理。工作分析是人力资源管理活动中的一项基础性活动。一方面,在这项活动中形成了许多工作过程的原始记录、工作结果、正式文件等数据与资料,妥善管理和保存这些记录对于分析和改进人力资源管理水平、增强企业的信息化建设具有重要作用。另一方面,随着企业组织的变化与岗位的调整,也要对工作说明书的内容进行调整与更新,只有这样,才能保证工作说明书的时效性,充分发挥其在人力资源管理中的基础性作用。因此,对工作说明书的有关活动进行管理具有重要意义。

二、工作说明书管理的意义

工作说明书是为企业的各项管理职能提供基础性信息服务,是工作分析的结果之一。对工作说明书进行管理,一方面,是丰富企业管理资料的手段,有助于发挥工作说明书的作用;另一方面,推进了企业信息化管理,体现了企业的管理水平。

三、工作说明书管理的对象

工作说明书管理的对象是指工作说明书制定过程中产生的各类文档。工作说明书的管理活动就是围绕这些文档的产生、使用等过程而展开的。这些文档主要包括两方面内容。

1. 工作说明书

工作说明书包括目前正在使用的工作说明书版本、历次修改的工作说明书的版本。

2. 相关资料

工作说明书制定过程中的有关工作计划、分析数据、历史文件、研究报告、参考资料、组织机构等。具体包括：

（1）岗位说明书制定过程中的工作计划、重要通知、工作总结、领导发言等；

（2）各类会议所形成的会议记录；

（3）调查问卷、分析报告、演示文档、其他相关的岗位说明书等参考资料；

（4）客户资料及处理结果；

（5）相关部门与有关工作人员的名单等；

（6）其他有关的工作资料。

这些文档可以有多种表现形式。按媒质形式可以分为纸质、电子化、数字化；按表达形式可以分为文字、数据、图表、语言、图像、视频等；按资料来源可以分为来自公司内部的工作文件、来自外部公司与组织的参考文件等。

四、工作说明书管理的特点

工作说明书的管理具有过程性、全面性、动态性等特点，把握这些特点对于认识与规范工作说明书的管理具有积极的意义。

1. 过程性

工作说明书的管理不仅仅关注其中的一个环节，而是围绕着工作说明书的制定、使用、修订、保管等多个环节而展开的。在企业实践中，很多企业只注重其中某些环节而忽视其他环节，从而造成工作分析不能充分发挥作用。例如，很多企业都认识到工作分析对企业具有重要意义，因此非常注重工作说明书的开发工作。一旦工作说明书制定完成，就认为该项工作已经完毕。事实上，"制定"只是工作说明书管理的一个阶段，而更重要的"使用""修订"等阶段却被忽略了。只有充分把握好工作说明书管理中的每一个工作阶段，做好每一个环节的工作，才能充分发挥工作说明书的基础性作用，为企业的培训、招聘、考核等提供积极的信息支持。

2. 全面性

这主要体现在以下三个方面。首先，工作说明书的管理不仅要求制定工作说明书，而且要求对工作说明书应定期进行更新与维护，以使其内容反映岗位的实际变化。其次，工作说明书的管理要求对工作说明书产生过程中的工作文件、调查问卷、工作方案等资料进行保存与管理。第三,工作说明书管理包括多个阶段和多个行为主体,不同的阶段对行为主体的要求也不尽相同。

3. 动态性

首先,要对工作说明书进行更新与修订。工作说明书不是一成不变的,制定完成文档仅仅是工作说明书管理开始,还要根据企业的组织调整、岗位增减等对工作说明书进行必要的修订与调整。其次,推进工作说明书在各项管理中的运用。工作说明书不能仅仅是写在文件中,更重要的是要在实践中推广和使用。采取积极有效的措施,在新员工培训、招聘条件的确定、绩效指标的选择等管理活动中使用工作说明书,形成工作分析与其他管理职能的良性互动,充分发挥工作说明书在管理中的基础性作用。

五、工作说明书管理的要求

1. 管理的规范性

这一原则要求做到两个方面。一是指对文件的分类、记录、存档等环节制定相关的规范并制度化。工作说明书的制定过程中产生了不同类型的文件,这体现了工作说明书的产生与发展过程。相关工作人员在收集整理时,可能只是简单地进行收集与保存,未必会形成一个规范化的操作方式,这样的结果只能形成资料的简单堆砌。因此,有必要制定并完善有关管理制度,这既有利于工作说明书的管理,也体现了人力资源管理部门的专业性。二是要对工作说明书的维护周期、责任主体、维护内容等进行规范。

2. 信息的完整性

工作说明书涉及了工作性质、工作任务、工作职责、工作环境、工作关系、任职要求等信息,应该通过工作说明书的制定、使用、修订等过程,不断充实工作说明书的相关信息,使得工作说明书真正成为工作信息的载体。

3. 更新的及时性

任何信息的价值都有其时间性,工作说明书中的信息也是如此。许多公司的岗位说明书在实践中的效果往往不尽如人意,其中一个重要的原因就是信息更新不及时,不能满足企业管理需要。这一原则一是要求及时记录有关信息。对组织变化、职能调整、岗位增减等带来的工作描述与任职资格的变动,及时进行修订与更新。二是要求及时传递和报告相关信息。一方面,当工作职责、工作关系、任职要求等内容发生变化后,要迅速做出反应,积极应对;另一方面,在每一次变更信息后,要通过文件、会议、电子邮件、电子布告栏等多种形式,尽快将新的工作说明书传递给有关的职能部门、管理人员与岗位任职者。

4. 信息来源的多样性

第一,获取反馈信息的来源多样化。既要发挥人力资源部的专业性,也要注重职能部门、职能经理与相关岗位员工的反馈与建议。第二,数据资料的来源多样化。在整理有关资料时,既可以包括来自公司内部的工作文件,也可以包括来自外部公司与组织的参考文件等。

六、工作说明书的管理

工作说明书的管理包括工作说明书的制定、工作说明书的使用、工作说明书的修订与更新、工作说明书的保存与归档等内容。

1. 工作说明书的制定

工作说明书的制定应该由人力资源部负责组织实施。工作分析作为人力资源管理活动的一项基本活动,对操作人员的专业知识、方法使用等具有较高的要求,应该由专业人员从整体上进行把握和操作。人力资源部负责公司的人力资源管理活动,拥有专业人员和技术,应该担负起工作说明书制定的组织工作。

在制定工作说明书的过程中,应该吸纳一线经理或者部门的主管参加。首先,一线主管最了解他的下属,比人事经理更清楚他们部门的职责。第二,在实际工作当中,随着公司规模的不断扩大,岗位说明书会发生变化。一线经理或者部门的主管比人事经理最先了解这些状况,并且知道哪些内容发生了变化。吸收这些人员参加,一方面可以了解掌握最新信息,给予及时的修正和补充;另一方面也可以增强管理者参加此项工作的责任感。

2. 工作说明书的使用

工作说明书编制完成后,如果仅仅是存放在文件中、保存在档案中、张贴在墙壁上,那就失去了工作分析这项工作的意义。只有切实运用于人力资源管理的实践活动中,才能真正发挥工作分析的作用,促进企业人力资源管理水平的提高。

工作说明书的使用主体包括该项工作岗位的员工、其他岗位的员工、部门的管理者、人力资源部等。

(1)该项工作岗位的员工。

因为工作说明书描述了岗位的工作识别信息、工作职责、绩效标准、工作环境、工作关系、任职资格等内容,所以使用工作说明书,可以发挥四个方面的作用。第一,有助于员工了解岗位的工作职责、工作环境、工作关系等信息,明确本岗位的工作职责与业务流程,为日常的工作中提供一个参照依据。第二,有助于员工明晰岗位的绩效标准,为进一步改进绩效提供科学的依据。第三,有助于员工明确从事该项工作的要求与条件,并与自身所具备的知识技能等情况进行对照分析,发现差距,为今后的改进与学习提供明确的要求。第四,有助于员工了解较高一级工作岗位的要求,激励其通过学习与培训形成较高的工作技能。

(2)其他岗位的员工。

通过工作说明书的使用,可以达到以下作用:第一,了解其他岗位的工作信息、本岗位与相关岗位的工作关系、岗位之间的业务逻辑关系,明确哪些工作岗位与自己的岗位具有直接的业务关系、哪些工作岗位与自己的岗位具有间接的业务关系等。第二,有助于员工了解相关岗位的工作要求。

(3) 部门的管理者。

这些管理者包括该岗位的上级主管、部门负责人、公司管理者等。一般来说，每个岗位都有自己较为明确的上级主管。上级主管负责对相关的岗位的工作与人员进行管理。工作说明书具有以下三个作用。第一，有助于主管全面准确地了解岗位的工作职责与绩效标准等，并可以根据这些内容给予下属必要的指导与帮助；第二，有助于主管了解本部门中岗位与岗位之间的业务流程关系，帮助员工明确工作职责范围；第三，有助于减少职责不清所带来的推诿扯皮现象，提高工作效率。

(4) 人力资源部。

人力资源部在企业的招聘、培训、绩效考核等工作中发挥着重要作用。这些信息的重要来源就是工作说明书。

3. 工作说明书的修订与更新

工作说明书的修订与更新是指运用一定的方法对组织中原有工作说明书中的信息进行的修改并更新的活动。岗位工作说明书的编写完成后并不意味着该项工作的终止。在社会经济活动中，企业组织系统内经常会出现职位增加、撤销的情况，更常见的情形便是岗位的某项工作职责和内容的变动，甚至于每一次工作信息的变动。因此，有必要把这些变动及时进行记录，并迅速反映到岗位工作说明书的调整之中。

工作说明书的修订与更新可以按照以下步骤进行。

(1) 一般由岗位所在部门的负责人填写岗位说明书修改表，向人力资源部提出申请。此外，当人力资源部认为有必要对工作说明书进行修订时，也可以在与有关部门协商的基础上，经人力资源部负责人批准后开展此项工作。

(2) 由人力资源部门组织相关人员负责进行信息收集，并对工作说明书做出相应的修改，编写出新的工作说明书。

(3) 将新编写的工作说明书与管理者和员工进行沟通，并根据有关建议和意见，对工作说明书进行进一步修订。

(4) 经过修订的工作说明书经人力资源部与有关负责人的审批后正式生效。

(5) 及时告知有关部门、管理人员与任职者，并将有关文件存档。

4. 工作说明书的保存与归档

工作说明书的保存和归档是工作说明书管理中的重要内容之一。通过这个环节，一方面可以为企业的人力资源管理活动提供基础性信息服务；另一方面有利于资源得到充分开发和利用，提高企业管理效率。

一般来说，工作说明书的保存和存档应由人力资源部门负责。在工作说明书的制定过程中，人力资源部门是工作说明书制定和实施的主要管理部门，往往肩负着组织、参与、协调、制定等多项职责。作为工作分析这项管理活动的重要结果，统一归档管理工作说明书是人力资源部门的应尽之责。其他职能部门、业务部门和员工也有责任和义务为人力资源部履行该项职责提供积极、有益、及时的帮助和支持。例如，提供工作说明书制定过程中的岗位调查表、岗位技能要求、工作内容等资料。

工作说明书的相关资料应该按照一定的规则进行归档。这样可以使文件管理规范化，便于查询。以下是一些可以参考的要求：第一，建立归档的统一格式，并按照要求顺序排序。例如，资料与文件可以按照部门、岗位、时间、负责人等内容，分门别类地进行整理归档。第二，保证资料与文件的完整性，凡是与本次工作分析有关的文字、图片、演示文稿、调查问卷等均要收集齐全。第三，制定编目内容。包括编页号、填制文件目录、填写文件列表、填制封面等。第四，使用语言、符号要标准化、文字简明、字迹清楚。第五，要坚持及时归档的原则。工作过程中要注意收集有关资料，工作说明书制定完成后及时把有关文件与资料立卷归档。

讨论案例

某公司招聘专员的工作说明书

岗位名称：招聘专员

所属部门：人力资源部

岗位职责：负责招聘计划的制订与实施

　　　　　负责招聘渠道的选择与维护

　　　　　负责应聘人员的联络与接待工作

　　　　　负责招聘员工的绩效考核工作

任职资格：身体健康，大学本科学历，人力资源管理相关专业

【案例讨论与练习题】

请对以上工作说明书做出评价。

本章复习题

1. 利用课余时间，完成一份工作说明书。
2. 试述工作说明书的管理。

第五章 工作设计

【本章要点】

通过对本章内容的学习,你应了解和掌握如下问题:
- 工作设计的含义与目的
- 工作设计的主要内容与应遵循的原则
- 工作设计的方法与程序
- 激励理论与科学管理理论的内容
- 工作再设计的方法

 导读案例

工作丰富化的效果[①]

根据瑞典沃尔沃(Volvo)汽车公司凯尔玛(Kalmar)工厂报道,该厂因为采用高度自动化流水作业线生产,工人对工作厌倦,导致缺勤和流动率提高。而按照瑞典的惯例,对缺勤工人也要照付工资,使工厂支出浩大。为了解决这一问题,该厂把传统的汽车装配线组织改为16~27人的装配小组,分工负责一种零配件或一道工序,所有物资供应、产量、质量均由小组负责,结果该厂工人流动率降低、质量提高、不合格零配件减少。

美国得克萨斯仪器公司把70%以上的生产工人、50%的非生产工人按工作丰富化原则编成小组。据报道,让雷达装配女工自己安排和组织她们的工作后,每单位产品工时由138小时减少为86小时,后来又接受了她们要求取消监督人员的建议,装配时间进一步减少为36小时。

美国通用食品公司托比卡(Topeka)工厂也根据工作丰富化的要求建立了基层小组。小组可以布置工作、规定工间休息,甚至决定成员的工资调整(该厂工资不分等级,视工人能掌握工种的多少来决定工资高低)。1973年开始建立这一制度时,工人情绪高涨,比同类厂可减少35%的劳动力,产量上升、浪费减少、缺勤和流动率都下降。可是从1977年起,情况却开始逆转。

---

① 案例来源:周亚新、龚尚猛,《工作分析的理论、方法及运用》,上海财经大学出版社,2007年。

> **问题：**
> 1. 你认为工作丰富化为什么多数会取得比较好的效果？
> 2. 为什么要进行工作再设计？工作再设计是如何对工作效果产生影响的？
> 3. 工作再设计时应注意什么问题？

在现代社会，工作已经成为人们生活的一个重要组成部分，对于从业者来说，每天有三分之一的时间在从事岗位工作。因此，人们会希望他们所从事的工作能够满足个人多方面的需要。随着经济社会的发展及员工自我意识的觉醒，人们越来越关注员工对工作的满意程度。他们是否喜欢工作的内容？在工作中他们是否得到快乐？工作安排是否是最有效率的、能让员工发挥出最大潜力的工作方式？企业的效益来源于员工工作的有效性，而员工工作的有效性往往取决于他们是否有比较强的动机来做这样的工作，他们是否能愉快地工作。如果大多数员工从工作中不能获得满足，则表明组织的人力资源部门在工作设计中出现了问题，或许应该考虑对工作进行重新设计。

任何组织，包括企业，都是一个有机的整体。要使企业高效运转就必须搭建一个合理、顺畅、实用的组织结构，工作设计既是人力资源管理的一项基础性工作，也是组织不断发展壮大的核心工作之一，因为一个组织的工作是由成千上万的任务组成的，而这些任务如何有效组合起来就是工作设计需要解决的主要问题。

第一节　工作设计概述

随着组织职能的拓宽与深化，工作中所涉及技术的变化，以及员工职业发展方面不断提出新的要求，组织往往需要对工作进行设计或再设计。一个好的工作设计思路要兼顾效率、组织弹性、工作效率、员工激励与职业发展多方面的需求。

一、工作设计的概念

有人把工作设计看作一种艺术，因为它让人与工作相匹配，从而使人们的终生兴趣得以实现。所谓工作设计（Job Design），是指为了有效达到组织目标，通过对工作内容、工作职责、工作关系等有关方面进行变革和设计，满足员工与工作有关的要求，最终提高工作绩效的一种管理方法。

工作设计是将组织的任务组合起来构成一项完整工作的方式，它确定了关于一项工作的具体内容和职责，并对该项工作的任职者所必备的工作能力、所从事的日常工作活动以及该项工作与其他工作之间的关系进行设计。为了有效实现组织目标并满足个人需要，不断提高工作绩效，需要对工作内容、职责、权限和工作关系等各方面进行分析和整合，这个过程就是工作设计。工作设计所要解决的主要问题是组织向其成员分配任务和职责的方式。从激励理论的角度来看，工作设计是对组织内在奖酬的设计。激励理论认为，在员工需求达到马斯洛需求的较高层次时，他们的工作积极性主要来自与工作本身相关的因素。因此，工作设计是否得当对激发员工的工作动机，增强员工的工作满意度以及提高生产率都有重大影响。

工作设计一般可以分为两类：一是对企业中新设置的工作或者是新企业建立所需要进行的工作设计；二是对已经存在的但缺乏激励效应或者工作任务发生变化的工作进行重新设计。例如，一个现存的企业可能由于员工价值在工作中得不到体现，影响士气而需要工作再设计，或者由于工作负担增加了，而工作小组中的人员规模却减少了而需要重新对工作进行设计。

从上述概念中，我们可以看出，工作设计至少应该包含以下三个要点。

（1）工作是多项任务的组合。由于组合形式的不同，于是就决定了工作性质的不同，以及难度和强度的不同。

（2）必须清晰界定具体的工作内容。工作设计的成功与否，就某种意义而言，就是它的明确度和清晰度达到什么样的级数。当然，由于工作性质的不同，不是每一种工作都可以落实得相当具体，但在主观上，必须使每项需要设计的工作尽可能地具体化，以使设计结果达到最佳状态。

（3）必须明确任职者的能力、职责、权限和工作关系。这条和前一条构成相对应的关系，是人岗适配的基本条件和要求，也是工作设计最终得以落实的基础。

> 所谓工作设计（Job Design），是指为了有效达到组织目标，通过对工作内容、工作职责、工作关系等有关方面进行变革和设计，满足员工与工作有关的要求，最终提高工作绩效的一种管理方法。

具体到实际工作，有的工作是常规性的，其任务是标准化和经常重复的；有的工作是非常规性的，其任务是非标准化和多变的；有的工作限定员工要遵循非常严格的程序和流程，有的工作给予员工充分的自由空间；有的工作要求复杂和多样的技能，有的工作只需要基本的特殊的技能；有的工作让个人来完成可取得更好的效果，有的工作只有团队合作才能做得更好。正因为工作的性质和种类过于繁复，所以工作设计的详略、内容等有相应的有所差异。但有一点是不变的，那就是工作设计要通过对工作和员工的各种合理性需求进行分析，对工作进行有意识的设计和安排，综合组织对工作的设想和规划，以及对员工技能、偏好和水平等的要求和期待，从而达到开发员工潜力、提高工作绩效、落实组织目标的目的。

二、工作设计的基本目的

工作设计的基本目的有以下五个。

（1）工作设计改变了员工和工作之间的基本关系。传统的管理理论往往把重点放在工作的人身上，而把工作仅仅看作是一个不可改变的固定物。工作设计则打破了这样一个传统观念，假设工作本身对员工的激励、满意度和生产率都有强烈的影响，也就是说，从某种意义而言，工作是可以改变的。

（2）改变员工的工作态度。一个人对其所从事工作的态度如何，对这项工作的结果有着关键的、根本性的影响。换言之，也就是如果任职者对其从事的工作是喜欢的、乐意的，那他就会全身心地投入，而且其思维往往是开放的、多维的，在工作中自然会形成许多创造性思维的诱发因子，从而使工作者进入一种现实和创造互为作用的理想的工作状态。

（3）使员工明确工作内容。工作内容是任何工作设计都首先必须回答的问题，做什么？怎么做？工作内容交代得越具体、越精确，就越便于操作和执行。

（4）规范员工工作行为。工作行为则是一种特殊的行为，无论哪种工作，或多或少总有一定的要求和规范，工作性质越复杂，规范的程度通常也就越高。工作设计的一个十分重要的目的，就是针对不同类型的工作要求，制定出相应的、可遵守的工作行为规范。

（5）提高员工工作绩效。对于组织来说，工作设计并不是实际目的，而只是一种手段，其最终目的就是通过工作设计，尽可能地使企业的各项工作规范化、程序化、科学化，从而提高员工工作效率，改善产品质量，以获得最佳的成果和绩效。

三、工作设计的内容

组织的工作如何安排、由谁来做、做什么、怎么做等，都要进行明确和界定，这些就构成了工作设计的内容。具体来讲，工作设计的内容主要包括以下五个方面。

（1）工作内容。确定工作的一般性质，这是关于工作范畴的问题，包括工作的种类、自主性、复杂性、难度、强度和工作完整性。

（2）工作职责。完成每项工作的基本方法和要求，包括工作责任、权限、信息沟通、工作方法和协作关系等，是关于工作本身的描述。

（3）工作关系。员工在工作中所发生的人与人之间的关系，包括同事之间的关系、上下级之间的关系、不同部门之间的关系以及组织外人员与工作相关联的关系等。

（4）工作的产出。工作的业绩和成果的产出情况，包括工作绩效和任职者的反应。前者是工作任务完成所达到的数量、质量和效率等指标，后者是指员工对工作的满意程度、出勤率和离职率等，以及组织根据工作结果对任职者所做的奖惩。

（5）工作结果的反馈。工作本身的直接反馈和来自别人对自己工作表现的间接反馈，即同级、上级、下属人员、客户等各方面的反馈信息。

一个好的工作设计可以减少单调重复性工作所带来的负面效应，而且还有利于建立整体性的工作系统；同时，它还可以充分发挥任职者的主动性和创造性，为他们提供更多的机会和条件。

四、工作设计的形式

工作设计的形式有多种多样，最常见的可以归纳为三种：基于任务的工作设计、基于能力的工作设计和基于团队的工作设计。

1. 基于任务的工作设计

基于任务的工作设计，是将明确的任务目标按照工作流程的特点层层分解，并用一定形式的岗位进行落实。这种工作设计形式在工业化早期显得十分突出。这种做法的好处是岗位的工作目标和职责简单明了，易于操作，员工经过简单培训即可上岗；同时，它也便于管理者实施监督管理，在一定时期内会有很高的效率。在这种形式下，企业内部的岗位管理主要是采用等级多而细的职位等级结构，员工只要在本岗位上干一定年限，考核合格就能被提级加薪。但是，这种工作设计也存在一定的不足，即该设计方式只考虑任务的要求而往往忽视员工个人的特点和需求，员工往往成为岗位的附庸。操作工在长长的流水线旁日复一日不停地重复同一种动作，时间一长，员工的积极性就会受到影响，不利于发挥员工的主动性和创造性。因此，这种工作设计的具体编制数可以根据人均劳动生产率等指标计算出来。

2. 基于能力的工作设计

基于能力的工作设计，也是将明确的工作目标按照工作流程的特点分解到具体岗位，但与基于任务的工作设计的区别在于岗位的任务种类是复合型的，职责也比较宽泛，相应的对员工的工作能力也要求更多一些。这种设计形式的好处是岗位的工作目标和职责边界比较模糊，使员工不会拘泥于某个岗位设定的职责范围，从而有更大的发挥个人能动性的空间。在这种工作设计形式下，企业内部的岗位管理常常采用的是"宽带"管理，即各岗位之间的等级越来越宽泛。目前国际上很多企业内部只有6个等级，各等级内的各岗位的职责分工没有明确的界限，可以根据市场的变化来灵活调整企业内部各岗位所承担的具体任务。由于员工个人工作内容不像基于任务的工作设计那样简单明了，所以这种工作设计形式会要求赋予直接管理者更大的责任，由直接管理者对下属进行指导、监督和考评。这种设计形式的缺点是会因为员工的灵活性加大而带来工作成果的不确定性上升。同时，由于对员工的能力要求高，劳动力工资成本和培训费用也会相应增加。这种工作设计形式广泛存在于第三产业比较发达的国家，因为服务业中的许多行业高度依赖于人的能力，在这些行业中，员工的能力和工作积极性对工作任务的完成有着很大的影响力，如金融、保险、证券、咨询服务等。在这些行业中，具体岗位所承担的任务在许多情况下是不确定的，所以这种工作设计形式往往不规定一个具体的编制数，而是用一定的人力成本预算来进行控制。

3. 基于团队的工作设计

基于团队的工作设计,则是一种更加市场化、客户化的设计形式。它采用以为客户提供服务为中心,把企业内部相关的各个岗位组合起来,形成团队进行工作。它的最大特点是能迅速回应客户、满足客户多方面的要求,同时又能克服企业内部各部门、各岗位自我封闭、各自为政的毛病。对员工来说,在一个由各种技能、各个层次的人组合起来的团队中工作,不仅可以利用集体的力量比较容易地完成任务,而且可以从中相互学到许多新的知识和技能,也能在企业内形成良好的团队协作氛围。显然,基于团队的工作设计是一种比较理想的工作设计形式。但是,这种形式对企业内部的管理、协调能力要求很高,否则容易出现管理混乱的局面。目前它的应用在国内还不够普及,更多的是在那些"项目型"公司中应用,如软件设计、咨询服务、中介服务、工程施工等。这种工作设计形式的人员确定往往是根据客户要求特点采取组合的方式,在人力成本方面也往往采用预算控制法。

五、工作再设计需要考虑的因素

进行工作再设计,必须考虑组织内外部的各种条件及员工个人的因素。如果忽略这些因素,再好的工作再设计方法也不可能提高组织绩效,组织目标的实现也就无从谈及了。通常情况下,工作再设计主要应该考虑以下三个方面的因素。

1. 组织因素

组织因素包括专业化、工作流程及工作习惯等。

(1) 专业化。专业化就是按照所需工作时间最短、所需努力最少的原则分解工作,结果是形成很小的工作循环。专业化的工作方式能够简化工作内容,提高工作效率。

(2) 工作流程。工作流程主要是指在相互协作的工作团体中,要考虑每个岗位负荷的均衡性问题,以便保证工作的连续性和通畅性,避免"窝工"等现象的发生,以减少工作效率损失。

(3) 工作习惯。工作习惯是组织在长期工作实践中所形成的传统工作方式,反映了工作集体的愿望,这种习惯一旦形成,短期内很难改变,它会在较长时间内对具体工作产生影响,从某种角度上说这也是企业文化的重要组成部分。因此,这一因素在工作再设计过程中不可忽视。

2. 行为因素

行为科学研究提醒人们,工作再设计不能仅仅考虑效率因素,还应该考虑满足工作人员的个人需要。行为因素主要包括以下五个方面。

(1) 工作一体化。某项工作如果缺乏工作的一体化,员工不能参与某项完整的工作,他们就会缺乏责任感、缺少对成果的骄傲,在完成工作后也缺乏成就感。如果任务组能够使员工感到自己做出了可以看得到的贡献,工作满意度将大大提高。

(2) 工作多样性。单调、简单、重复的工作容易导致疲劳厌烦情绪的产生,进而导致更多的工作失误。工作再设计时如果能够考虑工作的多样性、丰富化特征,使得工作时需要使用多种技巧和能力,就能够减少疲劳引起的失误,从而减少效率降低的诱因。经验表明,工作轮换对于刺激员工的积极性、提高员工的满意度有明显的作用。

(3) 决策自主权。自主权指的是员工对从事的工作负有责任,有自由对环境做出反应,有一定的决策权。提供附加责任可以增强员工受重视的感觉,而缺乏自主权可引起员工的冷淡及低绩效。

(4) 工作意义。工作意义与工作一体化密切相关。做任何一件工作,如果本身缺乏意义就不可能使执行者对职务工作产生满意感。工作意义就是要使员工知道该项工作对于组织内部或外部的其他人是重要的,对于组织目标的实现起着重要作用,使得执行者感到工作更有意义。当他们知道其他人正依赖自己的工作时,就会感觉到自豪和受重视,满意及较好的绩效就可以自然而然的产生。

(5) 工作反馈。如果不能与员工进行及时沟通,反映其工作效果时,那么对员工就几乎没有引导和激励,工作设计的效果将大打折扣。反过来,让员工知道自己生产的产品质量与合格产品还有差距时,就给了员工一个信号,即自己的努力还不够,还要进一步改进技术、规范操作程序。对工作效果的及时反馈,能够让员工明白下一步的努力方向,从而促使其改进工作方式方法,提高工作绩效。

3. 环境因素

环境因素是指组织运行的外部条件,主要包括人力资源供需状况和社会期望因素。

(1) 人力资源供需状况。工作再设计必须要充分考虑到人力资源的供应问题和企业自身的需求问题,即市场上是否有足够数量的、与企业需求相匹配的合格人员。美国亨利·福特公司在设计汽车装配线时,考虑到当时大多数潜在劳动力缺乏汽车生产经验,因而把工作再设计得比较简单,取得了不错的效果,而很多发展中国家往往在引进生产设备时缺乏对人力资源供给的充分考虑,在花钱购买技术时没有考虑国内的某些关键工作缺乏合格人才,所以事后又不得不从国外高薪聘请相关专家担任所需工作。

(2) 社会期望。工作再设计同样要考虑人们的社会期望,即人们希望通过工作得到什么、满足什么。工业化初期,由于城市人寻找工作很不容易,许多人可以接受长时间、工作条件差、环境恶劣、体力消耗大的工作。但是,随着经济社会的发展,生活水平的提高,人们对工作、生活质量有了更高的期望,单纯从工作效率、工作流程来考虑组织效率往往欲速则不达。在物质极大丰富的时期,越来越多的人不仅仅把工作看作一种挣钱的途径和谋生的手段,而是看作一种个人价值的实现、人生理想的寄托等,所以在工作再设计时,要考虑员工物质、精神等诸多方面的需求。

上述三个因素之间并不总是统一的,而往往是存在矛盾的。比如,行为因素要求工作再设计增加决策自主权、工作多样性、工作的完整性,从而提高员工的满意度,但这些做法经常会导致组织效率降低、人工成本上升。出于效率的考虑要求提高专业化程度、指挥统一性、分工的细化,但过分对效率的追求又可能引起员工不满而导致怠工、缺勤、离职,因此,在实际工作中,必须在两者之间权衡好,才能确保工作再设计的有效性。

第二节　工作设计的原则、方法及程序

一、工作设计的基本原则

工作设计的好坏直接影响到工作质量的优劣及工作本身的成败。从长远看，还会影响到整个组织的生存状态和发展远景，要建立一个完善的管理组织系统，在工作设计时应该尽可能遵循以下五个原则。

1. 分工与协作原则

在现代化大生产条件下，分工协作是社会发展的客观要求。因此，在工作设计中要坚持分工与协作的原则，就是要做到分工合理、协作明确。对于每个部门和每个员工的工作内容、工作范围、相互关系、协作方法等都应有明确规定。根据这一原则，首先要搞好分工，解决干什么的问题，同时应注意分工的粗细要适当。一般来说，分工越细、专业化水平越高、责任越明确，工作效率就越高，但也容易出现机构增多、部门人员之间协作困难、协调工作量增加等问题；分工太粗，则机构较少、协调工作量可减轻、易于培养多面手，但是，专业化水平和效率比较低，容易产生相互推诿的现象。可以说，两者各有利弊，具体设计时要视组织结构、人员素质水平、管理难易繁简程度而定。另外，在分工中要强调：

（1）必须尽可能按专业化的要求来设置组织结构。

（2）工作要有严格分工，每个员工在从事专业化工作时，应力争达到熟练的要求。

（3）注意分工基础上的协调配合：第一，要明确各部门之间的相互关系，找出容易发生矛盾之处，加以协调，协调搞不好，分工再合理也不会获得整体的最佳效益；第二，对于协调中的各项关系，应逐步规范化、程序化，应有具体可行的协调配合方法以及违反规范后的惩罚措施作保障。

2. 因事设岗原则

一般来说，某一组织设置什么岗位、设置多少岗位是由该组织俱全的工作职能划分形式和总的工作任务量决定的。组织在设计某一工作岗位时，应尽可能使工作量达到饱和，使有限的劳动时间得到充分利用。如果岗位的工作量是低负荷的，那么必然会导致成本的升高，导致人力、物力和财力等方面的损失和浪费；但超负荷也不行，因为超负荷虽然能暂时带来高效率，但这种效率不可能长久得到维持，长此以往，不仅会影响员工的身心健康，还会给设备等带来不必要的损坏。

组织中任何岗位都是依赖于具体的工作职能和工作量而存在的，没有具体工作内容的岗位是空洞的岗位，也是没有意义的岗位。因此，在设置工作岗位时，应以"事"（工作职能和工作任务量）为基础进行设计，因人设岗、不考虑工作负荷量的设岗是工作设计的最大误区。

3. 以人为本的原则

在知识经济时代，企业的竞争力越来越取决于企业所拥有的人才，即人力资源。以人为本，尊重人性，已成为企业界经营和管理的核心理念。传统的组织是一种正规化很强、高度集权的科层制职能化组织，组织中的人被视为机器的零部件，管理者忽视了组织人员的心理和需求，从而使整个组织显得非常臃肿、沉闷。现代工作设计要求在组织结构和运营体系中充分尊重和发挥人性，倡导人本管理，满足员工在生理、物质、精神等多方面的合理化需求。

企业实行以人为本的管理是符合时代发展和企业管理实践需要的。人本管理是以人的全面的、自在的发展为核心，创造相应的环境、条件和工作任务，以个人的自我管理为基础，以企业的共同愿景为引导的一套管理模式，它对企业的生存和发展起着决定作用。首先，对人的管理是最根本的企业管理。管理大师亨利·法约尔（Henri Fayol）认为，任何企业都存在着六种基本活动，其中对人的管理活动处于核心地位。其次，人的主动性、积极性和创造性的发挥是企业活力的源泉。由于人的聪明才智是潜藏在人体内部，如果不从根本上解决人才的思想动机问题，再优秀的人才也会消极怠工、不思进取，甚至破坏工作。有些企业缺乏竞争力，丧失活力，它们不是没有人才，而是没有把人的主动性、积极性和创造性调动起来。因此，只有重视对人的管理，将人置于管理过程的中心位置，才能为企业的发展注入生机和活力。再次，不重视以人为本是当前企业许多问题的症结所在。很多企业过分追求物质刺激的作用，出现了"一切向钱看"的倾向。在企业内部，从高层主管到普通员工，大多缺乏责任感和紧迫感，成员之间相互推诿，组织内派系林立，关系疏离，甚至在工作中故意不合作或采取敌对破坏行动。这一系列问题的根本原因主要在于企业对人力管理不够重视。

纵观国际上知名企业成功的原因，不难发现它们均对员工的利益非常重视，由此可见，以人为本原则已经是现代企业管理的根本，是进行工作设计必须要考虑的问题。

4. 工作环境优化原则

工作环境状况直接影响工作的效率和结果，良好的环境是保证工作顺利完成的必备条件。优化企业工作环境，为劳动者提供良好的劳动氛围，这是企业重视员工感受、关注员工需求的具体体现，同时也是企业能够实现战略目标与经营目标的前提和基础。在进行工作设计的时候，尽量降低工作场所的危险性，降低因从事本工作可能患的职业病程度，尽量避免在高温高湿、寒冷、粉尘、有异味、噪声等环境中工作。

优化工作环境，一方面要改善影响工作环境的物质因素，物质因素主要包括工作场所的安排、照明与色彩、设备、仪器和操纵工具的配置等。工作场所的安排要符合生产工艺要求和人体活动规律，确保工作场所中的劳动者、劳动工具和劳动对象的关系达到最优化结合。另一方面要改善影响工作环境的自然因素，如工作场所的空气、温度、湿度、噪声及绿化等。同时改进上述两方面的环境条件，既方便员工操作、提高工效，又能保证环境安全和卫生，使员工心情舒畅、状态良好。

5. 规范化与系统化原则

企业典型岗位名称的设置应与国际通行的表述方式相一致,遵循规范化的原则,以加强国际间交流,减少不必要的误解。虽然岗位名称只是岗位的一个代码,似乎给岗位定义为什么样的名称都无所谓,其实不然。一个好的岗位名称势必给人一种理念上的认识,同时它还能增加人们对本岗位感性上的认识。比如,"市场部经理"这个职务名称,人们一看就可以获得这些信息:该岗位人员在市场部工作;这个岗位是主管市场营销方面工作的;具体的职务是经理;这个岗位是部门负责人,是企业的中层管理人员。

尽管由于企业经营性质多种多样、企业规模大小不一,不同企业岗位名称自然也就千差万别,但根本不变的一条便是名称与岗位的任务、职责、职能等相匹配,名称能够基本反映一个岗位的性质。

岗位是组织系统的基本单元,虽然每个岗位都有独特的功能,但组织中任何一个岗位都不是孤立的,每一个岗位间都存在着密不可分的联系。它们之间相互的配合度、支持度和协作关系直接影响着组织系统功能的发挥。进行岗位设计时,要满足系统化的原则,必须回答清楚以下问题:

(1) 一个岗位与其他哪些岗位承接关系?怎样进行相互衔接和配合?
(2) 一个岗位受谁领导、监督、指挥?对谁负责?它又去监督谁?
(3) 一个岗位的横向、纵向工作联系网络如何?
(4) 一个岗位的晋升通道、职业发展路径如何?

学习资料 5-1

以人为本的原则

在工作设计中,要充分坚持以人为本的原则,下面举一个例子予以说明。

陈丽军是国内某飞机制造公司一名十分优秀的工人。他在公司已经工作多年,技术娴熟,他的产量是整个车间最高的,差错率也最低,因此他的工资为20元/小时(该工种的平均工资水平为15元/小时),也是干同样工作的员工中最高的。但是,大家万万没有想到,他居然提出辞职了。

当朋友问到他辞职的原因时,他说:"我现在每天都在做同样的事情,太没有意思了。当机身从生产线上下来之后,我们就围着它,用4个螺栓将它们固定起来,用扳手将螺丝拧紧,然后再拧紧一下螺丝,接着再拧下一个。就这样,一个小时我可以拧25个螺丝。一天8个小时周而复始。这样的工作我已做了两年了,如果再这样做下去,我想我会得病的。"

两个月以后,一位朋友在一家汽车修理厂见到了陈丽军,他现在的工资是15元/小时。朋友问他:"你现在的工资还不如原来的高,为什么要从事这项工作呢?"

> 陈丽军说:"我觉得现在的工作更有意思,因为每辆汽车的故障往往都是不同的,我必须设法找出故障所在;并且要用各种不同的方法来处理它们,我觉得很有挑战性。我现在工作的时候很有乐趣,觉得一天的时间很快就过去了。"
>
> 从上例中,我们至少可以看出几个问题:
> (1) 有些工作比另外一些工作更有趣、更有挑战性、更能激发人的兴趣;
> (2) 有些人不喜欢单调的工作,而是喜欢更丰富的工作;
> (3) 薪酬的高低并不是人们选择工作的唯一标准。
>
> 资料来源:华茂通咨询编著,《现代企业人力资源解决方案》,中国物资出版社,2003年。

二、工作设计的方法

1. 激励型工作设计法

激励法主要的理论来源是美国心理学家弗雷德里克·赫茨伯格(Frederick Herzberg)的双因素理论。该理论指出,相对于工资报酬这些工作的外部特征而言,个人在更大程度上受到像工作内容的有意义性这类内部工作特征的激励。赫茨伯格指出,对于大多数员工来说,激励的关键并不在于物质方面的刺激,而是在于工作内容的多样性、复杂性和有意义性。

工作设计的激励型方法强调的是可能会对工作承担者的心理价值以及激励潜力产生影响的那些工作特征,旨在改善内在激励、提高工作参与率及出勤率、增强员工满意度等。激励型的工作设计方法所提出的设计方案往往通过工作扩大化、工作丰富化等方式来使员工的工作变得复杂,从而减少单调重复性。该方法也存在一些缺点,那就是由于员工承担的任务量增加,精神负担和工作压力增大,出错率也会随之增加,企业需要花费更多的培训时间和培训支出来使员工胜任更多的工作。

强调激励的工作设计方法注重提高工作的激励潜力,增加所需完成工作的类型和工作的决策权。尽管针对这些工作设计方法所进行大多数研究表明它们提高了员工的满意度和绩效质量,但是它们却并非总是能够带来绩效数量的增加。

2. 机械型工作设计法

机械型工作设计法源于古典工业工程学,与激励方法最大的不同在于,它强调要找到一种能够使得效率达到最大化的最简单方式来构建工作。在大多数情况下,这通常包括降低工作的复杂程度,从而提高人的效率。也就是说,让工作变得尽量简单,从而使任何人只要经过快速培训就能够很容易地完成它。任务专门化、技能简单化以及重复性是这种方法进行工作设计的基本思路。

这种方法比较关注工作本身,很少关心从事这项工作的人。它试图使一项工作更加便捷、容易操作，以获得更高的效率和稳定性，更容易找到从事这项工作的人，使上岗前的培训更加简单。该方法对提高工作效率做出了巨大贡献，科学管理的思想是一种出现最早同时也是最为有名的应用机械型工作设计方法的典型。科学管理首先要做的是找出完成工作的"一种最好方法"。这要进行时间—动作研究，从而找到工人在工作时可以采用的最有效的运动方式。一旦找到了完成工作的最有效方式，就根据潜在工人完成工作的能力来对他们进行甄选，同时按照完成工作的这种"最优方式"的标准来对工人进行培训。科学管理思想在随后的若干年在西方国家得到了广泛认可，这导致机械型的工作设计方法一度盛行。

3. 生物型工作设计法

生物型工作设计法主要来源于人类工程学。人类工程学所关注的是个体心理特征与物理工作环境之间的交互界面。这种方法尽量使设施、生产工具、环境等与人的工作相协调，以减少员工的生理压力和紧张感，提高员工的工作舒适度。其关注的重点是人身体的舒服和健康程度以及工作环境的物理特性。

生物型工作设计法已经被运用到了对体力要求比较高的工作当中，其目的是降低某些工作的体力要求，从而使得每个正常的人都能够去完成它们。此外，许多生物型工作设计法还注重对机器和技术的设计，比如通过调整计算机键盘的高度来最大限度地减少像腕部血管综合征这样的职业病。对于许多办公室工作来说，座椅和桌子的设计符合人体工作姿势也是生物型方法运用工作设计所考虑的问题。一项研究表明，让员工参与一项人类工程学工作设计计划的结果，使得累积性精神紊乱发生的次数和严重程度、损失的生产时间以及受到限制的工作日数量都出现了下降。尽管该类方法体现了人本主义的管理思想，提高了员工工作的舒适度、积极性和满意度，但是有时候不可避免地降低了生产标准，从而影响了产量的增加。

4. 知觉运动型工作设计法

生物型工作设计法所注重的是人的身体健康、环境等因素，而知觉运动型工作设计法所关注的则是人类的心理承受能力和心理局限。这种工作设计法的目标是，在设计工作的时候，通过采取一定的方法来确保工作的要求不会超过人的心理能力和心理界限之外。这种方法通常通过降低工作对信息加工的要求来改善工作的可靠性、安全性。在进行工作设计的时候，工作设计者首先要看能力最差的员工所能够达到的能力水平，然后再按照使具有这种能力水平的人也能够完成的方式来确定工作的要求。这种方法一般也能起到降低工作的认知要求这样一种效果。

该类工作设计方法的优点是使出现差错、发生事故、出现精神负担与压力的可能性降低，使员工在一种愉悦的心态下工作，但是容易导致较低的工作满意度和较低的激励性。

三、不同工作设计方法的对比

已有的研究表明，以上四种工作设计方法无一是完美无瑕的，即各有利弊（见表5-1）。许多学者都认为其中的激励法更优，因为该设计法能使员工的满意度提高、厌烦情绪降低、发现错误的能力提高以及向客户提供的服务水平更好。但是,应该注意到该方法中被扩大了的工作内容同时也带来了成本的增加,比如更高的培训要求、更高的基本技能要求以及建立在工作评价报酬要素基础之上的更高的薪酬要求等。与激励型方法差异最大的是机械型方法,机械型方法虽然工作效率明显较高,但其激励效应却很弱,就此也可以看出工作的激励价值和完成工作的效率之间存在一定的替代关系。

表 5-1 不同工作设计方法比较

工作设计方法	激励型方法	机械型方法	生物型方法	知觉型方法
积极的影响	高工作满意度,高激励性,高工作参与度,高工作绩效,低缺勤率。	更少的培训时间,更高的利用率,更低的差错率,更小的精神压力。	更少的体力付出,更低的身体疲劳度;更少的健康抱怨,低缺勤率,较高的工作满意度。	低差错率,低事故率,较小的精神压力,较少的培训时间,较高的利用率。
消极的影响	更多的培训成本,更低的利用率,高出错率,高精神压力。	较低的工作满意度,低激励性,高缺勤率。	高投入成本,较低的标准。	低工作满意度,低激励性。

许多文献还考察了不同的工作设计方法与薪酬之间的关系,基于工作评价能够将工作设计与市场因素联系在一起这样一个认识,研究者们考察了各种工作设计方法与工作评价结果以及薪酬之间的关系。他们发现,那些在激励型工作设计法中得分较高的工作通常也有着较高的工作评价得分——它表明这些工作有着较高的技能要求,从而有更高的薪酬水平。而在机械型工作设计法和知觉运动型工作设计法中得分很高的工作往往只有很低的技能要求,因而也只能获得相应的较低工资率。最后,在生物型工作设计中得分较高的工作对于体力的要求比较低,但是它同工资率之间的相关关系比较弱。因此,不难发现以提高激励潜力为目的而进行的工作设计,会导致企业的培训以及薪酬等方面不得不承担更高的成本。

总之,管理者如果希望按照某种能够使得任职者和组织的各种利益都达到最大化的方式来进行工作设计,他们就要对这些不同的工作设计方法都有充分的认识,理解与每一种方法相联系的成本和收益,在它们之间进行适当的平衡,从而提高组织在市场中的竞争优势。

四、工作设计的程序

通常情况下,工作设计有两种情况:一种是组织中新设置的职位按照一定的要求和原则进行设计,特别是组织中产生新的工作内容时;另一种是对目前组织中已经存在的缺乏激励因素和满意度较低的职位进行重新设计。两种情况下组织设计的程序有所不同,本节先对新组织的工作设计程序进行介绍,原组织的工作再设计程序将放到下一节进行阐述。

工作设计是构造工作和设计一个或一组人为了达到特定目标的具体工作活动的过程,其总目标是对工作进行分配以满足组织和技术的需要,并满足工作承担者个人的特定需要。工作设计成功的关键是求得组织和工作承担者的需要之间的平衡。新组织的工作设计是一个从无到有的设计过程,它是建立在企业战略定位、企业文化、组织结构等问题的基础之上的。新组织的工作设计一般要经过三个步骤:确定所属部门的工作任务、任务的分解和细化、确定岗位及其工作职责。

1. 确定所属部门的工作任务

在明确了组织的系统结构、组织任务及组织机构框架的前提下,把组织的工作任务按照具体的业务流程进行分解,就确立了部门的内部结构、部门职责和部门的工作任务。一般来说,工作任务的确立是在部门职责确定的基础上进行的,但部门的划分与工作任务的确立并非有严格的先后次序。在某些情况下,甚至是先分析工作任务,再根据工作组合为各个部门。企业在具体的设计过程中,不必拘泥于严格的程序,可以从企业的总体目标出发进行多方面分析,最终形成一个密切相连的有机组成部分。

2. 任务的分解和细化

确立了组织和部门的工作任务后,就要将工作任务继续分解为具体的工作。工作任务分解就是将企业的基本职能细化为独立的、可操作的、具体的、明确的业务活动的过程。在分解过程中,要考虑到工作的相关性和丰富化。企业的各项职能,如生产、营销、财务等,都有许多具体的工作内容,需要多个员工甚至几个部门共同协作才能完成。因此,要通过工作任务进行分解,列出各项基本职能的具体工作内容,作为分派工作的依据,指定专人或某个团队、部门负责执行,其他相关部门予以协助和配合,以保证组织工作任务的顺利完成和组织目标的实现。

工作任务的分解可采取逐级分解的方法。在企业中一般可分为四个层级。工作任务确立所列出的具体职能为一级职能;为完成一级职能而必须开展的几个方面的工作为二级职能;将二级职能继续分解,可具体化为业务活动;业务活动又可分为具体的工作,即为三级职能;由具体人员来完成具体的工作,此为四级职能。企业设计人员可以利用专门的逐级分解表格来进行工作任务的分解。

3. 确定岗位及其工作职责

有工作就有相应的岗位与之对应,部门总是要配备相应的岗位才能完成工作任务。部门需要什么样的岗位、岗位的数量、每个岗位需要多少员工来完成、岗位的体系结构都需要专门设计人员加以确定。对每项工作,企业都要从性质、职责、职权、任职资格等多个方面进行综合考察和设计。

第三节 工作再设计

工作再设计是工作设计的一个重要组成部分。工作设计的主要任务是为企业的人力资源管理提供依据，保证事得其人、人尽其才、人事相宜。如果原有工作设计不适合企业扩大的工作内容或存在严重缺陷时，就应该加以改进或再设计。因此，如何按照现代工作设计的思路、重新审视工作本身、对原有工作设计的不足之处进行再设计已经成为企业人力资源部门一项常规的工作任务。

工作再设计是指重新设计员工的工作职责、内容、方式等，以使企业人力资源得到优化配置，为员工创造更好地发挥自身能力、提高工作效率的管理环境。它通常以员工为中心，让员工参加工作的设计过程，员工可以提出对自己工作的改进意见、建议，参与编制工作再设计的具体内容。这样做，一方面员工的工作得到组织的认可，增加了员工的满意度，激发了员工的工作热情；另一方面，工作设计从员工中来，设计的内容更加符合实际情况，有利于工作的顺利实施，同时也有利于促进组织工作的高效和产出的最大化。

一、 工作再设计的理论依据

1. 科学管理理论

美国古典管理学家弗雷德里克·W. 泰勒(Frederick W. Taylor)被管理界誉为科学管理之父。他从一名学徒工开始，先后被提拔为车间管理员、技师、小组长、工长、设计室主任和总工程师。在工厂的经历使他了解工人们普遍怠工的原因，他感到缺乏有效的管理手段是提高生产率的严重障碍。为此，泰勒开始探索科学的管理方法和理论。他认为科学管理的根本目的是谋求最高劳动生产率，最高的工作效率是雇主和雇员达到共同富裕的基础，要达到最高的工作效率的重要手段是用科学化的、标准化的管理方法代替经验管理。泰勒所概括的科学管理理论强调工作是生产过程。他的研究成为现代科学管理的基础，也成为人力资源管理的基础。他的工作再设计方法关注：(1)组成职位的任务简单化；(2)非常专门的工作描述；(3)系统的工作程序和计划；(4)严密的监督和控制。

科学管理进行工作再设计的方法的核心是把每一个职位的操作都简化为基本的动作，并在严密的监督下完成操作，这实际上是一种工作简化。泰勒的科学管理是人类比较早的对工作再设计进行系统研究的努力。但是，泰勒对工作简化的追求也有它本身的缺陷，对于许多员工来说，过分简单化的工作导致他们感到厌烦、不满和挫折，人们发现科学管理往往忽视人的生理和心理需要，容易导致工作效率降低，使生产在较低的水平上进行。

2. 工作特征模型

汉克曼和奥德汉(Hackman & Oldham)的工作特征模型(Job Characterisics Model, JCM)是工作再设计在20世纪70年代末期的新发展。这一模型为人性化工作设计提供了具体的指导，详细讨论了能够对工人产生激励作用的五种职位特征。

(1) 技能的多样性(Skill Variety)。完成一项职位的工作个人所使用的一系列技能和禀赋的程度，以及由此决定的对员工应具备的技能要求的多样化程度。

(2) 任务的同一性(Task Identity)。从事一项职位的工作时，从头到尾地完成任务并能够看到显著成果的程度。

（3）任务的重要性（Task Significance）。一项职位对其他人生活或工作的实质性影响程度，这种影响可以是内部的，也可以是外部的。

（4）自主性（Autonomy）。员工在安排工作的内容和程序方面有多大的自由度和独立程度。个人对于完成任务的好坏是否感觉有责任，在很大程度上是由自主程度决定的。

（5）反馈（Feedback）。员工在完成工作任务的过程中，在多大程度上可以获得有关自己工作绩效的直接而明确的信息，这对于雇员下一步的工作努力方向有很大影响。

所有的工作特征对雇员都有心理影响。前面三种特征影响员工对工作意义的看法，也就是说，一项工作如果具有这三个特征，我们就可以预期任职者会将他的工作视为重要的、有价值的和值得做的。自主性决定雇员感觉到的责任程度。反馈决定雇员对职位的满足程度。工作特征模型的核心思想是：如果员工知道个人在其关注的任务上完成得很好，那么他会获得一种内在激励，这种激励可以对其行为动机、工作绩效和满意度产生积极的影响，并使其缺勤和离职的概率降低。

3. 激励理论

激励是企业管理的重要职能之一，是管理者通过各种手段和方式刺激、激发员工的动机，使其产生内在动力，从而调动其积极性，努力朝着有利于企业期望的目标前进的一种管理活动。在众多的激励理论中，双因素理论对现代工作设计产生了极大影响。该理论是美国心理学家赫茨伯格（F. Herzberg）在对匹兹堡地区多家工商企业机构的工作人员进行大样本调查的基础上于1959年以后（1959,1968）提出的。双因素理论又称激励—保健因素理论。其要点是：使职工不满的因素与使职工感到满意的因素是不一样的。使职工不满意的因素，主要是由工作本身以外的条件引起的，主要是公司政策、工作条件、工资、安全以及各种人事关系的处理不善。赫茨伯格发现，这些因素改善了，虽不能使职工变得非常满意，真正激发积极性，却能够解除职工的不满，所以他称为保健因素，意即虽不能治疗疾病，但能防止疾病。使职工感到满意的因素，主要是工作本身引起的。比如：工作富有成就感、工作成绩能得到承认、工作本身富有挑战性、职务上的责任感、个人发展的可能性。这些因素的满足，能够极大地激发职工的热情和积极性；而缺乏它们时，又不会产生多大的不满足感。这些因素就被称为激励因素。

双因素理论认为，这两类因素的性质和作用不同，只有激励因素才能真正调动工作积极性，从而提高工作效率。保健因素并不能使人真正获得满足，没有激励作用，但能防止不满情绪的产生。根据该理论，只有当激励因素被设计到工作活动之中，才能在工作中有效地提高员工的工作动机，而仅仅在保健因素上修补改善，无助于工作动机的改进和绩效提高。

4. 人际关系理论

当科学管理在实践中被运用到极端之后，人际关系运动在很大程度上是作为对这一运动的反驳而出现的。人际关系运动强调的不是组织的生产需要，而是员工的社会需要。这一运动最早是在20世纪30年代，由美国哈佛大学心理学家梅奥（E. Mayo）进行的霍桑实验(Hawthorne Studies)引发的。这项在美国西方电器公司霍桑工厂进行的、长达九年的实验研究，真正揭开了作为组织中的人际关系研究的序幕。霍桑试验的初衷是试图通过改善工作条件与环境等外在因素，找到提高劳动生产率的途径。从1924年到1932年，先后进行了四个阶段的实验：照明实验、继电器装配工人小组实验、大规模访谈和对接线板接线工作室的研究。但实验结果却出乎意料：无论工作条件（照明度强弱、休息时间长短、厂房内温度高低等）改善与否，实验组和非实验组的产量都在不断上升；在实验计件工资对生产效率的影响时，发现生产小组内有一种默契，大部分工人有意限制自己的产量，否则就会受到小组的冷遇和排斥，奖励性工资并未像传统的管理理论认为的那样使工人最大限度地提高生产效率；而在历时两年的大规模的访谈实验中，职工由于可以不受拘束地谈自己的想法，发泄心中的闷气，从而态度有所改变，生产率相应地得到了提高。对这种"传统假设与所观察到的行为之间神秘的不相符合"，梅奥做出了如下解释。

（1）影响生产效率的根本因素不是工作条件，而是工人自身。参加实验的工人意识到自己"被注意"，因而怀有归属感，正是这种人的因素导致了劳动生产率的提高。

（2）在决定工人工作效率的因素中，工人为团体所接受的融洽性和安全感，较之奖励性工资有更为重要的作用。

霍桑实验的研究结果否定了传统管理理论对于人的假设，表明了工人不是被动的、孤立的个体，他们的行为不仅仅受工资的刺激；影响生产效率的最重要因素不是待遇和工作条件，而是工作中的人际关系。

梅奥在霍桑实验后提出了"社会人"假设，认为人的工作以社会需要为动机，人们希望管理者能够满足自己的社会需要和自我尊重的需要。科学管理过分强调工作设计的技术方面，霍桑实验是一个转折点，它使员工的社会需要得到了承认。在人际关系运动的倡导下，人力资源管理中的工作设计活动开始将社会需要作为激发员工工作的动力进行管理。工作轮换、工作丰富化等工作设计都是在人际关系的影响下出现的。在这之后人们对工作的技术方面的重视下降，而对工作中劳动者的社会和感情需要更加重视。

> 工作再设计是指重新设计员工的工作职责、内容、方式等，以使企业人力资源得到优化配置，为员工创造更好地发挥自身能力、提高工作效率的管理环境。

二、工作再设计的程序

原有组织的工作再设计主要分为组织分析、工作分析、问题诊断、针对问题的再设计四个步骤。

1. 组织分析

对原有组织的分析工作，主要是为了重新明确企业的组织发展战略与目标、组织结构与层次、企业文化、岗位结构体系和岗位确立等要素。无论是企业自己开展此项工作还是通过聘请专门的咨询公司来完成,都应该首先从这些要素着手,因为这些要素对于深入了解企业结构、工作和岗位体系都必不可少。组织结构是一个大的框架,其所有的活动都在这样一个框架下进行,企业选择什么样的结构对于企业的正常运作至关重要。组织分析就是通过采取一定的措施和方式,理清组织目标及工作需要,确立各个部门及其成员的职责范围、工作关系等,明确组织结构。

对原有组织的工作设计是一个针对原有组织进行的改进过程,从组织的分析开始确定业务流程。设计之前要分析企业的战略定位、目标宗旨、业务领域、所属行业等因素的变化,接下来是业务流程的设计、工作任务的分解、工作内容的界定等。

2. 工作分析

在组织分析的基础上,企业要进行具体的工作分析,进一步分析各个部门和岗位在企业中的地位、职能、工作内容以及工作性质的变化。在实际操作过程中,组织分析与工作分析并没有严格的先后次序,可以同时进行、相互补充,在组织分析中会发现工作和岗位存在的不足,在工作分析中也会发现组织的定位问题。

3. 问题诊断

工作问题诊断就是对工作中存在的问题进行调查分析,判断其原因所在,并提出解决问题的具体办法。就像医生给病人看病一样,通过望、闻、问、切为病人把脉,企业所进行的工作问题诊断也是同样道理。要注意的是,在企业实际运行过程中,总会存在着这样或那样的问题,但并不是所有的问题都需要进行工作再设计,只有当问题已经影响到生产的正常进行、企业的健康发展时,工作再设计就成了一项紧急而迫切的任务。

4. 针对问题的再设计

问题确诊之后,就要对症下药。企业在工作设计中哪些环节出了问题,就要采取相应的措施进行重新设计,从而解决问题。

工作的再设计主要包含对某一职务的工作内容、工作职能以及工作关系等方面的设计。工作内容的设计是解决如何确定这一职务所包含的各项工作的一般性质的问题,也就是对在完成各项工作的整个过程中的多样性、复杂性、自主性、整体性、难易程度等进行设计;工作职能设计是提出这一职务的基本要求和基本方法,也就是确定该项职务的工作责任、决策权限、工作方式以及信息流通渠道等各个方面;工作关系的设计是对员工在工作、组织中与其他人之间的各种工作关系进行设计。

三、工作再设计的方法

1. 工作专业化

工作专业化也叫"充实工作内容",是最传统的工作再设计方法。该方法旨在向员工提供更具挑战性的工作,是对工作内容和责任层次的基本改变,也是对工作责任的垂直深化。它通过对动作和时间的研究,将工作分解为许多很小的单一化、标准化、专业化的操作内容与操作程序，并对员工进行培训和适当的激励，以达到提高生产效率的目的。

（1）工作专业化设计方法的核心思想是效率优先，它的特点如下。

● 由于将工作分解为许多简单的高度专业化的操作单元，便于员工提高熟练程度，从而最大限度地提高员工的操作效率。

● 由于对员工的技术要求低，且工作的专业化程度高，因此，既可以比较容易地雇用到廉价劳动力，也可以节约培训方面的成本开支，并且有利于劳动力在不同岗位之间的轮换，而不致影响生产的正常进行。

● 由于具有标准化的工序和操作规程，因此便于管理部门对员工生产的产品数量和质量进行控制，保证生产均衡和工作任务的完成。但是，由于很少考虑员工对工作的反应，工作专业化带来的高效率有可能被一些员工的不满和厌烦情绪所造成的旷工或辞职所抵消。

（2）在实行工作专业化时，应遵循以下五个原则来弥补该设计方法的不足。

● 增加工作要求。以增加责任和提高难度的方式来增加工作的挑战性，以防员工懈怠情绪的滋生。

● 赋予员工更多的责任。在经理保留最终决策权的前提下，尽量让员工拥有对工作更多的支配权。

● 赋予员工更多工作自主权。在一定的限制条件下，允许员工自主安排他们的工作进度。

● 反馈。将有关工作业绩的报告定期地、及时地直接反馈给员工的上司和他们本人。

● 努力创造有利环境条件来为员工提供学习培训机会，以满足他们个人发展的需要。

2. 工作轮换

工作轮换（Job Rotation）是为了避免工作专业化的缺陷而较早采用的工作再设计方法，是指在工作流程不受影响的前提下，让员工从执行一项任务转移到执行另一项任务，其目的是使工人的活动得以多样化，从而避免产生厌倦情绪。实践中，有两种类型的工作轮换：纵向轮换和横向轮换。纵向轮换指的是升职或降职。但是，我们一般谈及的工作轮换，更多时候是指水平方向上的多样变化，即横向轮换，指在不同的时间阶段员工会在不同的岗位上进行工作。比如，人力资源部门从事"招聘专员"工作和"培训专员"工作的员工可以在一年或两年进行一次工作轮换。

横向的工作轮换可以有计划地予以实施，即制订培训计划，让员工在一个岗位上从事一定时间的活动，然后再轮换到另一个岗位，以此作为培训的手段。横向轮换也可以依具体情况要求来进行。比如，当以前的工作不再具有挑战性时，可以让一个人转到另一项活动；或者当工作进度安排需要这样做时，也可以转换。总之，员工工作可以处于不断变换的状态中。

工作轮换的好处有很多,主要表现在以下三个方面。

(1) 满足员工的内在性需要。

内在性需要是指依靠工作活动本身或工作任务完成时所提供的某些因素而满足的需要。这种需要与员工工作本身有关,此时工作本身具有激励性而不再是工具性的了。内在性需要的满足取决于员工自身的体验和判断,它是人们从工作本身所获得的满足。在同一岗位时间长了,就会产生厌烦感,适当的轮换岗位会使人有一种新鲜感,工作本身的趣味性由此产生;工作轮换可以培养员工适应新环境的能力,对一般员工来说,可以增加员工对多种技能的掌握;在不同岗位上的轮换,可以增加员工的交流机会;当员工能胜任新的工作岗位,便可得到一种只有在工作任务完成时员工才会感到的满足。

(2) 满足员工的职业选择倾向。

从现代激励理论可知,员工的个性(价值观、动机、需求)是选择工作的一个重要因素,只有当工作与员工个人的个性相符时,员工才愿意在某一岗位长时间工作。但实际上,在我国许多人在进入大学选择专业和首次择业时,都没有考虑自己的职业倾向,也没有很好的人力资源测评的工具能够为人们提供一种较理想的服务。因此,工作轮换能够给员工提供再次选择职业的机会。

(3) 增强部门间协作。

工作轮换有助于打破部门之间的界限,增进企业或团队内部的沟通与交流。部门间的本位主义或小团体主义,往往来自对其他部门的工作缺乏了解,以及部门之间人员缺乏交往接触。通过工作轮换将有助于员工认识本职工作与其他部门工作的关联,从而理解本职工作的意义。其次,适时的工作轮换,可以健全内部控制制度,防止腐败。通过工作轮换,可以避免一些要害部门的人员因长期在一个部门而滋生腐败。另外,长期坚持工作轮换制度,公司的员工从不同的角度加强了对公司业务和企业文化的理解,提高了整个公司的效率并形成了非常强的凝聚力。

当然,工作轮换也存在一定的现实问题,它只能限于少部分专业性不是很强的工作的轮换,大多数的工作是无法进行轮换的,因为很难找到双方正好都能适合对方职务资格和技能要求的例子。另外,轮换后由于需要熟悉工作,可能会使职务效率降低。将一个工人从先前的岗位转入一个新的岗位需要增加培训成本,还会导致短期内生产率下降。范围广泛的工作轮换规划,可能造成大量的工人被安排在他们经验很有限的工作岗位上。工作轮换还可能使那些有较强专业特长的员工的积极性受到影响,因为这些人喜欢在他们所选定的专业中寻找更大的、更具体的责任。最后,有一些证据也表明,非自愿地对员工进行工作轮换,可能导致旷工和事故的增加。

因此,在实施工作轮换制时应着眼于企业长期的利益,根据各企业的实际情况相机而动。

工作轮换(Job Rotation)是指在工作流程不受影响的前提下,让员工从执行一项任务转移到执行另一项任务,其目的是使工人的活动得以多样化,从而避免产生厌倦情绪。实践中,有两种类型的工作轮换:纵向轮换和横向轮换。

示例

某公司工作轮换管理办法

第一条 为完善人力资源管理体系,培养高素质、复合型的人才队伍,特制定本办法。

第二条 本办法适用于集团各单位。工作轮换的范围包括经营单位内部、集团部门间、集团部门与经营单位之间、经营单位之间的轮换。

第三条 各单位安排员工进行轮换时,必须遵循以下原则:

1. 符合集团的发展战略,符合集团的人力资源发展规划;

2. 有利于提高员工的综合能力,做到量才适用;

3. 干部轮换建立在年终考核结果的基础上,遵循有利于提高其综合素质的原则,着重培养干部的综合管理能力。

第四条 各单位应结合本单位的人力资源发展规划,每年按以下比例安排员工进行轮换:

1. 按现有专业人员数的3%~5%进行轮换;

2. 按10%~15%的比例对中高层干部进行轮换。

第五条 符合以下条件的两类员工应参加轮换:

1. 在外协、采购、广告、财务、审计、人事、劳资、资金结算等关键、敏感岗位工作满三年的员工。

2. 大学专科以上、有一定的专业技术知识和管理经验、有较强的事业心和上进心、有较大发展潜力的员工,后备干部优先。

第六条 每年12月初,进行下年度的轮换安排。专业人员的轮换由个人提出申请并填写"工作轮换申报表"。集团总部由人力资源管理中心负责审核,部长审批;经营单位由各人力资源部门负责审校,总经理审批,报人力资源部备案。

第七条 每年12月初,人力资源部与各单位拟订本单位参加轮换的关键、敏感岗位人员名单。其中,各经营单位将名单报人力资源部审核。

第八条 进行轮换的员工由所在单位的人力资源管理部门建立"员工工作轮换登记",记录员工的基本情况、优、缺点,轮换期间工作、培训情况,由专人负责保管。

第九条　工作轮换的具体操作以内部调动形式进行,审批手续按内部调动程序执行。

第十条　每年由各单位人力资源管理部门针对本单位轮换员工的情况,做好轮换计划,报人力资源部备案。

第十一条　对安排轮换的员工,根据其培养方向及集团的发展需要,由人力资源管理部门安排其相关工作。向管理方面发展的员工以安排行政管理、企划、品牌管理、营销管理、科技管理、生产管理等工作为主,向技术方向发展的员工以安排开发、品质管理、设备管理、工艺等工作为主。条件成熟时,可安排到市场营销队伍中进行短期锻炼。

第十二条　集团可根据实际情况,安排有关员工进行跨部门、跨单位的轮换。

第十三条　各单位、各部门必须密切配合轮换工作,指定专人负责对轮换人员进行工作指导及考核。在符合轮换原则的基础上,不得以任何理由推托、拒收。

第十四条　参加工作轮换的员工必须遵守新单位的工作纪律,服从单位的领导,接受考核,考核结果记录在"员工工作轮换登记卡"上,作为奖惩、培训、晋升、轮换的依据。

第十五条　对轮换人员新岗位的考核每半年进行一次,主要考核其工作态度、工作能力、发展潜力、工作绩效。其直接主管对其考核结果负责,考核结果报人力资源管理部门备案。

第十六条　每次考核结束后,人力资源管理部门会同其所在单位与轮换员工进行面谈,评价其长处与不足,并商讨改进方案及提出培训建议。

第十七条　对连续两次考核结果为C或D者,可根据所在单位意见,安排其调岗、培训或降职。

第十八条　各单位及集团开发中心应积极对轮换对象进行有针对性的培训,提高其各方面的素质,以适应新岗位的要求,培训结果记录在"员工工作轮换登记卡"上。

第十九条　由人力资源委员会、人力资源部和各单位人力资源管理部门共同组成工作轮换管理体系,负责轮换工作的运作和管理。

第二十条　人力资源部在部长的领导下,负责集团总部员工轮换工作的安排、管理、培训和考核,负责对各单位轮换工作的指导与监控,负责对跨单位轮换的审批等。

第二十一条　在总经理的领导下,各单位人力资源管理部门负责本单位轮换员工工作的安排、管理、培训和考核等。

第二十二条　每年11月底,人力资源部及各单位人力资源管理部门向人力资源委员会提交上年度轮换工作总结,接受人力资源委员会的考评,考评结果列入年度考核中。

第二十三条　本规定由人力资源部负责制定、修改并解释。

第二十四条　本规定由下发之日起执行。

> **学习资料 5-2**
>
> ## 工作轮换的价值
>
> 在一个石油加工厂里成立了一个维修组,每一个团队成员负责维修设备的某些零件。比如说,一个人负责维修油泵,另一个则负责阀门,依此类推。
>
> 团队领导听到很多关于工作乏味而且单调的抱怨。人们感到没有将自己的技能完全发挥出来。在同整个团队和一线经理讨论以后,团队领导计划了一个新的工作制度。
>
> 在这个新的工作制度下,团队成员的职责不断轮换,他们可以接触到整个工作的各个方面。这样一来,全体团队成员都体验到了多样性的工作,并且更好地理解了工厂的工作方式,而且他们也都感觉到公司的管理层非常重视他们各方面的能力和技能。
>
> 也可能会存在这样的风险:一些团队成员感到受了威胁,因为他们失去了作为专家的地位。团队领导通过强调新方案的好处来避免这个问题,比如,拥有共同的目标,相互对团队中的其他成员负责等。团队领导采取的第二个方法就是强调和鼓励良好的团队精神,比如,视每一个员工为大家庭的一分子,每个员工都能够发表自己独特的观点,同时,又强调员工之间要像在一个家庭中生活一样互相配合、协调。

3. 工作扩大化

工作扩大化(Job Enlargement)是指使员工有更多的工作可做。通常这种新工作与员工原先做的工作非常相似。这种工作设计导致高效率,是因为不必把产品从一个人的手中传给另一个人而节约时间。工作扩大化的途径主要有两个,即"纵向扩大化"和"横向扩大化"。"纵向扩大化"是指增加需要更多责任、更多权力、更多裁量权或更多自主权的任务和职责。"横向扩大化"就是增加一个员工任务的横向多样性,即增加工作的内容或者延长工作的周期,使员工的工作变化增加,要求更多的知识和技能,从而提高员工的工作兴趣。工作扩大化的实质内容是增加每个员工应掌握的技术种类和扩大操作工作的数目,其目的在于降低对原有工作的单调感,从而提高员工对工作的满意度,发挥其主动性和积极性。

工作扩大化的好处在于可以提高产品质量,降低劳动成本,提高员工的满意度,改善整个工作效率,生产管理也变得更加灵活。如IBM公司报告工作扩大化导致工资支出和设备检查费用的增加,但因质量改进、员工满意度提高而抵消了这些费用。但是,工作扩大化的努力所取得的成果远不尽如人意。有很多学者认为工作扩大化试图避免过度专业化造成的多样性缺乏,但这种工作再设计方法只是简单地增加员工所从事的同类任务数目,并没有给员工的活动提供多少挑战性和意义。

4. 工作丰富化

工作丰富化是以员工为中心的工作再设计,它是对工作内容和责任层次基本的改变,旨在向工人提供更具挑战性的工作。工作丰富化与工作扩大化的根本区别在于,后者是扩大工作的范围,而前者是工作的深化,是对工作责任的垂直深化,它使得工人在完成工作的过程中,能够获得一种成就感、认同感、责任感。工作丰富化的理论基础是赫茨伯格的双因素理论,它鼓励员工参加对其工作的再设计,这对组织和员工都有益。在工作设计中,员工可以提出对工作进行某种改变的有关建议,以使他们的工作更让人满意,同时他还必须说明这些改变是如何更有利于实现公司整体目标的。运用这一方法,可使每个员工的贡献都得到认可,而且还促进了组织目标的实现。尽管工作丰富化方案并不总是产生积极的效果,但在许多组织中,它确实能使工作业绩得以提高,并且增加了工人的满意程度。

工作丰富化的核心是体现激励因素的作用,在实行工作丰富化时应该遵从五项原则。

(1) 增加员工的责任。不仅要增加员工生产责任,还要增加其控制产品质量,保持生产的计划性、连续性的责任,使员工感受到自己的重要性。

(2) 赋予员工一定的工作自主权。当员工感到工作的成败要依靠他的努力和控制,与他的个人职责息息相关,此时,工作对员工就有了重要意义。要让员工感受到这一点,主要办法是给予员工充分的工作自主权。

(3) 及时反馈。将有关员工工作绩效的数据及时地反馈给员工,让员工了解和正确评价自己的劳动成果。反馈可以来自上级、同事或客户等。

(4) 客观考核。应根据团队或小组成员实现工作目标的程度而给予相应的报酬与奖励,使员工感受到赏识和承认,并认识到集体的力量。

(5) 经常培训。尽可能地为员工提供学习培训机会,以满足员工成长和发展的需要。

与其他单一性工作再设计方法相比,工作丰富化设计为员工提供了更多的激励和更大的满意度,从而提高了员工的生产效率和产品质量。但是,工作丰富化涉及改造工作本身的内容,所以比较复杂和困难,同时对于员工素质的要求很高。因此,工作丰富化的成效在一定程度上还取决于员工成就动机的高低。

学习资料 5-3

工作丰富化和工作扩大化的区别

工作丰富化和工作扩大化虽然都属于改进工作设计的重要方法,但存在明显的差异。工作扩大化是通过增加工作任务、扩大岗位任务结构使员工完成任务的内容、形式和手段发生变化;而工作丰富化是通过岗位工作内容的充实使岗位的工作变得丰富多彩,更有利于员工的身心健康,促进员工的综合素质逐步提高、全面发展。

> 工作丰富化是以员工为中心的工作再设计,是对工作内容和责任层次基本的改变,旨在向工人提供更具有挑战性的工作;是工作的深化,是对工作责任的垂直深化,它使得工人在完成工作的过程中,能够获得一种成就感、认同感、责任感。

5. 工作时间选择

工作再设计选择的另一项重要内容涉及工作时间安排。在多数企业,人们按固定的时刻表从家里来到企业,每周工作5天、每天工作8个小时地重复着。但是,这并不是安排工作时间的唯一选择。根据劳动力市场的状况、所从事工作的种类、淡旺季以及员工的偏好等,管理部门应该考虑采取更加灵活的方案。

(1) 紧缩工作周。

紧缩工作周(Compressed Work Week),通常是指把正常的周工作时间安排在更短的工作日内进行的方案,如每周工作4天,每天工作10小时(简称4—40)的方案。在采用批量生产方式的企业(如壳牌石油公司)中,经常采用更短的工作周以配合生产日程。

紧缩工作周有很多优点。第一,有利于提高机器设备的利用率,可能有助于日程安排。第二,工厂如果不是每天进行生产,可以节省整体开支。由于机器不是那么经常开关,减少了维修费用,也减少了照明、取暖、降温等方面的开支。第三,对于员工来说,可以有更多自由支配时间来从事社会活动,减少了上下班往返的时间消耗。但是,对于经理人员来说,紧缩工作周也有明显的不利之处。第一,对有些工作而言,紧缩工作周可能降低生产率。如建筑工人,每周工作5天、每天工作8小时的工作效率一般要比每周工作3天、每天工作12个小时高得多。因为工作时间的延长会导致体力下降和疲劳的增加。第二,很多国家的法律都有加班工作时间应给员工增加工资的规定,这对企业来说意味着成本的增加。

(2) 弹性工作时间。

弹性工作时间(Flexible Work Time)或灵活工作时间是要求员工每周工作一定的时数,但在限定范围内可以灵活安排工作时间的一种工作设计方案。它一般分为共同工作时间(核心工作时间)和弹性工作时间两部分,在核心工作时间内要求所有员工都到工作岗位工作,而在弹性工作时间内员工被允许做灵活的安排,只要达到法律规定的总时数即可,通常是每周40个小时。

早在20世纪70年代初期,一些美国公司就开始实施弹性工作时间制;到20世纪90年代初期,大约有40%的美国公司采用了这种时间安排方案。弹性工时让员工有更加灵活的工作日程,可以使员工更好地根据个人需要安排他们的工作时间,并使他们在工作时间安排上能行使一定的自主权,可以减少一些拖沓和缺勤的现象发生,将他们的工作活动调整到最具生产效率的时间进行,同时更好地将工作时间同他们工作以外的活动安排协调起来。但是，这种安排会给经理人员的管理带来一定问题，即对核心工作时间以外的员工进行指导造成困难，也容易导致工作轮班的混乱。组织和管理是决定弹性工作时间能否取得成效的关键。要注意的是，弹性工作时间制并不适用于所有的工作。

(3) 工作分担。

工作分担(Job Sharing)是最近工作时间安排上的一大创新。它允许两个或更多的员工分担原来的一个全日制工作，并分享该工作的报酬和福利。因为工作分享是比弹性工作时间制更新出现的一种想法，其应用还比较少，目前主要集中在法律业、广告业以及金融服务行业。美国最大的健康保健组织之一的凯瑟高锰酸盐公司、通用公司、莲花发展公司和卡豪海尔公司已经广泛采用了工作分担制。

工作分担比较适合于配偶中一方或双方都想兼职的家庭，也满足了老年员工减少工作时间、顺利向退休过渡的需要。工作分担不仅适应了一大批难以提供全日制工作的人员的要求，在经济低迷时期减少了解雇，而且使得企业可以在既定岗位上吸引更多的人才。同时由于其工作时间较短，员工的工作效率可以大大提高。

6. 家庭办公

计算机技术为管理者安排工作时间开辟了又一个可行的选择。这一选择就是让员工通过电子通信(Telecommuting)在家工作。员工在家办公，有关的信息传递与业务往来均通过信息技术来完成，如计算机、手机等。利用电子通信在家工作既减少了在繁华市区交通的时间消耗和心理压力，又提高了处理家庭问题的灵活性。在家办公主要适用于工作的地点离住处较远，或该企业的通信技术较发达的情况。据美国企业协会(American Business Association)称，现在大约有 3 000 万美国人至少是部分时间在家工作，其中近 900 万人是过去在中心工作地点办公的公司员工。但是，这种工作设计减少了正规办公室提供的日常社会交往的机会，由此也会带来一系列的社会、心理问题。

7. 工作团队

当工作是围绕小组而不是围绕个人来进行设计时，结果就形成了工作团队，它是一种日益流行的工作再设计方法。工作团队大体上有两种类型：综合性的和自我管理式的。

(1) 综合性工作团队。

在综合性工作团队中，一系列任务被分配给一个小组，然后由小组决定分派给每个成员什么具体任务，并在任务需要时负责在成员之间轮换工作。例如，公路筑修队就经常以小组的形式决定其各项任务应该如何完成。

(2) 自我管理式工作团队。

自我管理式工作团队具有较强的纵向一体化特征。与综合性工作团队相比，它拥有更大的自主权。给自我管理工作团队确定了要完成的目标后，它就有权自主决定工作的分派、工作时间安排和质量检验方法等。这些团队甚至还有权挑选成员，并让成员相互评价工作成绩。其结果是，团队主管的职位变得不那么重要，有时可能被取消。克莱斯勒公司、通用汽车公司等很多组织已经将其员工的工作任务重新设计为自我管理工作团队的形式,其效果也是非常明显的。克莱斯勒公司、通用汽车公司分别采用这种方式研发出了许多型号。

8. 企业再造

在生活中经常可以发现,当公司生产经营情况出现问题时,许多管理者认为操作流程是固定的,不会出错。他们的问题出在工作身上,而不是去寻找工艺过程的问题。而工艺过程的问题对于企业生产经营状况的影响是巨大的。

"企业再造"也译为"公司再造""再造工程"(Reengineering)。它是1993年开始在美国出现的关于企业经营管理方式的一种新的理论和方法。企业再造(Reengineering the Corporation)就是重新设计和安排企业的整个生产、服务和经营过程,使之合理化。通过对企业原来生产经营过程的各个方面、每个环节进行全面的调查研究和细致分析,对其中不合理、不必要的环节进行彻底的变革,从根本上改善成本、质量、服务和速度等关键性的业绩指标,提高企业的竞争力。

"企业再造"在欧美的企业中受到了高度的重视,因而得到迅速推广,带来了显著的经济效益,涌现出大批成功的范例。1994年的早期,由CSC Index公司(战略管理咨询公司)对北美和欧洲6 000家大公司进行了621家抽样问卷调查。调查的结果是:北美497家的69%、欧洲124家的75%已经进行了一个或多个再造项目,余下的公司一半也在考虑这样的项目。美国信用卡公司(American Express)通过再造,每年减少的费用超过10亿美元。德州仪器公司的半导体部门通过再造,使集成电路的订货处理程序的周期时间减少了一半还多,改变了顾客的满意度,由最坏变为最好,并使企业取得了前所未有的收入。

企业再造不仅对工作再设计提出了挑战,而且对企业生产方式和整个观念都提出了挑战。当企业再造中企业的组织结构发生了变化,人员就可能重新组合,员工的工作内容、工作目标、工作方式、考核标准也应随之发生变化。

企业再造(Reengineering the Corporation)就是重新设计和安排企业的整个生产、服务和经营过程,使之合理化。通过对企业原来生产经营过程的各个方面、每个环节进行全面的调查研究和细致分析,对其中不合理、不必要的环节进行彻底的变革,从根本上改善成本、质量、服务和速度等关键性的业绩指标,提高企业的竞争力。

要注意的是,不论是工作扩大化、工作专业化还是工作轮换等,都不应看作为解决员工不满的灵丹妙药,企业管理者要在工作设计、人员安排、劳动报酬及其他管理策略方面进行系统考虑,以便兼顾企业需要与员工个人需要,从而最大限度地激发员工的积极性和主动性,实现企业目标。由此可见,工作再设计的各类方法没有绝对好坏之分,适应企业实际情况的方法即是好的方法。

讨论案例

增加工作自主性

1988年，戴维的电讯公司——高级网络设计有限公司还有90天就要倒闭了。这家公司设在加州的拉瑞莫达市。戴维是公认的控制狂，他的独裁作风正使得公司走向衰败。事实上，他对手下的35名员工逼迫得越厉害，员工的生产效率就越低。

作为最后一搏，戴维聘请了一名人力资源顾问。顾问给他出了什么主意呢？首先，要使员工受到正规的培训，以完成其工作任务。其次，要赋予员工更多的权力和责任。顾问说，这样做可能会使员工的工作动机增强、工作质量改善、工作满意度提高、流动率降低。

戴维勉强接受了这个建议，并为公司员工的工作做了重新安排，以提高其自主性。对于每项工作，管理人员和员工都要找出能产生这项工作大部分结果的4~5个工作任务来。如果员工对于这些工作任务不精通，那么他就要接受培训。一旦员工能熟练掌握工作任务，管理人员就把任务交由他来完成。接下来，员工只需每隔一周或一月向管理人员汇报工作就可以了。

员工们都很喜欢这种新体制。一位客户服务代表说："这种方式更有效率，过去，我的上级常常支配着我每周或每月的工作目标。现在我建立起自己的工作目标，能够更好地分清主次，而工作流程也更加顺畅了。你一旦觉察到要做什么事，你就可以去完成它。我的工作满意度现在强多了。"

戴维费了两年的周折，才对给予员工如此多的自主度有了心安理得的感觉。并且，他对这种新体制的运行效果感到由衷的高兴。生意也比过去增色不少，现在他手下有20名员工，他们所处理的事情要比原来35名员工所做的事情还多。

有趣的是，这家公司的实践结果与全美调查所得出的数据是相吻合的。最近的一项民意调查表明，当问及员工对工作中的什么因素最为重视时，64%的员工给"能够独立工作"打了高分，这甚至超过了"高收入"和"晋升机会"的得分情况。

案例来源：牛雄鹰、马成功，《员工任用（一）——工作分析与员工招募》，对外经济贸易大学出版社，2002年。

【案例讨论与练习题】
1. 为提高工作自主性的有效性，之前应该进行哪些管理行为？
2. 若采用其他的工作设计方法，你会选择哪一种？如何实施？

本章复习题

1. 什么是工作设计？它包含哪些内容，工作设计应遵循哪些原则？
2. 工作设计中应考虑的因素有哪些？
3. 工作再设计的主要理论依据有哪些？
4. 简述工作再设计的主要方法。
5. 比较新组织的工作设计和原组织的工作再设计的差异。
6. 简述工作特征模型的内容。

第六章 工作评价

【本章要点】

通过对本章内容的学习,你应了解和掌握如下问题:
- 工作评价的含义及意义
- 工作评价五因素的含义
- 工作评价指标的确定方法有哪些
- 排序法的类型及其操作方法
- 分类法的具体操作步骤
- 要素计点法的操作步骤及其优缺点
- 要素比较法的操作步骤及其优缺点

导读案例

哪个职位更重要[①]

RB 公司是一家专门生产袜子的企业,发展相当迅速,经过 10 年的发展,已经由一个家族式小企业成长为年销售额为 15 亿元的集团公司。

为了适应外部瞬息万变的竞争环境,公司已经认识到管理逐渐要向规范化、精细化方向发展。近几年公司连续导入 ISO9001.2000 质量管理体系、SA8000、规范化管理体系和基于战略的人力资源管理体系,公司发展呈现出良好的态势。

为了让员工能在公司内部合理流动,公司决定对一些岗位进行内部招聘。其中有一个岗位是销售管理部的销售管理员岗位,很多部门的人都来应聘。经过了若干轮的竞争,采购部的一名采购员小王脱颖而出,最终获得了胜利。这样一来采购部又缺员了,人力资源部决定再进行招聘,结果一名技术部的技术员去了采购部。

但是,麻烦也随之而来,采购部门的经理找到公司的人事经理诉苦。

"我们部门培养一个人很不容易,因为我们公司使用的原材料很多,熟悉各种原材料需要很长的时间,而且有很多种混合材料。为了技术保密,混合材料是在外协

---

① 案例来源:张培德、胡志民,《工作分析与应用》,华东理工大学出版社,2008 年。

厂家完成的，一个新手要熟悉整个过程，一般需要花半年到一年的时间。另外，采购员这个岗位对任职者的职业素质要求非常高，所以，我不希望小王去销售部。但是，销售部的工资比我们这里高，我又不好阻拦她。其实大家都知道，销售部的工资高，工作又轻松，是公司最好的岗位之一；而采购部门的工作量很大，责任又重，工资要比销售员低很多。我觉得这是因为公司的工资政策不合理，才导致这样的问题产生。这已经是第三个人离开我们部门了，从你们搞内部流动开始，我就预料到这样的问题迟早会发生。现在倒好，到我们部门来的技术员，什么都不懂，害得我现在工作都很难开展！"

技术部经理也找到人事经理："我们也是，培养一名技术员比培养一名采购员和销售员困难多了，需要熟悉生产流程、设备性能、研发知识，但不知道你们怎么搞的，采购员、销售员的薪水比我们技术员还高，我也没有办法留住人，看来只有自己再慢慢培养了。"

销售部经理听到传闻后也去找人事经理："听说有人认为我们部门不重要，其实工作是不能光拿工作环境来比的，我们是不用出去跑，但你是知道的，我们部门负责客户联络和客户的信用管理，如果我们部门出了问题，公司的销售就会受到很大影响，所以我们的责任也不轻。我们部门的工资水平高是应该的，我们需要一流的人才。既然搞了内部招聘，就该让小王到我们部门来工作。"

人事经理被这件事情弄得非常烦恼，因为这个问题已经不是一个简单的内部人才流动的问题，而是公司的政策导向、薪酬政策的问题。为此，公司专门召开了几次会议来解决这个问题。在会上，大家各执一词，都认为本部门的工作量最大，对公司最重要。

究竟哪个职位更重要呢？人事经理也不知道该如何解决这个问题。

问题：
1. 你认为是什么导致了 RB 公司问题的产生？
2. 你认为该如何做，才能给大家一个满意的答复？
3. 就 RB 公司而言，应该如何建立一个科学合理、具有内部竞争性薪酬体系？

工作分析是企业开展人力资源管理工作的基础，在进行工作分析之后，企业通常需要确定一个职位的价值，这不仅仅是管理者掌握各个职位在企业中的重要程度的要求，也是员工了解自己在企业中的地位的客观需求。那么，究竟如何确定一个职位在企业中的价值呢？对不同职位之间贡献价值如何进行比较呢？如果一个财务主管与一个市场主管相比，谁在企业中的地位更高呢？相应地，谁应该获得更高的报酬呢？对这些问题的回答都依赖于职位评价。通过职位评价可以确定各个职位的级别，从而确定工资级别、福利标准、决策权限等，它使每位员工相信，不同职位的价值反映了其对企业的贡献。职位评价还为员工提供了确定未来职业发展和职业规划的依据。

第一节　工作评价概述

一、工作评价的含义

工作评价又称职位价值评估或岗位价值评估，是在工作说明书的基础上，综合运用现代数学、工时研究、劳动心理、生理卫生、人机工程和环境监测等现代理论和方法，按照一定的客观标准，从工作的劳动环境、劳动强度、工作任务以及所需的资格条件出发，对工作进行系统衡量、评比和估价的过程。

正确理解工作评价的内涵，要掌握以下四个要点。

1. 工作分析是工作评价工作的基础

在前期的工作分析中，对任职人员、工作职务、工作条件与工作环境等进行了详细的分析：对人的分析包括专业、工作能力、技能、知识等任职资格方面的分析；工作分析包括工作职责、工作范围、工作流程、对内和对外的工作关系等内容分析；工作条件与工作环境分析包括工作、办公场所、使用的设备、环境的舒适度及组织结构等因素的分析。工作分析的结果为工作评价提供各职位的书面资料，使得在职位评价环节中不用再收集职位工作的内容，可以直接提炼工作评价指标。

2. 工作评价以企业内部的工作职位为评价对象

工作评价的中心是"事"而非"人"，即以职位所担负的工作任务为对象进行的客观评比和估计。作为工作评价的对象——职位，较具体的劳动者具有一定的稳定性；同时，它能与企业的专业分工、劳动组织和劳动定员定额相统一，从而改善企业管理。由于职位的工作是由劳动者承担的，虽然工作评价是以"事"为中心，但在实际工作中，又不能脱离对劳动者本身的考察和分析。

3. 工作评价是对企业各类具体劳动的定量化过程

在工作评价过程中，根据事先规定的比较系统的全面反映职位现象、本质的职位评价指标体系，对职位的影响因素逐一进行测定、评比和估价，由此得出各个职位的量值。这样，各个职位之间就有了对比的基础，最后按评定结果，对职位划分出不同的等级。

4. 工作评价的过程和结果是建立在科学的方法基础之上的

工作评价经过西方多年的发展，有许多成熟的评价和操作方法，常用方法主要有职位分类法、排序法、配对比较法、因素评分法和因素比较法等。

二、工作评价的原则

工作评价是一项技术性强、涉及面广、工作量大的活动。也就是说，这项活动不仅需要大量的人力、物力和财力,而且还要用到许多学科的专业技术知识,牵涉到很多的部门和单位。为了保证各项工作的顺利开展,提高工作评价的科学性、合理性和可靠性,在具体应用中应该遵循五项原则。

1. 系统原则

所谓系统,就是由相互作用和相互依赖的若干既有区别又相互依存的要素构成的具有特定功能的有机整体。其中各个要素也可以构成子系统,而子系统本身又从属于一个更大的系统。系统的基本特征是整体性、目的性、相关性、环境适应性。工作评价是一个系统工程,由评价指标、评价标准、评价技术方法和数据处理等若干个子系统组成。

2. 实用性原则

工作评价还必须从目前企业生产和管理的实际出发,选择能促进企业生产和管理工作发展的评价因素。尤其要选择目前企业劳动管理基础工作需要的评价因素,使评价结果能直接应用于企业劳动管理实践中,特别是要能直接应用于企业劳动组织、劳动保护等基础管理工作以及工资、奖金、福利等薪酬制度,以提高工作评价的实用价值。

3. 标准化原则

标准化是现代科学管理的重要手段,是提高管理规范性的重要途径,也是国家的一项重要技术经济政策。标准化的作用在于能统一技术要求、保证工作质量、提高工作效率和减少劳动成本。为了保证评价工作的规范化和评价结果的可比性,提高评价工作的科学性和工作效率,工作评价也必须标准化。工作评价的标准化就是对衡量劳动者所耗费的劳动大小的依据以及工作评价的技术方法以特定的程序或形式做出统一规定,在规定范围内,作为评价工作中共同遵守的准则和依据。工作评价的标准化具体表现在评价指标的统一性、各评价指标的统一评价标准、评价技术方法的统一规定和数据处理的统一程序等方面。

4. 能级对应原则

在管理系统中,各种管理功能是不相同的。根据管理的功能把管理系统分成若干级别,把相应的管理内容和管理者分配到相应的级别中去,各占其位,各显其能,这就是管理的能级对应原则。一个工作能级的大小,是由它在组织中的工作性质、繁简难易、责任大小、任务轻重、在组织中的重要性、对组织的贡献大小等因素所决定的。功能大的岗位,能级就高;反之就低。各种工作有不同的能级,人也有各种不同的才能。现代科学化管理必须使具有相应才能的人得以处于相应的能级岗位,做到人尽其才、各尽所能。一般来说,一个组织中,管理能级层次必须具有稳定的组织形态。稳定的管理结构应是正三角形,对于任何一个完整的管理系统而言,管理三角形一般可分为四个层次,即决策层、管理层、执行层和操作层。这四个层次承担的使命不同,在组织中的地位不同,因而对应的权力、物质利益和精神荣誉不同,且这种对应是一种动态的能级对应。只有这样,才能获得最佳的管理效率和效益。

5. 优化原则

所谓优化，就是按照规定的目的，在一定的约束条件下寻求最佳方案。上至国家、地区，下至组织、企业、个人，都要讲究最优化发展。企业在现有的社会环境中生存，都会有自己的发展条件，只要充分利用各自的条件，每个工作岗位、每个人都会得到最快的发展，整个企业也将会得到最佳的发展。因此，优化的原则对于工作评价来说，不但要体现在工作评价要素选择上，还要反映在工作评价的具体方法和步骤上，甚至落实到具体的每个人身上。

三、工作评价的意义及作用

1. 工作评价对企业战略管理的贡献

企业战略决定企业的整体人力资源管理体系，人力资源管理的各个职能必须服从或服务于企业的总体战略规划。工作评价从其方案设计、指标选择和实施过程等方面支持企业的战略实施。主要体现在以下四个方面。

（1）企业战略发展需要的核心能力决定职位评价方案的核心内容。职位评价方案的确定，需要系统地理解组织发展战略以及适应战略发展需要的核心竞争能力，从中提炼出组织认同的报酬要素，即职位评价的客观依据；同时由于员工对职位评价的高度关注，组织通过职位评价使得组织的战略意图得以有效传递，从而支撑战略的实施和企业使命的达成。

（2）在职位分析的基础上，通过工作评价强化组织成员对权责体系的认识。工作评价是连接职位和职位报酬之间的桥梁，工作评价提供的信息，在报酬的激励作用下，能够更好地为组织成员所接受，因此，工作评价能够强化组织成员对职位包含的职责、权力的认识，并指导自己的行为。

（3）通过工作评价的导向作用，提高流程运行效率。工作评价过程通过使每个职位的报酬与其对组织的贡献融为一体，并且为新的、唯一的或是变化的职位设定工资水平来支持工作流程，提高流程的运作效率。

（4）工作评价方案以及实施过程能够有效引导员工，并提高员工对于薪酬的满意度。工作评价能向员工指明组织重视他们工作的哪个方面，以及哪些方面有助于组织的战略与成功。通过提高员工对于什么是有价值的、为什么会变化的认识，工作评价还有助于员工适应组织的变化；同时工作评价通过建立一个可行的、一致同意的，能减轻随机性、偏见、误差影响的薪酬结构，以减少员工对职位间报酬差别的不满和争端。

2. 工作评价在人力资源管理体系中的作用

（1）员工晋升提拔的参照。员工在企业内部跨部门流动或晋升时，需要参照职位评价确定的等级。职位评价使企业内部建立起了一系列连续的等级，便于员工理解企业的价值标准，从而使员工明确自己的职业发展和晋升路径。

（2）确定职位等级的手段。职位等级常常被企业作为划分工资级别、福利标准、出差待遇、行政权限等的依据，甚至被作为内部股权分配的依据，而工作评价则是确定工作等级的最佳手段。有的企业仅仅依靠职位头衔称谓来划分工作等级,而不是依据工作评价,这样有失准确和公平。举例来说,在某企业内部,尽管财务经理和市场经理都是经理,但他们在企业内部的地位和价值未必相同,所以职位等级也应有所差异。同理,在不同企业之间,尽管都有财务经理这个职位,但由于企业规模不同、盈利能力不同、该职位的具体工作职责和要求不尽相同,所以职位级别也不相同,待遇自然也不同。

(3) 确定薪酬分配的依据。在工资结构中,很多公司都有职位工资这个项目。在通过工作评价得出职位等级之后,就便于确定职位工资的差异了。当然,这个过程还需要薪酬调查数据做参考。国际化的工作评价体系(如海氏工作评价系统)不仅采用统一的职位评估标准,使不同公司之间、不同职位之间在职位等级确定方面具有可比性,而且在薪酬调查时也使用统一标准的职位等级,从而为薪酬数据的分析比较提供了方便。职位评估解决的是薪酬的内部公平性问题,它使员工相信每个职位的价值反映了其对公司的贡献。而薪酬调查解决的是薪酬的外部公平性问题,即相对于其他公司的相似岗位,公司的薪酬是否具有外部竞争力。

(4) 招聘到合适员工的保证。工作评价所使用的职位说明书,对职位工作的性质、特征以及担任职位工作的人员应具备的资格、条件等都做了详细的说明和规定,据此可以确定选人用人的标准,这为确定的职位寻找合适的员工提供了依据。工作评价的成果是确定了每个职位在组织中的价值,建立了组织价值序列,这便于在招聘过程中向应聘员工做出明确的答复,为招聘到合适的员工进一步奠定基础。

(5) 制定人力资源规划的参考。在制定人力资源规划中,需获得关于组织内部各个岗位对于专业、知识、能力、经验要求等方面的信息,保障在组织内部有足够的人员满足战略规划的要求。职位对员工的任职资格要求,职位在组织中的位置,组织有多少职位,这些职位目前的人员配备能否满足职位的要求,今后几年内工作将发生哪些变化,各部门人员结构应作什么样的调整,今后几年组织人员增长的趋势应怎样等,这些问题的解决均需要从一定程度上依赖职位评价结果,只有职位评价环节工作做扎实了,才有可能正确制定组织人力资源规划。

> 工作评价又称职位价值评估或岗位价值评估,是在工作说明书的基础上,综合运用现代数学、工时研究、劳动心理、生理卫生、人机工程和环境监测等现代理论和方法,按照一定的客观标准,从工作的劳动环境、劳动强度、工作任务以及所需的资格条件出发,对工作进行系统衡量、评比和估价的过程。

四、工作评价的历史沿革

1. 工作评价的形成和发展

最初的职位等级形式是由工厂的习惯形成的。某些工作逐渐被认为是彼此有联系的,这种联系既来源于外部的接触和生产操作的顺序,还来源于协作劳动的工人由低级到高级所需要掌握的知识顺序。工人和工头在劳动实践中逐渐感到某种工作似乎应比其他工作多得报酬。一旦这种思想形成并为大家所接受,这种不同工种的薪酬差别也就成为习惯被保留下来。

但是,仅用习惯来解释薪酬等级的差异是不能令人满意的,于是许多组织开始探讨确定工作价值的方法,并逐步使职位等级划分和工作评价制度化。20世纪初,在泰勒等人科学管理思想的基础上,工作分析和工作评价的方法相继产生,并在工商企业中得到广泛运用。20世纪30年代至50年代,工作评价技术在西方发达国家得到普遍推广和应用。四种主要的评价体系逐步建立起来,按时间顺序依次为排序法、分类法、因素比较法和要素计点法,这在后面章节中将进行详细介绍。第二次世界大战后,在西方发达国家中,最广泛采用的是要素计点法,其次是因素比较法。20世纪50年代以来,西方国家一些大型管理咨询机构,在上述评价方法的基础上,又开发了一些混合型的评价方法。这些混合型的评价方法,大多是定量评价技术。

2. 工作评价在中国的应用

工作评价在中国起步较晚,1949年新中国成立后才开始逐步形成。但是,随着我国经济的快速发展,工作评价在我国各类组织中已取得了突飞猛进的发展。

工作评价在我国的出现主要是依托我国国有企业岗位责任制的建立和发展。1949—1952年,随着企业民主化改革的推进,我国企业的生产管理在民主化方面也得到了提升,在企业中全面实行和贯彻了生产责任制,并确定了每项工作的职责范围。同时,在此基础上,在直接生产人员中实行了八级工资制。此时,职位等级的概念已经产生,工作评价开始出现雏形。这期间,最具代表性的行业是纺织企业。1951年,原纺织工业部为建立岗位工资制采取了评分的方法,对各职位进行评价。1953年以后,对企业管理制度和管理方法进行了更深入的探索,将生产责任制扩展到设计、工艺、材料等职能科室。1961—1965年,党中央颁布了中国第一个工业企业管理试行条例《国营工业企业工作条例(草案)》,以及《企业计时奖励工资暂行条例》《企业计件工资暂行条例》等指导性文件,强调了"多劳多得,少劳少得"的按劳分配原则,为工作评价的深入发展奠定了法律基础和社会环境。改革开放后,随着经济体制改革的不断深入,我国的企业管理逐步步入科学化、合理化、标准化的轨道。岗位责任制也进一步发展成为经济责任制,形成了一套完整的科学管理体系。在按劳分配原则的指导下,初步形成了适合企业自身需求的工作评价体系,为合理体现工作差别提供了科学依据。

20世纪90年代以后,我国的各类组织经过不断地深化改革,在企业管理的理念和方法上都取得了突破性的进展,特别是在人力资源管理方面,更是实现了理念和体制上的飞跃。工作分析和工作评价的作用和意义得到了越来越多的组织的重视和关注。如前所述,企业的薪酬必须保持内部公平和外部竞争力才能有效留住人才,调动与发挥人才的工作积极性。

第二节 工作评价指标

一、工作评价指标的定义及确定原则

1. 工作评价指标的定义

工作评价指标是根据工作评价的要求,将影响工作的各因素指标化后的结果。一般而言,指标是指标名称与指标数值的统一,指标名称概括了事物的性质,指标数值反映了事物的数量特征。工作评价指标是从目前企业管理的现状和需求出发,通过对岗位劳动的具体分析,将影响工作岗位的主要因素分解成若干个指标。

2. 工作评价指标确定的原则

一般而言,确定工作评价指标应遵循以下五项原则。

(1) 实用性原则。在选择评价指标时,必须从企业的实际出发,全面体现岗位劳动的特点,以提高岗位劳动评价的应用价值。

(2) 普遍性原则。在工作评价中,所选择的评价指标应该是对不同岗位劳动具有普遍的适用性和代表性,而不是适用或反映个别的特殊劳动。要结合企业的生产实际情况,确定与企业生产劳动密切相关的、具有代表性或共性的、反映劳动量及差别的指标。

(3) 可评价性原则。只有评价指标具有可评价性,评价结果才具有科学性,才能如实反映岗位劳动的差别。因此,所选择的评价指标必须能在实际运用过程中通过采用现有的技术和方法,按统一的评价标准做出独立的评价,并且能够量化。

(4) 全面性原则。评价指标的全面性是指评价因素能全面反映生产岗位劳动者的劳动状况和劳动量,体现不同岗位的差别劳动,反映出岗位劳动对企业劳动成果的贡献。因此,对影响岗位劳动各因素的选择既不能遗漏,也不能重复,必须从多方面选择多个评价因素,通过多因素综合评价来实现全面、科学的评价。

(5) 价值性原则。在工作评价中,所确定的评价指标应能为企业的劳动管理和劳动保护等工作提供科学依据。

二、工作评价五因素

1. 工作评价五因素的含义

在劳动管理中,通常我们把各方面的影响综合归纳为劳动责任、劳动技能、劳动强度、劳动心理和劳动环境,这五个方面被称为工作评价五因素。从这五个方面进行工作评价,可较为全面、科学地反映岗位的劳动消耗和不同岗位之间的劳动差别。为了便于在实际工作中对五因素进行定量评定或测定,我们可以根据企业生产岗位的实际情况和管理状况,将每个因素进行分解。按照指标的性质和评价方法的不同,上述五个因素可分为评定指标和测定指标两类。其中,劳动技能、劳动责任及劳动心理为评定类指标,劳动强度和劳动环境为测定类指标,这类指标可以用仪器和其他方法测定。评价生产岗位的五因素及其所包含的指标能较全面地体现各行业生产岗位劳动者的劳动状况,但具体到每个企业或行业而言,因生产经营情况各不相同,劳动环境和条件存在差异,所以,在进行工作评价时,需结合各自的实际情况,合理选择相应的评价指标。

(1) 劳动责任。

劳动责任是生产岗位在劳动中对经济(产量、质量)、生产(设备、消耗)、安全和管理方面承担的责任,主要反映了岗位劳动者智力的付出和心理状态。

在商品经济社会中,企业作为相对独立的商品生产者,由于客观条件和经营效果存在差异,投入等量的劳动不一定获得等量的报酬,这是因为作为按劳分配尺度的"劳"必须是实现的劳动量。所谓实现的劳动量,就是满足社会需要、被社会承认的劳动量。每个劳动者或企业是否为社会提供了劳动以及提供了多少劳动,都应根据其所提供的实现的劳动量决定。实现的劳动量越多,为社会创造的价值也就越大。反之,如果其所提供的劳动量未被实现,即使劳动量再多,也是一种无效劳动,是没有价值的。

因此,在企业围绕经营目标实现自身价值的过程中,不同岗位的劳动所处的地位、所起的作用和承担的责任的大小不同,实现的劳动量也就不同。随着生产现代化、社会化的发展,劳动者在不同劳动岗位的劳动过程中承担的责任也越来越大,这种责任不仅是岗位劳动本身的问题,而且是关系到企业整体利益的大问题。因此,劳动者的岗位在生产中的地位及对企业经济效益的影响程度,也就是劳动责任的大小,与劳动量计算密切相关。

劳动责任包括质量责任、产量责任、管理责任、安全责任、消耗责任、看管责任这6个指标。其中,生产岗位对最终产品的质量承担的责任大小为质量责任;生产岗位对最终产品的产量承担的责任大小为产量责任;生产岗位在指导、协调、分配、考核等管理工作上的责任大小为管理责任;生产岗位对整个生产过程的安全生产承担的责任为安全责任;生产岗位的物质消耗对生产成本影响的程度和承担的责任为消耗责任;生产岗位对所看管的生产设备承担的责任以及对整个生产过程的影响程度为看管责任。

(2) 劳动技能。

劳动技能是指岗位在生产过程中对劳动者素质方面的要求,主要反映岗位对劳动者智能要求的程度。它包括技术知识要求、操作复杂程度、看管设备复杂程度、品种质量难易程度、处理和预防事故复杂程度这五个指标。具体而言,分别是生产岗位知识文化水平和技术等级要求,生产岗位作业复杂程度和掌握操作所需的时间长短,生产岗位使用的生产设备的复杂程度及看管设备所需的经验和技术知识,生产岗位生产的产品品种、规格的多少和质量要求对技能水平的要求,生产岗位突发事故的频率以及生产岗位能迅速应变处理和预防突发事故的能力水平。

(3) 劳动环境。

劳动环境是指劳动者所在的劳动场所的外部环境条件,即对劳动者身心健康产生影响的各种有害因素。通过测定各种有害因素的危害程度,进而对劳动环境做出评价。劳动环境不同,在其他劳动因素不变的情况下,相同时间内所需付出的劳动消耗量是不同的。在较差的条件下,需要付出更多的劳动。

劳动环境包括接触粉尘危害程度、接触高温危害程度、接触毒物危害程度、接触噪声危害程度、接触其他有害因素危害程度这五个指标。

（4）劳动强度。

劳动强度是劳动的繁重、紧张或密集程度,取决于劳动者劳动能量消耗量的大小,包括肌肉能量和神经能量消耗量的大小。劳动强度是体力消耗、生理和心理紧张程度的综合反映。从客观效果看,劳动强度大的劳动在同样的时间内能创造较多的价值。所以,劳动强度也是影响劳动量的因素之一。

劳动强度包括体力劳动强度、工时利用率、劳动姿势、劳动紧张程度和工作班制这五个指标。具体而言,分别是生产岗位劳动者体力消耗的多少、生产岗位净劳动时间的长短（它等于净劳动时间与工作日总时间之比）、生产岗位劳动者的主要劳动姿势对身体疲劳的影响程度、生产岗位劳动者在劳动过程中生理状态呈现的紧张程度、生产岗位的轮班作业制度。

（5）劳动心理。

劳动心理指的是劳动者在社会中所处的地位和人与人之间的关系对劳动者在心理上的影响程度。它包括择业心理、择岗心理、岗位心理这三个指标。具体而言,分别是岗位劳动对劳动者择业心理的影响程度,岗位劳动对劳动者择岗心理的影响程度,岗位位置对劳动者心理的影响程度。

> 工作评价五因素：在劳动管理中,通常我们把几方面的影响综合归纳为劳动责任、劳动技能、劳动强度、劳动心理和劳动环境,这五个方面被称为工作评价五因素。从这五个方面进行工作评价,可较为全面、科学地反映岗位的劳动消耗和不同岗位之间的劳动差别。

2. 工作评价五因素的确定

在进行工作评价时,一个重要步骤就是对工作评价五因素的确定。原则上讲,影响工作评价的因素一项都不能缺少,否则对工作评价结果的准确性就会产生影响。遗漏的因素越多,因素越重要,产生的影响就越大。

（1）劳动责任、劳动技能和劳动心理因素。

对劳动责任、劳动技能和劳动心理这三因素的评价属于定性评价,主要靠专家系统评分。通过单个人的判断做出的工作评价缺乏一致性和准确性,因此,这类因素的评定结果易产生偏差,所以在进行岗位评级时经常需要设立一个专家小组;同时选择指标时,要进行反复比较筛选后再确定劳动责任、劳动技能和劳动心理的评价因素。

(2) 劳动强度因素。

由于人们所处的客观生产条件和主观状态的不同,在生产劳动过程中体力和脑力等劳动消耗也就不同,劳动强度是用来计量单位时间内劳动消耗的一个指标。单位时间内劳动力消耗的多,表明劳动强度大;反之亦反。研究劳动强度的目的就是为了确定一个合理的劳动强度,以制订合理的劳动定额,保护劳动者的安全健康,调动劳动者的积极性,提高劳动生产率。

在选择劳动强度因素之前,首先要明确劳动强度的性质、种类以及影响劳动强度的诸因素,然后应用因素分析方法,选择所需的各项指标。确定劳动强度的原则包括五个方面,分别是:确定劳动性质,确定劳动强度的种类,选择相应劳动的评价指标,优先选客观、简单易行的劳动强度指标测定方法,按照国家标准、省部标准、公司标准、参照标准等标准择优排序来选择评价标准。

(3) 劳动环境因素。

确定劳动环境因素时,首先要熟悉整个生产过程、生产工艺及生产过程中产生的有害因素,然后按有害因素对人体危害的严重程度将各因素排序;再根据国家卫生标准,综合有害因素的超标情况和暴露时间,做出最终排序。

在选择生产性有害因素时,要做到全面、准确,排序后应对选择出的所有因素进行测试。测试结果以是否超过卫生标准为界限,凡超过卫生标准为入选因素。筛选环境有害因素的原则包括六个方面,分别是:从性质上确认有害因素的性质与数量;确定测定方法和测定准则;对调查的全部有害因素进行定量化测定;将测定的结果与国家标准、国外标准、调查资料和文献报道资料进行参照对比,以国家标准为优选标准;确定生产过程是否存在有害因素;判断有害因素是否达到评价的下限。

三、工作评价指标的确定方法

选择岗位评价指标的方法有许多种,目前企业大多数都采用因素分析法,也就是从企业的实际出发,对企业生产和岗位劳动状况进行全面分析,并遵循在选择指标原则的基础上,寻找影响和决定岗位劳动状况和劳动量的所有因素,然后确定评价指标。

由前文所知,评价岗位劳动的五因素 24 个指标全面体现了各行业生产岗位的劳动状况,但具体对每个行业或企业而言,由于生产经营状况各不相同,劳动环境和条件各有差异,因此,在开展岗位评价时,应结合本身的实际情况,从中选择合适的评价指标。

目前,企业主要适用的方法有以下三种。

1. 专家调查权重法

该方法主要依据德尔菲法的基本原理,选择企业各方面的专家,采取独立填表选取权数的形式,然后将他们各自选取的权数进行整理和统计分析,最后确定出各因素、各指标的权数。总的来讲,它是一个较为科学合理的方法,集合了各方面专家的智慧和意见,并运用数理统计的方法进行检验和修正。具体步骤如下:

(1) 准备阶段。

● 确定取值范围和权数跃值。根据企业的实际情况,经过专家讨论分析,定出全部指标的取值区间和区间内的权数跃值。权数跃值是指假定的相邻权数的差异幅度。如果取值区间为[1,5],区间内跃值相差 0.25,从数理统计角度来看较为合理,其把握程度较高,从总体区间看,最重要因素比最次要因素的影响程度大 5 倍,较为可观。若 a、b、c、d、e 分别为五因素的权重,那么:$a\%+b\%+c\%+d\%+e\%=100\%$。

● 编制权重系数选取表和选取说明。

(2) 选择阶段。

● 选择专家。所选取的专家应具有代表性,权威性,具有认真负责的态度。专家人数依据企业的大小和岗位的复杂程度确定,大体上以 10~50 人为宜,并在企业内进行配额选择,即包含各方面的专家。

● 评价过程。熟悉、掌握评价标准和岗位评价过程,要求各位专家在选取权数前要有一个熟悉、掌握评级系统的过程。

● 进行选择运作。专家在慎重、仔细权衡各指标和各因素差异的基础上,独立选取,将选取结果填入权重系数选取表,见表 6-1。

表 6-1 权重系数选取表

因素	指标	指标权重体系	因素权重体系	因素	指标	指标权重体系	因素权重体系
劳动责任	质量责任			劳动环境	粉尘、噪声		
	产量责任				高温、毒性		
	管理责任				其他		
	安全责任			劳动强度	体力劳动强度		
	消耗责任				工作利用率		
	看管责任				劳动姿势		
劳动技能	知识要求				劳动紧张程度		
	操作复杂程度				工作班制		
	看管设备复杂程度			劳动心理	择业心理		
	品种质量难易程度				择岗心理		
	处理、预防事故复杂程度				岗位位置		

(3) 处理阶段。

对各位专家的选取结果采用加权平均的方法进行处理,可得出最后结果。

2. ABC 分类权重法

该方法是根据"重要的少数和次要的多数"的基本原理确定各因素权数的简便方法,

也是在管理统计分析中常用的主次因素分析法。将指标体系中的所有因素按其重要程度和对岗位劳动量的影响程度进行分类排序,然后对各类因素分别赋予不同的权重。具体步骤包括排队阶段、分类阶段、权重设定阶段。详细情况如下:

(1) 排队阶段。首先对各因素进行分析,然后根据企业岗位劳动的特点和各因素对岗位劳动量的影响程度及其重要程度,将全部因素按重要性依序排列。

(2) 分类阶段。将全部因素划分为主要因素 A、次要因素 B 和一般因素 C 三类。分别占全部因素的 10% 左右、20% 左右和 70% 左右。

(3) 权重设定阶段。根据因素分类结果,即可对 A、B、C 三类因素赋予 3、2、1 的不同权数。

总之,对于各因素权数和各指标权数的确定,应根据企业类型、生产的结构和特点慎重确定。一般而言,机器设备先进、技术水平要求较高的技术密集型的加工业、机械制造业,其劳动技能方面的指标权重应大些;而对于综合性的企业,可根据实际情况或需要而突出某一重点或部分,并进行全面考虑,保持基本平衡。

3. CRG 方法

CRG 方法是从瑞士的国际资源管理集团(CRG)引进的方法。在引进的这套 CRG 管理模式中,对工作评价以及工作评价中所涉及的评价标准提出了一系列指标。CRG 模式中一共有七项评价标准,见表 6-2。

表 6-2 岗位"七项标准"评估表

序号	指标	说明
1	组织影响力	在企业中起什么作用,对企业的影响有多大
2	监督管理	管理多少个部门,管理多少人,管理什么样的岗位
3	解决问题的难度	是不是需要很强的创造性
4	工作复杂性	要求什么样的学历,要什么样的经验
5	责任范围	独立性如何,责任的广度和宽度有多大
6	沟通技巧	交往频度如何,技巧难度有多大
7	环境条件	工作环境是怎么样的,是什么样的工作条件

CRG 方法的优点是考虑问题比较全面。但是,由于它是从西方引进的,与中国的国情以及中国企业内部的结合还存在着一些问题,主要表现在有些指标选取比较困难。为此,很多专家在从西方引进的 CRG 方法的七项指标的基础上,结合我国的国情,对其进行了修正,把指标调整成五个,即组织影响力、工作责任范围、监督管理范围、任职资格、条件以及工作环境。经过企业的试用,效果还是比较好的。

(1) 组织影响力。

如图 6-1 所示,横坐标是职位。横坐标按照职位排,从低层开始,如工厂、分公司、总公司、集团公司,然后是工人、班组长、科员、中层干部、工厂领导……一直到集团公司领导。

纵坐标是影响力。纵坐标分成三个等级:第一个等级是生产、市场、技术和质量(在这家企业里,首先是生产,其次是日常的市场运作,第三是技术的研发,第四是质量的管理,所以将它们列成一级);第二个等级是一般的业务管理,如财务管理、人力资源管理、审计、企业管理和策划等;第三个等级是行政、后勤,如档案管理和其他一些服务部门或者辅助部门的工作。

通过这样的坐标系,就可以确定各级人员的位置和分数。一般满分是100分,依次往下降,最低可能是10分。

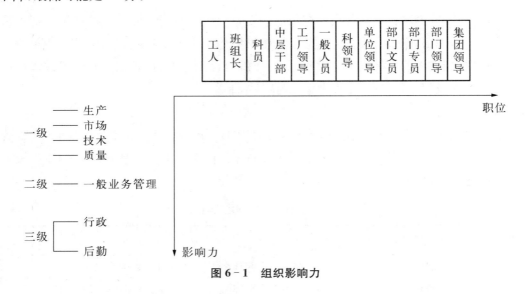

图 6-1 组织影响力

(2) 监督管理范围及工作责任范围。

监督管理范围和工作责任范围指标的结构如表 6-3 所示。

表 6-3 监督管理范围和工作责任范围结构表

指　标	横　坐　标	纵　坐　标
监督管理范围	按照职位排列(与组织影响力相似)	直接管理的人数,或者直接管理和间接管理的合计人数
工作责任领域	职　位	责任范围: 最低:领导一个班组 再高一级:负责一个部门 再高一级:负责整个部门 再高一级:负责多个部门 最高一级:集团公司的领导

(3) 任职资格、条件和工作环境、条件。任职资格、条件通常只确定两项内容:一是学

历,二是经验。通过学历和经验确定相应分值。其他任职资格和条件难以量化,比如能力就很难量化。工作环境、条件很恶劣,分数就很高,将来制定工资的时候就应该相应提高些(见表6-4)。

表6-4 任职资格、条件和工作环境、条件结构表

指 标	横 坐 标	纵 坐 标
任职资格与任职条件	学历: 　高中、职高 　大专 　本科 　硕士 　博士	经验: 　1年以下 　1～2年 　2～4年 　5～10年 　10年以上
工作环境与工作条件	岗位:从低到高	条件: 　第一档:工作条件最好,基本在室内,因而得分最低 　第二档:经常出差 　第三档:在外地工作 　第四档:在车间工作,噪声大,劳动量大 　第五档:在车间工作,接触化学药品甚至接触有毒有害气体

修正的CRG方法囊括了CRG方法的七项内容,根据中国企业的特殊情况做了整合,划分比较细,内容更具体,打分的时候很容易操作。CRG方法和修正的CRG方法适用于高科技企业或者室内工作比较多的企业。然而,对劳动密集型的企业,工人主要在车间工作或者主要在野外工作,那么,CRG方法就不太适用。那么,对于这种情况,可采用前文所介绍的ABC分类权重法。

学习资料6-1

职位评价指标的确定

对于每个行业或企业而言,由于生产经营情况各不相同,劳动环境和条件各有差异,因此,在开展职位评价时,应结合本身的实际情况,从中选择合适的评价指标。

一、某棉纺厂选用16项指标评价其工人的工作岗位

这些指标是:(1)技术知识要求;(2)操作复杂程度;(3)看管设备复杂程度;(4)品种质量难易程度;(5)处理停台及预防疵品复杂程度;(6)劳动紧张程度;(7)劳动负荷;(8)工时利用率;(9)劳动姿势;(10)工作班制;(11)噪声;(12)温湿度;(13)粉尘;(14)其他因素;(15)质量责任;(16)产量责任。

> 二、某钢铁公司选用18个指标评价其职位工人的劳动
>
> 这些指标为：(1)技术知识要求；(2)操作复杂程度；(3)看管设备复杂程度；(4)品种质量难易程度；(5)经验；(6)劳动紧张程度；(7)劳动负荷；(8)工时利用率；(9)劳动姿势；(10)工作班制；(11)噪声；(12)温湿度；(13)粉尘；(14)工作场地差异；(15)危险性；(16)监督责任；(17)指标责任；(18)安全责任。
>
> 三、某水泥厂选用22个指标评价其工人的职位
>
> 这些指标是：(1)质量责任；(2)产量责任；(3)看管责任；(4)安全责任；(5)消耗责任；(6)管理责任；(7)技术知识要求；(8)操作复杂程度；(9)看管设备复杂程度；(10)品种质量难易程度；(11)处理预防事故复杂程度；(12)体力劳动强度；(13)工时利用率；(14)劳动姿势；(15)劳动紧张程度；(16)工作班制；(17)粉尘；(18)噪声；(19)高温；(20)辐射热；(21)其他有害因素；(22)人员流向。其他有害因素包括毒物、高处作业和露天作业。
>
> 资料来源：高艳、靳连科编，《工作分析与职位评价》，西安交通大学出版社，2006年。

第三节　工作评价的操作方法

工作评价的方法有很多种，有的简便易行，有的较为复杂，不同的评价方法有其各自的特点。组织在工作评价方法的选择上，应该根据其自身的组织现状和需要进行。总的来说，常用工作评价的方法有排序法、分类法、要素计点法、因素比较法。

一、排序法

1. 排序法的概念及分类

（1）排序法的定义。

排序法也称序列法或部门重要次序法，是工作评价中使用较早的一种较为简单的评价方法，同时也是最易于理解的。它是指由经过培训的有经验的评价者，依据对工作所承担的责任、困难程度等基本情况的了解，比较每两个职位之间的级别关系，从而对各职位的重要性做出判断，并根据职位相对价值大小，按升值或降值顺序排序来确定职位等级的一种工作评价方法。应当注意的是，简单排序法将工作视为一个整体考虑。

（2）三种常用的排序方法。

● 简单排序法。简单排序法是一种最为简单的职位评价方法。职位评价者只需要

根据自己在工作中长期积累的经验,通过主观判断的方法,对工作的相对价值进行排序,具体步骤如下:

一是将被评价职位的名称分别写在卡片上,将所有卡片放在 A 公文筐中;二是在 A 公文筐中任意选取两张卡片进行比较,选取两者中较好的,并将较差的一个放到 B 公文筐中;三是再从 A 公文筐中抽取一张卡片,将其与手中较好的那张卡片进行比较,取出其中较差的一张放入 B 公文筐中;四是重复上一步骤,直到将 A 公文筐中的卡片都比较完为止。那么,最后握在手中的卡片就是价值最高的工作;五是再从 B 公文筐中任意取出两张卡片进行比较,并重复第 2~4 的步骤,直到将每个公文筐中价值最高的职位都选出来为止。

例如,某部门有六个职位,分别是经理、副经理、策划、营销、文秘、内勤。利用简单排序法我们可以进行以下操作:首先,从六个职位中选出相对价值最高的工作,即经理。再从剩下的五个职位中选出相对价值最高的工作,即副经理。并以此类推,完成对该部门所有职位的排序,如表 6-5 所示。

表 6-5 简单排序比较

职 位 序 列	被 选 择 顺 序	工 作 名 称
1	1	经理
2	2	副经理
3	3	策划
4	4	营销
5	5	文秘
6	6	内勤

为了避免评价者的主观偏见,我们可以将整个程序再重复一遍。但是,两两比较的结果是选择较差的卡片留在手中,最后会得到一个从低到高的工作排序顺序。从理论角度讲,如果两次评价的过程都是客观的,那么这种相反的程序也应该得到相同的排列,但如果有差异的话,就要进一步进行比较。

● 轮流排序法。轮流排序法也称交替排序法,它是简单排序法的进一步延伸。可以依据以下操作步骤进行:一是评价者先在所有职位中判断出价值最高的一个,并将职位名称写在另一页纸的第一行,然后将原来那页纸上的工作名称划掉;二是再判断所有职位中价值最低的一个,同样将它的职位名称从原来那页纸上划掉,将职位名称写在另一页纸上的最后一行;三是依法效仿,在从剩下的职位中选出价值最高的职位和最低的职位,整个过程一直持续到所有职位都进行了排序为止。

在上例中使用轮流排序法则会出现下列过程:首先在六个职位中选出价值最高的职位"经理"以及价值最低的职位"内勤"。再从剩下的四个职位中选出价值最高和最低的职位。以此类推,其排序结果如表 6-6 所示。

表6-6 轮流排序比较

职 位 序 列	被 选 择 顺 序	工 作 名 称
1	1	经 理
2	2	副经理
3	3	策 划
4	4	营 销
5	5	文 秘
6	6	内 勤

● 配对比较排序。将所有要比较的职位,分别列在表格的各行和列中,这种表格就是配对比较排序表。表6-7提供了一个配对比较排序表的例子,对其中所有的职位都进行了比较。

表6-7 配对比较排序

职位名称	经 理	副经理	策 划	营 销	文 秘	内 勤	总分数
经 理		2	2	2	2	2	10
副经理	0		2	2	2	2	8
策 划	0	0		1	2	2	5
营 销	0	0	1		1	2	4
文 秘	0	0	0	0		2	2
内 勤	0	0	0	0	0		0

还是依据上例,现将六个职位横竖排列于表6-7中,把每个职位与其余五个职位逐一比较,并做出价值更高、价值近似、价值较低的判断。当行的职位与列的职位相比,判断为价值更高时,就在行和列交叉的空白处做"2"记号;判断为价值近似时,做"1"的记号;判断为价值较低时,做"0"的记号。最后在表中"总分数"一栏中加总,计算出每个职位的最后得分,得分最高的职位对组织的价值贡献度也最高。

经过配对比较后,各职位在比较中所获得的总分数决定了各职位等级排列的先后,如表6-8所示。

表6-8 职位相对价值排序

总 分 数	职 位 名 称	职位相对价值次序
10	经 理	1
8	副经理	2
5	策 划	3

续　表

总　分　数	职　位　名　称	职位相对价值次序
4	营　销	4
2	文　秘	5
0	内　勤	6

2. 排序法的实施步骤

（1）获取与职位有关的信息。与职位有关的信息是通过工作分析获得的，依据下列要素对各个职位进行分析，包括：工作责任，工作难度，与其他工作之间的关系，从事工作所需的知识、技能及经验，工作条件等。并将工作分析的结果制成工作说明书。

（2）成立职位评估委员会。通常对职位的排序需要把多个评估者的意见进行汇总整合。职位评估委员会中一般包括任职者的代表和管理人员代表，必要时可以邀请外部的专家进行评估。

（3）选定参与排序的职位。当组织中的职位比较少的时候，可能就不需要进行选择，直接对所有职位进行排序，但是如果组织中的职位较多，那么就不可能对所有的职位一一进行排序，而是要选择一些关键性的职位作为基础职位。首先对这些基础职位进行排序，最后可以将其他职位往相近似的职位上靠，或者与这些基础职位进行比较。

（4）对排序的标准达成共识。尽管职位排序的方法主要是根据职位的整体价值进行排序，但也需要参与评估的人员对什么样的值作为整体价值更高达成共识。

（5）职位排序。由职位评价委员会的全体委员分别根据工作说明书，利用上述三种方法，将职位按照难易程度或贡献大小进行排序，确定职位顺序。

（6）结果汇总。由于排序法是一组职位评价者相对独立进行的工作，所以为了确定最终的职位序列，就要根据全体评价者个人评定的结果，进行加权平均以确定最终的职位序列。

3. 排序法的优缺点

（1）排序法的优点。

● 在理论上与计算上简单易行，因而可以很快地建立起一个新的职位等级。

● 由于每个职位是作为一个整体进行比较的，不需要对各工作任务加以分解定级，因此在操作上较为简单，只要是对所评价职位较熟悉的人都可以参加。因此，这种方法容易在职位数量不多的单位中获得相当满意的评价结果。

● 排序法虽然不是很精确，但操作简单，特别适合于小型组织或部门内部的职位评价。一般来讲，如果评价者能够通过日常的工作熟悉他们要评价的工作内容，那么这种方法就可以提供符合实际的职位等级。

（2）排序法的缺点。

● 它只确定职位的序列，不能确定所排序的职位之间的相对价值。因为排序法基本采用非解析的整体价值比较法。因此，它一般不需要将工作内容划分为若干评价因素进行比较，也就是无法描述被比较的职位之间的差异程度。因此，对于某些相对价值比较接近的职位，虽然可以用排序法进行区分，但可能由于评价者主观性的作用，只能定性地对职位价值进行说明或解释，而不能提供更加量化的指标作为比较依据，因此，评价结果不具有说服力。如同一组织中总监和助理的职位价值可以很容易地进行排序，但总监与助理的价值比率是多少则难以用排序法做出回答。由于这一缺点，职位等级和薪酬标准不可避免地要受到评价者个人品质的影响。

- 不易找到熟悉所有职位的评价者，各评价者评定结果有时差异很大，容易导致错误。
- 在规模较大的组织中使用很耗时费力，因为所需比较的次数将随所要评价的职位数的增加而成倍增长。

> 排序法也称序列法或部门重要次序法。这是指由经过培训的有经验的评价者，依据对工作所承担的责任、困难程度等基本情况的了解，比较每两个职位之间的级别关系，从而对各职位的重要性做出判断，并根据职位相对价值大小，按升值或降值顺序排序来确定职位等级的一种工作评价方法。

二、分类法

分类法是排列法的改革，又称归级法。它是在工作分析的基础上，采用一定的科学方法，按岗位的工作性质、特征、繁简难易程度、工作责任大小和人员必须具备的资格条件，对企业全部（或规定范围内）的岗位所进行的多层次的划分，即先确定等级结构，然后再根据工作内容对工作岗位进行归类的一种工作评价法。

这种方法最关键的一项工作是确定等级标准。各等级标准应明确反映出实际上各种工作在技能、责任上存在的不同水平。在确定不同等级标准之前，要选择出构成工作基本内容的基础因素，但如何选择因素或选取多少则依据工作性质来决定。在实际测评时，应注意不能把岗位分解成各构成要素，而是要作为整体进行评定。岗位分类与企业单位以外的职业分类标准存在密切的联系。各类职业分类标准是以企业单位、国家机关岗位分类为基础制定的。一旦这类标准建立之后，企业单位在进行岗位分类时，便可依据、参照或执行这类标准。

1. 分类法的具体操作步骤

（1）工作分析。

和其他方法一样，工作分析是基础的准备工作。由企业内的专门人员组成评定小组，收集各种有关的资料、数据，写出调查报告。

（2）工作分类。

按照生产经营过程中各类岗位的作用和特征，首先将全部岗位划分为若干个大类。然后在划分大类的基础上，按每一大类中各种岗位的性质和特征，划分为若干中类。最后，再根据每一中类反映岗位性质的显著特征，将岗位划分为若干小类。

(3) 建立等级结构和等级标准。

由于等级的数量、结构与组织结构有明显的关系，因此这一步骤比较重要和复杂。它包括以下三个方面。

● 确定等级数量。等级的数量取决于工作性质、组织规模、功能的不同和有关人事政策。不同企业可以根据各自的实际情况，选择一定的等级数量，在这方面并没有统一的规定和要求。但是，无论是对单个职务还是组织整体都要确定等级数量。

● 确定基本因素。通过这些基本因素测评每一职位或工作岗位的重要程度。当然，不同的机构选择的因素也不同，应根据实际情况灵活处理。

● 确定等级标准。因为等级标准为恰当区分工作重要性的不同水平以及确定工作评价的结果提供了依据，所以它是这一阶段的核心。在实际操作中，一般是从确定最低和最高的等级标准开始的。

(4) 岗位测评和列等。

确定等级标准后，就根据这些标准对岗位进行测评和列等，将工作说明书与等级标准逐个进行比较，并将工作岗位列入相应等级，从而也评定出不同系统、不同岗位之间的相对价值和关系。对小企业来说，分类法的实施相当简单，若应用到有大量工作岗位的大企业，则会变得很复杂。

2. 分类法的优点

(1) 比较简单，所需经费、人员和时间也相对较少。在工作内容不太复杂的部门，这种方法能在较短的时间内取得满意的结果。

(2) 由于等级标准都参照了制定因素，使其结果比排列法更准确、更客观。当出现新的工作或工作发生变动时，按照等级标准很容易确定其等级。

(3) 由于等级的数量以及等级与组织结构之间的相应关系在各个工作列等之前已经确定下来，因此采用分类法分出的等级结构能如实反映组织结构的情况。

(4) 应用起来比较灵活，适应性强，为劳资双方谈判解决争端留有余地。

3. 分类法的缺点

(1) 由于确定等级标准上的困难，对不同系统的岗位评比存在着相当大的主观性，从而导致许多难以定论的争议。

(2) 由于等级标准常常是知道分类结果之后才能被确定，从而影响了评定结果，使其准确度较差。

> 分类法是排列法的改革，又称归级法。它是在工作分析的基础上，采用一定的科学方法，按岗位的工作性质、特征、繁简难易程度、工作责任大小和人员必须具备的资格条件，对企业全部（或规定范围内）的岗位进行的多层次的划分，即先确定等级结构，然后再根据工作内容对工作岗位进行归类的一种工作评价法。

三、要素计点法

要素计点法也称点数法,是对各种工作评定点数,以取得各工种的相对工作价值,并据以定出工资等级的一种技术方法。企业类型、工资制度和形式决定了采用何种计点法。英国、美国等西方国家多采用500点计点法,我国多采用600点计点法。各种因素(工作因素)的百分比也视企业类型而不同。一般来说,美国较为普遍的分配比例是:智能占50%左右,责任占20%左右,体能和工作环境各占15%。但是,近年来随着自动化和技能化的发展,比例有所变动,需要企业根据实际需要进行调整、确定。下面介绍美国的一些纺织企业在工作评价中对点数法的运用。

1. 工作因素分类

可以把工作绩效按三大因素分类——个人条件、工作类别和工作环境、工作责任,亦可以分为四大类——智能、责任、体能和工作环境。分类后,根据需要将这些因素随工种进行划分,取出包括高、中、低三个工资层次的10~15个工种,求出各类因素比重的平均差。例如,在美国纺织业中,个人条件占40%,工作类别和工作环境各占15%,工作责任占30%,据此作为工作价值的评价起点(如表6-9所示)。

表6-9 工作因素及其分类

工 作 因 素		百分比	合计(100%)
个人条件	专业知识	10	40
	工作熟练期	10	
	技术	10	
	主动性和灵活性	10	
工作类别	脑力强度	5	15
	体力强度	10	
工作环境	工作场所	10	15
	危险性	5	
工作责任	材料消耗和产品生产	10	30
	设备使用、保养	10	
	他人安全	5	
	他人工作	5	

2. 因素分级与点数配置

将工作因素分为五个等级,将500个点置于各等级工作因素中(见表6-10)。在运用点数法时,要力求对评价因素的定义清晰、简明,每一等级的分级界限也要清楚划分。

表 6-10 工作因素分级和点数配置

工作因素		5级	4级	3级	2级	1级
个人条件	专业知识(10%)	50	40	30	20	10
	工作熟练期(10%)	50	40	30	20	10
	技术(10%)	50	40	30	20	10
	主动性和灵活性(10%)	50	40	30	20	10
工作类别	脑力强度(5%)	25	20	15	10	5
	体力强度(10%)	50	40	30	20	10
工作环境	工作场所(10%)	50	40	30	20	10
	危险性(5%)	25	20	15	10	5
工作责任	材料消耗和产品生产(10%)	50	40	30	20	10
	设备使用、保养(10%)	50	40	30	20	10
	他人安全(5%)	25	20	15	10	5
	其他工作(5%)	25	20	15	10	5

3. 工作定义及分组

企业对每一个工种的工作内容都要有详细具体的规定,并形成文字和说明书,包括应完成的工作、操作机器类型、体力脑力劳动的程度、工作环境、工作潜在危险及劳动保护等,内容越详尽、具体,分级偏差越少,评价越明确。

4. 工作等级与点数配置

根据点数法原则,点数相同的工作者工资报酬相同,因此,必须对不同级别的工作值加以区分。例如,将满分定为 500 点,将工作值分为 10 个等份,等份之差均为 25 点,点数越少者,等级越低,第一等为 149 点以下,第 10 等为 357 点以上(如表 6-11 所示),对工作因素的分类、分级、评定点数的最终目的,是评定出该项工作完成以后可以获得多少报酬和工资收入。有两种薪酬收入的分配方式:一种是确定工作等级和点数之后,制定相应的工资率,按级别决定每项工作的工资;还有一种方法是经过市场调查以后,获得市场工资率,然后决定每项工作的货币工资额。后一种方法比较先进,也比较合理,但实施起来难度较大,成本较高。

表 6-11 工作等级的点数分布

等级	点数	等级	点数
1	149 以下	6	254~279
2	150~175	7	280~305
3	176~201	8	306~331
4	202~227	9	332~357
5	228~253	10	357 以上

5. 工资市场调查及市场工资率

工资市场调查的直接目的是为确定企业员工工资的总额和结构提供参考,间接目的是为了防止企业之间员工工资收入差异过大,不利于企业之间的竞争。根据英国的一项调查,约有71%的企业是通过与别的企业进行非正式的交流获得一些比较可靠的收入信息的,有22%的企业对其他企业进行正式的工资问卷调查,有55%的企业通过报纸和广告得知可比性的工资信息,还有1/3的企业通过就业调查机构决定企业员工的工资水平,等等。这说明,企业对员工的收入分配主要采用或者参考了市场工资率。

> 要素计点法也称点数法,是对各种工作评定点数,以取得各工种的相对工作价值,并据以定出工资等级的一种技术方法。

四、因素比较法

1. 因素比较法的含义

尤金·本基(Eugene Benge)于1926年发明了工作评价的因素比较法,用以克服他认为的点数法存在的不足。因素比较法(Factor Comparision Method)与点数法是相似的,但它使用货币尺度而不是计点尺度。与使用点数法一样,使用因素比较法要选择关键工作;而且,在所评价的所有工作中,所选关键工作的工资率合理,公平是绝对必要的,然后再识别指标因素,就像使用点数法一样。

因素比较法是一种量化的工作评价技术,它所用到的报酬要素比其他方法更多。实际上,我们可以将因素比较法称为一种比较复杂的排序法。在一般排序法中,通常是把每个职位视为一个整体,并根据某些总体指标来对职位进行排序;而在因素比较法中则要多次选择报酬要素,并据之分别对职位进行多次排序,最后则要把每个职位在各个要素报酬上的得分通过加权得出一个总分,然后得到一个总体职位序列分。

由于因素比较法能给出各工作进行比较后的相对量化价值,因此,它被广泛应用于各类不同的组织当中,许多人力资源咨询机构致力于因素比较法的研究,为不同组织建立了各具特色的因素比较体系。

2. 因素比较法的实施步骤

(1) 收集工作信息,确定评价因素。

从各个角度收集与工作有关的信息,包括工作说明书、工作日志、相关制度规定,还可以通过访谈、现场写实的方式,对工作的实际操作状况加以了解,对所收集的工作信息进行汇总整理,并提炼出能够涵盖各职位的评价因素。职位评价因素一般包括脑力、技能、体力、责任和工作条件五项。当然,组织也可以根据自身需求以及工作特点从其他角度设立评价因素。

(2) 确定标杆职位。

选择若干具有广泛代表性的,并且现行薪酬比较合理的工作岗位。标杆职位的数量一般为 15~30 项工作,其他职位的价值可以通过与这些典型职位之间的报酬要素比较得出。

(3) 在每一因素上给标杆职位排序。

将标杆职位按照在各因素上的相对重要性进行排序,形成标杆职位分组表。例如,某组织选取 A、B、C、D、E、F 六项工作作为标杆职位。在工作条件上,D 工作环境最为恶劣,F 工作环境最为舒适,其余工作分布期间,那么在工作条件这个评价因素上的排序,工作条件由好到坏依次为 F、C、A、B、E、D。

(4) 对标杆职位的工资率在每一因素上分解并排序。

将各标杆职位的现行薪酬,按前面确定的五项因素予以适当的分配。评价小组的成员要根据自己的判断来决定,在每一个典型职位中,不同的报酬要素对于此职位的共享大小是多少,然后根据事先确定的典型职位的薪酬水平来确定典型职位内部每一报酬要素的价值。由于评价者在职位评价过程中完全独立进行,因此,不同的职位评价者对统一标准工作在各因素上的工资分解就会出现分歧。为解决这一问题,我们就要汇总所有评价结果,并利用均值法最终确定某一工作在各评价因素上的工资率。例如,假设 A 职位的现有薪酬水平为每小时 8 元,对工作 A 的工资分解如表 6-12 所示。

表 6-12 工作 A 的工资分解

评价者	脑力（元）	技能（元）	体力（元）	责任（元）	工作条件（元）	先行工时数（元/小时）
评价者 A	0.4(5%)	1.2(15%)	2.4(30%)	1.2(15%)	2.8(35%)	8.0(100%)
评价者 B	0.8(10%)	0.8(10%)	3.2(40%)	0.8(10%)	2.4(30%)	8.0(100%)
评价者 C	0.8(10%)	1.2(15%)	2.4(30%)	0.4(5%)	3.2(40%)	8.0(100%)
合计(A+B+C)	0.67(8.33%)	1.06(13.33%)	2.67(33.3%)	0.8(10%)	2.8(36%)	8.0(100%)

(5) 根据每个典型职位内部的每一报酬要素的价值来分别对职位进行多次排序。

(6) 比较两套排序,排除无法使用的职位。

现在,对每个典型职位都存在两种排序方案:第一种是根据步骤三得出的最初排序方案,它表明根据五种报酬要素在不同职位中的价值最低,对各职位进行笼统排序的结果;第二种是由步骤五得出的排序结果,它通过运用薪酬水平数据来定量地反映每种报酬要素在各典型职位的薪酬水平决定中所具有的重要性大小。看两次排序中标杆职位在各因素上的顺序是否一致,如某个典型职位出现两次排序位置不一致的情况,表明这个典型职位并不是真正的基准职位,因此,该职位不能作为典型职位来使用,则将其删除。

（7）按照分配给每一因素的工资率将标杆职位排序。

按照标杆职位工资分解表，将标杆职位在各因素上进行排序，并编制因素比较尺度表。首先，将一定的小时工资数额列入表格第一列，再依照某一标杆职位的工资分解表在因素比较尺度表中找到相应的位置。例如，工作 A 在脑力因素上分解的工资率为 0.67 元/小时，其在因素比较尺度表中的位置就为脑力因素与工资为 0.7 元/小时的交叉点（见表 6-13）。

表 6-13 因素比较尺度

工资（元/小时）	脑力	技能	体力	责任	工作条件
0.7	工作 A				
0.8			工作 D	工作 A	
0.9			工作 E		
1.0	工作 B		工作 F		工作 F
1.1		工作 A			
1.2			工作 C		
1.3					
1.4					
1.5				工作 B	
1.6					
1.7					
1.8	工作 C				
1.9					
2.0		工作 B			工作 E
2.1					
2.2					
2.3				工作 D	
2.4					工作 C
2.5		工作 B			
2.6					
2.7	工作 D		工作 A		
2.8					工作 A
3.0				工作 C	工作 B
3.5		工作 D			
3.6		工作 C			

续 表

工资(元/小时)	脑 力	技 能	体 力	责 任	工作条件
4.0					
4.2	工作 E				
4.5		工作 E		工作 E	
5.0					
5.5					
5.9					工作 D
6.0	工作 F	工作 F		工作 F	

(8) 使用因素比较尺度比较所有其他工作。

将标杆职位以外的各职位逐项与刚建立起来的标杆职位因素比较尺度表相比较。这一步是按要素判定与标杆职位最类似的每项工作，求得该项工作的相应位置，并查出各项因素薪酬，再将各项因素薪酬相加，而得出该项工作的薪酬。例如，工作 X 在脑力因素上与工作 D 相似，在节能因素上与工作 E 相似，在体力因素上与工作 C 相似，在责任因素上与工作 D 相似，在工作条件上与工作 B 相似。对应因素比较尺度表中各标杆职位的位置，我们就可以知道工作 X 在每个因素上的位置及工资率，从而计算出该项工作的小时工资率。工作 X 的小时工资率为 $2.7+4.5+1.2+2.3+3.0=13.7$ 元/小时。

3. 因素比较法的优缺点

(1) 因素比较法的优点。

● 提取各种不同工作中的相同因素，并加以比较，然后再将各种因素相对应的薪酬累计起来。这种方法不仅使不同的工作之间更具可比性，也使得对各种不同工作的评价更为公平。

● 在这种方法常用的五个因素中，准确地概括了工作的各个方面，因此，很少有重复的可能性，这样就可以简化评价工作，使得职位评价结果更为精确。

(2) 因素比较法的缺点。

● 所比较的五个因素定义比较含糊，使用范围比较广泛但不够精确。

● 由于有薪酬尺度的存在，势必受现行薪酬的影响，很难避免不公平现象。

● 这种方法实施起来比较困难，因为在排列代表性工作顺序时，两端工作虽容易决定，但中间部门比较难安排。

● 一个或更多的代表性工作的职责可能变更或责任加重，这样会使这些代表性工作失去代表性的作用。

● 由于这种方法建立工作比较尺度的步骤比较复杂，因此难以向所有员工说明。

五、海氏工作评价系统

海氏工作评价系统是点数法和因素比较法的一个很好的结合,它是由美国薪酬专家艾德华·海于1951年开发出来的一套工作评价体系,特别适合于对管理类和专业技术类工作职位进行评价。实际上,海氏工作评价系统也是一种点数方法,它与点数方法的主要区别在于海氏工作评价系统所使用的评价因素是确定的。该系统认为有三种应该给予评价的因素:技能、解决问题的能力以及风险责任。在技能中包括三个子因素,在解决问题的能力中包括两个子因素,在风险责任中包括三个子因素。但是,在工作评价过程中只确定技能、解决问题的能力和风险责任的点数,因此这三种因素也被称为海氏因素。

1. 海氏评价系统的三个评价要素

海氏评价系统实质上是一种评分方法,根据这个系统,所有职位所包含的最主要的付酬因素有三种,即技能技巧、解决问题的能力和承担的职位责任。每一个付酬因素又细分为数量不等的子因素。具体如表6-14所示。

表6-14 海氏工作评价系统中的评价因素

因素	因素解释	子因素	子因素解释
技能技巧	工作所需要的专门知识和实际应用技能	专业知识技能	有关科学知识、专门技术和实际方法
		管理诀窍	计划、组织、执行、控制、评估的能力与技巧
		人际技巧	沟通、协调、激励、培训、关系处理等技巧
解决问题的能力	在工作中发现问题、分析诊断问题、提出对策、权衡和评估、做出决策等	思维环境	任职者在什么样的思维环境中解决问题,是有明确的既定规则,还是只有一些抽象的规则
		思维难度	任职者解决问题的难度和对创造性的要求,是不需要创造性、按照老规矩办事,还是需要解决没有先例可循的问题
承担的职位责任	主要指任职者的行动对最终结果可能造成的影响及承担责任的大小	行动的自由度	任职者自主地做出行动的程度,是完全需要按照既定的规范行动,还是在没有明确规范的情况下行动
		对结果的影响	对工作结果的影响是直接的还是间接的
		财务责任	财务上能决定多少金额的运用

(1) 技能技巧。

技能技巧是工作所需要的专门知识和实际应用技能,它由以下三个子因素组成。

● 专业知识技能。有关科学知识、专门技术和实际方法,用来反映工作承担者的教育背景和工作经验的要求。该子系统分为八个等级,从基本的技能到权威专门技术的技能。详见表6-15。

表 6-15　专业知识技能的等级划分说明

等级	说明
基本的	熟悉简单工作程序
初步业务的	能同时操作多种简单的设备以完成一个工作流程
中等业务的	熟悉掌握一些基本的方法和工艺,具有适用专业设备的能力
高等业务的	能应用较为复杂的流程和系统,此系统需要应用一些技术知识
基本专门技术	对涉及不同活动的实践相关的技术有相当的理解,或者对科学的理论和原则基本理解
熟悉专门技术	通过对某一领域的深入实践而具有相关知识,并且掌握了科学理论
精通专门技术	精通理论、原则和综合技术的专家
权威专门技术	在综合技术领域成为公认的专家

● 管理诀窍。为达到要求绩效水平而需要的计划、组织、执行、控制、评估的能力与技巧。该子系统分为五个等级,从"基本的"到"全面的"。详见表 6-16。

表 6-16　管理诀窍的等级划分说明

等级	说明
基本的	仅关注活动的内容和目的,而不关心对其他活动的影响
相关的	决定部门各种活动的方向、活动涉及几个部门的协调等
多样的	决定一个大部门的方向或对组织的表现有决定性的影响
广博的	决定一个主要部门的方向,或对组织的规划、运作有战略性的影响
全面的	对组织进行全面管理

● 人际技巧。该职位所需要的沟通、协调、激励、培训、关系处理等方面的活动技巧。该子系统分为三个等级,分别是"基本的""重要的"和"关键的"。详见表 6-17。

表 6-17　人际技巧的等级划分说明

等级	说明
基本的	多数岗位在完成工作时均需基本的人际沟通技巧、要求在组织内与其他员工进行礼貌和有效的沟通,以获取信息和澄清疑问
重要的	理解和影响他人是此类工作的重要要求,此种能力既要理解他人的观点,也要有说服力以影响行为和改变观点或者改变处境,对于安排并督导他人工作的人,需要此类的沟通能力
关键的	对于需要理解和激励他人的岗位,需要最高级的沟通能力。需要谈判技巧的岗位也属此等级

（2）解决问题的能力。

解决问题的能力是指在工作中发现问题、分析诊断问题、提出对策、权衡和评估、做出决策等的能力，它由两个子因素组成。

● 思维环境。任职者在何种思维环境中解决问题。该子因素共分八个等级，具体等级划分见表6-18。

表6-18 思维环境的等级划分说明

等 级	说 明
高度常规性的	有非常详细和精确的法规和规定做指导并可获得不间断的协助
常规性的	有非常详细的标准规定并可立即获得协助
非常规性的	有较明确定义的复杂流程，有很多的先例可参考，并可获得适当的协助
标准化的	有清晰但较为复杂的流程，有较多的先例可参考，可获得协助
明确规定的	对特定目标有明确规定的框架
广泛规定的	对功能目标有广泛规定的框架，只是某些方面有些模糊、抽象
一般规定的	为达成组织目标和目的，在概念、原则和一般规定的原则下思考，有很多模糊、抽象的概念
抽象规定的	依据商业原则、自然法则和政府法则进行思考

● 思维难度。解决问题对任职者创造性思维的要求。该子因素共分五个等级，具体等级划分见表6-19。

表6-19 思维难度的等级划分说明

等 级	说 明
重复性的	特定的情形，仅需要对熟悉的事情作简单的选择
模式化的	相似的情形，仅需要对熟悉的事情进行鉴别性选择
中间型的	不同的情形，需要在熟悉的领域内寻找方案
适应性的	变化的情形，要求分析、理解、评估和构建方案
无先例的	新奇的或不重复的情形，要求创造新理念和富有创意的解决方案

（3）承担的职位责任。

承担的职位责任主要是指任职者的行动对最终结果可能造成的影响及承担责任的大小。该因素共由三个子因素构成。

● 行动的自由度。指任职者自主地做出行动的程度，该子因素包含九个等级。详见表6-20。

表 6-20 行动的自由度的等级划分说明

等级	说明
有规定的	此岗位有明确的工作规程或者有固定的人督导
受控制的	此岗位有直接和详细的工作指示或者有严密的督导
标准化的	此岗位有工作规定并已建立了工作程序,接受严密的督导
一般性规范的	此岗位全部或部分有标准的规程,一般工作指示和督导
有指导的	此岗位全部或部分有先例可依或有明确规定的政策,可获督导
方向性指导的	仅就本质和规模,此岗位有相关的功能性政策,需决定其活动范围和管理方向
广泛性指导的	就本质和规模,此岗位有粗放的功能性政策和目标,以及宽泛的政策
战略性指引	有组织政策的指导、法律和社会限制、组织的委托
一般性无指引	一般情况无须指导,决策灵活度大

● 对工作结果的影响。任职者的行动对工作结果的影响是直接的还是间接的。该子因素包括四个等级:后勤、辅助、分摊、主要。详见表6-21。

表 6-21 对工作结果影响的等级划分说明

等级	说明
后勤	这些职位由于向其他职位提供信息或偶然性服务而对职位后果形成作用
辅助	这些岗位由于向其他岗位提供重要的支持服务或建议而对结果有影响
分摊	即与本组织内其他部门和个人合作,共同行动,责任分摊。此岗位对结果有明显的作用,介于辅助和主要之间
主要	此岗位直接影响和控制结果

● 财务责任。财务上能决定多大数量的金额运用。该子因素包括四个等级,即"微小的""少量的""中量的""大量的",每一级均有相应的标准,具体数量要视组织的具体情况而定。

2. 海氏评价系统指导图表

海氏评价系统将三种付酬因素的各子因素进行组合,形成三张海氏工作评价图表。技能技巧因素由专业知识技能、管理诀窍、人际技巧三个子因素构成,各子因素的分级配点如表6-22所示。解决问题的能力因素由两个部分组成,分别为思维环境和思维难度。由于人的思维不可能凭空进行,必须以事实、原理和方法作为原材料,即人必须以他已经知道的一切去思维,即使是对最具创造性的工作也是如此,因此,解决问题的能力是用其对技能技巧的利用率来衡量的,它用一个百分数来表示。各子因素的分级配点如表6-23所示。这个因素上的得分是用技能技巧上的得分乘以这个百分数而得到的。承担的职位责任因素由三个部分组成,分别为行动的自由度、职位对工作结果的影响和财务责任。各子因素的分级配点见表 6-24。每一个职位在三种付酬因素上的配点值加总即该职位的最终点数。

表 6-22 技能技巧因素

专业知识和技能 \ 人际技巧 \ 管理技巧	基本的			相关的			多样的			广博的			全面的		
	基本的	重要的	关键的	基本的	重要的	关键的	基本的	重要的	关键的	基本的	重要的	关键的	基本的	重要的	关键的
基本水平	50 57 66	57 66 76	66 76 87	66 76 87	76 87 100	87 100 115	87 100 115	100 115 132	115 132 152	115 132 152	132 152 175	152 175 200	152 175 200	175 200 230	200 230 264
初等业务水平	66 76 87	76 87 100	87 100 115	87 100 115	100 115 132	115 132 152	115 132 152	132 152 175	152 175 200	152 175 200	175 200 230	200 230 264	200 230 264	230 264 304	263 304 350
中等业务水平	87 100 115	100 115 132	115 132 152	115 132 152	132 152 175	152 175 200	152 175 200	175 200 230	200 230 264	200 230 264	230 264 304	264 304 350	264 304 350	304 350 400	350 400 460
高等业务水平	115 132 152	132 152 175	152 175 200	152 175 200	175 200 230	200 230 264	200 230 264	230 264 304	264 304 350	264 304 350	304 350 400	350 400 460	350 400 460	400 460 528	460 528 608
基本专业技术	152 175 200	175 200 230	200 230 264	200 230 264	230 264 304	264 304 350	264 304 350	304 350 400	350 400 460	350 400 460	400 460 528	460 528 608	460 528 608	528 608 700	608 700 800
熟练专业技术	200 230 264	230 264 304	264 304 350	264 304 350	304 350 400	350 400 460	350 400 460	400 460 528	460 528 608	460 528 608	528 608 700	608 700 800	608 700 800	700 800 920	800 920 1 056
精通专业技术	264 304 350	304 350 400	350 400 460	350 400 460	400 460 528	460 528 608	460 528 608	528 608 700	608 700 800	608 700 800	700 800 920	800 920 1 056	800 920 1 056	920 1 056 1 261	1 056 1 261 1 400
权威专业技术	350 400 460	400 460 528	460 528 608	460 528 608	528 608 700	608 700 800	608 700 800	700 800 920	800 920 1 056	800 920 1 056	920 1 056 1 261	1 056 1 261 1 400	1 056 1 261 1 400	1 261 1 400 1 600	1 400 1 600 1 840

表 6-23 解决问题的能力因素

思维难度(%) \ 思维环境	重复性的	模式化的	中间型的	适应性的	无先例的
高度常规性的	10～12	14～16	19～22	25～29	33～38
常规性的	12～14	16～19	22～25	29～33	38～43

续 表

思维难度(%) 思维环境	重复性的	模式化的	中间型的	适应性的	无先例的
半常规性的	14～16	19～22	25～29	33～38	43～50
标准化的	16～19	22～25	29～33	38～43	50～57
明确规定的	19～22	25～29	33～38	43～50	57～66
广泛规定的	22～25	29～33	38～43	50～57	66～76
一般规定的	25～29	33～38	43～50	57～66	76～87
抽象规定的	29～33	38～43	50～57	66～76	87～100

表 6－24 承担的职位责任因素

财务责任	大小等级	微 小				少 量				中 量				大 量			
	金额范围																
	对结果的影响	间接		直接		间接		直接		间接		直接		间接		直接	
		后勤	辅助	分摊	主要	后勤	辅助	分摊	主要	后勤	辅助	分摊	主要	后勤	辅助	分摊	主要
行动的自由度	有规定的	10 12 14	14 16 19	19 22 25	25 29 33	14 16 19	19 22 25	25 29 33	33 38 43	19 22 25	25 29 33	33 38 43	43 50 57	25 29 33	33 38 43	43 50 57	57 66 76
	受控制的	16 19 22	22 25 29	29 33 38	38 43 50	22 25 29	29 33 38	38 43 50	50 57 66	29 33 38	38 43 50	50 57 66	66 76 87	38 43 50	50 57 66	66 76 87	87 100 115
	标准化的	25 29 33	33 38 43	43 50 57	57 66 76	33 38 43	43 50 57	57 66 76	76 87 100	43 50 57	57 66 76	76 87 100	100 115 132	57 66 76	76 87 100	100 115 132	132 152 175
	一般性规范的	38 43 50	50 57 66	66 76 87	87 100 115	50 57 66	66 76 87	87 100 115	115 132 152	66 76 87	87 100 115	115 132 152	152 175 200	87 100 115	115 132 152	152 175 200	200 230 264
	有指导的	57 66 76	76 87 100	100 115 132	132 152 175	76 87 100	100 115 132	132 152 175	175 200 230	100 115 132	132 152 175	175 200 230	230 264 304	132 152 175	175 200 230	230 264 304	304 350 400
	方向性指导的	87 100 115	115 132 152	152 175 200	200 230 264	115 132 152	152 175 200	200 230 264	264 304 350	152 175 200	200 230 264	264 304 350	350 400 460	200 230 264	264 304 350	350 400 460	460 528 608

续 表

对结果的影响		间接		直接		间接		直接		间接		直接		间接		直接	
		后勤	辅助	分摊	主要	后勤	辅助	分摊	主要	后勤	辅助	分摊	主要	后勤	辅助	分摊	主要
行动的自由度	广泛性指引的	132 152 175	175 200 230	230 264 304	304 350 400	175 200 230	230 264 304	304 350 400	400 460 528	230 264 304	304 350 400	400 460 528	528 608 700	304 350 400	400 460 528	528 608 700	700 800 920
	战略性指引的	200 230 264	264 304 350	350 400 460	460 528 608	264 304 350	350 400 460	460 528 608	608 700 800	350 400 460	460 528 608	608 700 800	800 920 1 056	460 528 608	608 700 800	800 920 1 056	1 056 1 216 1 400
	一般性无指引的	304 350 400	400 460 528	528 608 700	700 800 920	400 460 528	528 608 700	700 800 920	920 1 056 1 216	528 608 700	700 800 920	920 1 056 1 216	1 216 1 400 1 600	700 800 920	920 1 056 1 216	1 216 1 400 1 600	1 600 1 840 2 112

3. 对海氏评价系统的简要评价

海氏评价系统有如下优点:一是比较详细和具体,依据的因素比较确定;二是因为这种方法依据的因素是预先确定的,所以对各种工作的评价比较客观;三是比较适合对管理类和专业技术类工作职位进行评价。

但是,海氏评价系统也存在一定的缺点,主要表现在:一是预先确定因素理解起来比较困难,不容易被人接受;二是需要真正的互动,并由进行工作评价所涉及的各个方面做出决策,因此比较费时间;三是当评价的工作发生变化时,该方法不容易做出调整;四是评价过程非常复杂,需聘请专家进行,因此成本较高。

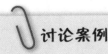

讨论案例

A公司的职位评价

A公司在进行了职位分析、获取职位信息以后,着手进行职位评价,以确定职位的相对价值。为合理地确定职位相对价值,A公司成立了以人力资源部经理为首的职位评价小组,并邀请了外部专家参与职位评价过程。在外部专家的建议下,A公司采用了国际通行的 IPE(International Position Evaluation)系统作为职位评价的工具,为保证职位评价工具的科学性,职位评价小组没有对职位评价方案进行修正。

A公司共有80多个岗位,有管理类、技术类、营销类三种职位类别,职位评价小组从中选择了约30个岗位作为标杆,标杆岗位的选择是按照纵向的职位等级进行选择,没有考虑横向职位类别的因素,这一疏漏为以后的职位评价方案的扩展埋下了隐患。

为保证职位分析的公平性,A公司采取了三方评价的方式:上级评价占40%、专家评价占30%、员工个人评价占30%,职位评价方案下发后,立刻在员工中引起了较大的反响。首先,由于事先没有进行培训,员工根本不理解进行职位评价的意义和作用;其次,由于职位评价方案过于专业,员工很难对各种描述准确把握,经过一番争论,大家渐渐对职位评价失去了信任;最后,由于个人对方案中的表述理解不一样,每个人对自己职位的评价都超出了常理,最为可笑的是,公司行政文员对自己岗位的评价得分居然超过了行政人事总监。

通过这种方式收集的职位评价数据当然不能使用,只有放弃,转而采取人力资源部门会同直接上级评价和专家评价的方式确认职位的价值。在这一评价过程中,遇到了一个致命的问题:技术类职位的评价结果平均水平低于管理类职位,这一结果显然与公司倡导的薪资分配向技术人员倾斜的导向不相符合,而按照这一结果所得的薪酬显然不利于留住这些核心人员。最终,经过七拼八凑,终于拿出了职位评价方案的初稿。

职位评价方案一经出台,立刻在员工中引起轩然大波,员工纷纷将自己职位的结果与其他职位进行对比,然后通过正式或非正式渠道向公司反映。职位评价小组经过仔细审查,发现确实有很多职位横向对比有很大的出入,在职位评价的各维度上,各职位也缺乏可比性。甚至出现在"沟通"维度上,人力资源部文员的得分比营销部主管还要高,这些明显有失公平的地方,成为本次职位评价最为薄弱的被攻击环节,直接导致了职位评价的最终失败。

案例来源:彭剑锋,《人力资源管理概论》(第二版),复旦大学出版社,2011年。

【案例讨论与练习题】

1. A公司职位评价过程中出现了哪些问题?为什么A公司的职位评价最终会失败?
2. 在职位评价中,员工应有多大的参与程度,是不是应完全公开透明?
3. 技术类职位应如何确定其报酬水平?
4. 职位评价的适用范围是什么?

本章复习题

1. 工作评价在人力资源管理与开发中的重要作用体现在哪些方面?
2. 工作评价应遵循什么原则?
3. 要素计点法的一般步骤是怎样的?
4. 简述排列法、分类法、要素计点法、要素比较法的优缺点。
5. 利用海氏工作评价系统如何进行职位评价?

第七章　工作岗位分类

【本章要点】

通过对本章内容的学习,你应了解和掌握如下问题:
- 工作分类的概念
- 工作岗位分类的功能
- 工作岗位分类的原则
- 工作岗位分类的步骤与方法

导读案例

员工岗位分类管理应切合实际

2007年以来,全国烟草行业的部分地区推行了人力资源管理改革试点,彻底打破员工原有身份界限,对全系统所有岗位进行科学分类、分级管理和动态控制,目的在于充分调动员工的工作积极性,优化人力资源配置,提高人力资源效能,促进员工的有序合理流动,实现员工与企业的共同进步。从运行一年多的情况来看,在岗位分类管理方面存在一些不科学、不合理、不切合实际的现象,从而在一定程度上影响了部分员工的工作积极性,主要表现在以下三个方面。

一是岗位等级系数确定不合理。在员工岗位等级系数设置方面,仍然实行的是等级制度,不同部门同一岗位的等级系数设置不一样。以综合管理员岗位为例:市级部门的综合管理员岗位系数均高于县级局的综合管理员。实际上,市级部门综合管理员的工作相当单纯,如卷烟营销、物流配送、专卖管理、烟叶生产等部门,他们所分管的工作都比较单一,就是本专业工作;而按照市局的职责描述,县级局办公室的综合管理员所分管的工作内容涉及政务信息、文书档案、人事劳资、政工党群等方面,工作内容相对较多,工作量相对较大,标准要求相对较高,无论从工作内容、任务轻重、质量要求等方面来讲,都要比其他部门的综合管理员复杂得多、辛苦得多。再比如物流送货员岗位,实际上他们的工作十分辛苦,每天下区乡送货,冒严寒,顶酷暑,风里来,雨里去,为广大客户服务,然而他们的岗位系数却是最低的,这是很不合理的。因此,建议应该按照岗位工作内容繁简和工作量大小来确定岗位系数,县级局的多数岗位工作量都很重,一般都是一人多岗,岗位系数的设置理所当然地应该相对高于其他部门的相同岗位,这样才能真正体现以岗定薪、按劳取酬、公平合理的原则,也才能让基层县级局的员工们心里感到平衡,他们工作起来也才有激情和热情。

二是岗位晋级条件设置不合理。按照一些地方人力资源管理改革方案的规定,初次定岗后,岗位档次实行三年一调整,这种规定显得比较僵化和死板,不能有效激发员工的岗位竞争激情和开拓创新精神,大家认为反正岗位一定就是三年,其间没有晋级上调的任何机会,干好干坏都一样,只要不违反国家法律法规和行业单位的劳动纪律、规章制度,就能保住自己的现有岗位等级,这样跟过去的"大锅饭""平均主义"没有多大区别。建议对岗位晋级条件进行修订,不设晋级时限,只要在本岗位努力工作,成绩出色,贡献突出,就应该及时得到晋级,最少应该半年调整一次,使岗位晋级更具有科学性、灵活性和可操作性,能有效激活员工的岗位竞争意识和奉献精神,让员工工作有奔头、奋斗有目标、辛苦有想头,从而使整个员工队伍充满活力,富有朝气。

三是岗位档次初次设置不合理。一些地方在员工岗位档次初次设置方面的规定显得不合理、不公平,他们明确规定对面向社会公开招聘的员工,其试用期满后经考核合格岗位确定为1档,而对按政策参加行业统一考试录用的大学本科毕业生,试用期满后经考核合格岗位确定为2档,这样对面向社会公开招聘的本科大学生就显得不公平,同样是本科大学生,同样是初次聘用,为什么确定的岗位档次却不一样?难道面向社会招聘的大学生能力就一定不如刚毕业的大学生吗?其实,面向社会公开招聘的一些大学生,他们的优势还相对高于那些刚毕业的大学生,因为他们大多已经有了几年的工作实践经历,其工作阅历、实践经验、人际关系、敬业意识等方面应该均优于刚毕业的大学生,他们的综合条件应该明显优于刚毕业的大学生。因此,建议在初次确定员工岗位档次时,应该充分考虑员工的实践经验,而不应该仅仅看重文凭和理论知识,对那些具有一定工作实践经验,能迅速适应行业新岗位工作需要的新进员工,在初次进入行业确定其岗位档次时,应该破格定位一个合理的档次,以体现员工的自身能力和价值,而不应该被条条框框所束缚,只有这样,才能引进更多行业所需要的知识型、能力型、实用型人才。

讨论题:岗位合理分类对人力资源管理实践有什么作用?

第一节 工作岗位分类概述

一、工作岗位分类的概念

1. 岗位

岗位是根据组织目标需要设置的具有一个人工作量的单元,是职权和相应责任的统一体。岗位具有如下特征：

（1）岗位是因事而设，不因人而转移。

（2）岗位数量是有限的，其数量多少取决于组织的工作任务大小、复杂程度以及经费状况等因素。

（3）由于岗位具有专业性和层次性，因此各组织机构的绝大多数岗位都可以按照一定的标准和方法进行分类。

2. 工作岗位分类

工作岗位分类是在工作设计、评价的基础上，采用一定的科学方法，按岗位的工作性质、工作特点、责任轻重、繁简难易、所需资格条件和工作环境，对企事业单位全部（规定的范围内）岗位所进行的不同类别等级的划分。工作岗位分类又称岗位分类分级或岗位归级，在国家机关公务员人事管理中被称为职位分类。企业岗位分类与国家公务员职位分类在实施步骤、操作方法等方面有很多相似之处，但也存在着一定的差异（见表 7-1）。

表 7-1　企业岗位分类与国家公务员职位分类的区别

特　征	企业岗位分类	国家公务员职位分类
适用范围	适用于实行职位分类法以外的各种企事业单位中的生产、技术、管理、市场、服务等各类岗位	适用于各级政府及其职能部门和机构中行使国家行政权力、执行国家公务的各类各级岗位
实施难度	相对比较容易	需要长时间的调整完善，是公务员管理中最为复杂的部分
强制程度	参照有关分类标准实施，但主要根据企业自身需要，也可聘请或临时雇用企业单位外的专业人员协助完成，比较灵活	国家专门机构根据有关法律、法规，按照规定程序严格实施，具有很大的强制性

工作岗位分类是工作分析的一项基础工作，其被引入工作分析中来经历了一个发展过程，特别是借鉴了公务员职位分类的经验。

职位分类首创于美国。1895 年，泰勒为了提高工作效率，通过对动作与工作时间关系的研究，提出了"工作分析""时间和动作研究"的管理方法，在美国企业组织中得到广泛推广应用，效果十分显著。与此同时，19 世纪美国城市化快速推进，社会管理日趋复杂，政府职能不断增加，政府规模不断扩大。数十万文官分布在各种行政部门和各类特设机构里，而文官管理极为混乱。此后，美国各级政府不断地进行探索、改革，试图解决文官管理中的问题。1905 年，在西奥多·罗斯福总统的倡议下，任命了一个委员会，进行职位分类及薪金分类的方案设计和研究。职位分类首先在芝加哥实施，逐渐扩大到各州、市、县。1923 年，美国第一个联邦政府职位分类法案——《联邦政府职位分类法案》经国会正式通过，职位分类在全美正式实施，之后这一职位分类法案又做了多次调整完善。美国实行职位分类制度的经验，受到许多国家政府的重视。一些国家和地区如加拿大、菲律宾、泰国、哥斯达黎加等国和我国台湾地区在借鉴美国经验的同时,根据本国(地区)具体情况对职位分类进行了各种改进,进一步推动了职位分类的发展。20 世纪 70 年代以后,随着人力资源概念的提出,从企业中发展而来的工作分析与从政府部门发展而来的职位分类也逐渐融合、统一,形成了比较完善的工作分析系统。

学习资料 7-1

深圳市事业单位职员职位分类实施办法(试行)节选

第二章 职类、职系、职级

第五条 事业单位职员职位根据工作性质划分为行政管理和专业技术两个职类。

行政管理职类划分为行政领导和行政事务两个职系。行政领导职系由单位行政领导和单位内设机构行政领导职位构成;行政事务职系由除领导职位外的行政事务工作职位构成。

专业技术职类由单位的业务工作职位构成。其职系划分,属国家规定的专业技术职务系列的,按国家规定执行;国家没有规定的,由市人事部门根据单位业务工作的实际与需要确定。

第六条 行政管理职类和专业技术职类的职位,根据事业单位的组织结构和管理的实际分别设定职级序列,两类职位的职级互不对应。

第七条 行政管理类的职位划分为十个职级,由高到低依次为第一职级、第二职级、第三职级、第四职级、第五职级、第六职级、第七职级、第八职级、第九职级、第十职级。其中行政事务职系职位的最高职级不能超过该单位的部门正职行政领导的职级。

第八条 专业技术类的职位划分为七个职级。由高到低依次为第一职级、第二职级、第三职级、第四职级、第五职级、第六职级、第七职级。

第九条 各职位的职级,根据职位的责任大小、工作难易程度和所需的资格条件及其他相应因素确定。

二、工作岗位分类的功能

工作岗位分类和工作分析与工作评价有着密切的关系,是人力资源管理的基础。总的来说,工作岗位分类有以下的作用和功能。

1. 工作岗位分类是人力资源管理科学化的基础

工作岗位分类按照工作性质、难易程度、责任轻重等因素进行类别和等级划分,对现有全部岗位进行横向和纵向排列,使庞杂的岗位职位井然有序,使得任用工作更具有针对性,有助于实现因岗择人,从而形成科学的人力资源管理结构。

2. 工作岗位分类是人力资源管理规范化的必要条件

通过工作岗位分类,企业可以制定出一套严谨、客观、准确、完整的法规文件,如岗位说明书、工作规范等,为各类人员进行招聘、考核、升降、奖惩、培训管理提供依据,有助于克服人事管理中的主观随意性。

通过工作岗位分类,可分别依据各类职位的职务内容、责任、资格制定合理的人才标准,设计命题,实行考核;通过工作岗位分类,有利于对人员升迁、晋级、调转的管理,便于掌握升迁的幅度、横向调转的可能性;通过工作岗位分类,可在进行岗位的类别和等级区分的同时,根据每一岗位职责程度的不同,明确规定不同的工资额度,将薪金与工作切实挂起钩来,形成合理的工资结构,以调动工作人员的积极性;通过工作岗位分类,可以增加人员培训的针对性和目的性。通过职位分类,明确不同职位的培训目标、培训内容和培训方法。

3. 工作岗位分类是提高组织效率的重要手段

每个组织机构以及作为组织"细胞"的岗位,都是职权和相应责任的统一体,即有权有责、权责对应。如果有责无权,那么在岗者在履行自己的职责时,由于不能拍板,就会到处请示汇报,从而延误时间,造成效率损失;如果有权无责,则可能导致在岗者独断专行,产生官僚主义和瞎指挥现象,出了问题无法问责。工作岗位分类则为实行岗位责任制提供了基础和依据,从而大大降低组织内部的交易成本,提高效率。另外,通过工作岗位分类,有利于调整编制、提高效率。当机构的任务和工作量发生变化时,根据职位分类及时调整职位编制,提高工作效率,防止人浮于事或人员短缺。通过工作岗位分类,还可以动态地调整组织结构,使组织充满活力(富于弹性)。工作岗位分类还有利于系统工作、行为科学和电子计算机在人事管理中应用,从而大大提高组织效率。

学习资料 7-2

工作岗位分类在实际运用中的局限

工作岗位分类尽管十分重要,但工作岗位分类本身也有一些局限。

(1) 在适用范围方面,岗位分类比较适用于专业性、机械性、事务性较强,易于规范化的岗位。因为这类岗位的工作较容易进行定量测量,使人们有一个标准,也便于监督和执行。对于责任较大、需要高度发挥个人主动性和创造性的岗位以及保密性岗位、临时性岗位和通用性岗位,则不太适用。

(2) 实行岗位分类,往往需要大量的人力、财力、物力以及复杂的程序技术,同时,静态的分类难以适应职位结构的不断变化。

(3)岗位分类对事不对人,因此严格限制了每个岗位的工作数量、质量、责任,并严格规定了员工的升迁调转途径,这在一定程度上阻碍了人的全面发展和人才跨职系、跨行业的流动,不利于人力资源的合理配置。

(4)在进行岗位调查时,担任各种职务的员工总是倾向于夸大自己本职的重要性和复杂程度,从而使岗位分类出现层级膨胀的趋势。

三、工作岗位分类的原则

工作岗位分类总的原则是"因事设职",具体有以下五个应遵循的原则。

1. 系统原则

不能孤立地、局部地去看单个岗位的设置,应该从系统论出发,把每一个岗位放到一个整体系统中,全面认识不同岗位之间的内在联系。一般来说,一个完善的系统都具备以下特征:

(1)目的性。任何系统都为一定的目的而存在。

(2)集合性。系统由两个或两个以上相互区别的要素组成。

(3)相关性。系统各要素间相互关联、相互作用。

(4)整体性。尽管系统每个要素都可以独立成为一个子要素,但是各个子要素间又是紧密联系不可分割的统一整体。

(5)环境适应性。任何系统都必须适应外部环境条件及其变化,与其他有关的系统相互联系,构成一个更大的系统。

任何一个组织机构都是相对独立的系统。因此,在考虑该组织机构的岗位设置时,应从系统论出发,把每一个岗位放在该组织系统中,从总体上和相互联系的视角合理分类。

2. 能级原则

"能级"是原子物理学中的概念,意指原子中的电子处在各个定态时的能量等级。岗位分类中的"能级"概念是指一个组织系统中各个岗位的功能等级。功能大的职位,在组织中所处等级就高,其能级也高;功能小的职位,在组织中的级别就低,其能级也低。岗位分类要反映不同岗位之间工作任务的繁简难易、责任轻重等,应把不同功能大小的岗位设在相应的能级位置上。能级差别要适中,既不能过大,也不应过小。过大就不能体现岗位之间的差异,不能对员工进行激励,过小则会导致管理僵化。一般来说,组织层级划分为决策层、管理层、执行层、操作层等。

3. 结构合理原则

总的来说,岗位分类的结构应以实用为第一原则,岗位分类的层次宜少不宜多。高层次岗位要相对少些,低层次岗位应尽可能多些,整个结构体系呈梯状结构。为了确保组织机构的高效率和高效益,低层次岗位数量应限制在有效完成任务所需岗位的最低数。

4. 整分合原则

一个组织必须在总体规划下明确分工,在分工的基础上进行有效的合作,以增强整个组织的作用力。在进行岗位分类时,应以组织机构的总目标和总任务为核心,从上至下层层分解为一个个具体的分目标、分任务和子目标、子任务,直至分解到每一个岗位上;然后,再对这些岗位从下至上进行综合,明确各岗位上下间的隶属关系和左右间的合作关系,以确保组织充分发挥整体功能。

5. 弹性原则

岗位分类的结构并非一成不变,一定要从组织机构的实际条件和现实情况出发,坚持岗位分级方法的实用性、适用性和可行性原则,为岗位未来的变化、调整留有余地。

学习资料 7-3

四川省事业单位岗位将实行分类分级制,以岗定薪

四川省事业单位岗位设置管理工作正式启动,这项改革将对全省136万事业单位工作人员带来直接影响。四川省事业单位岗位分为管理岗位、专业技术岗位和工勤技能岗位三种类别。其中管理岗位分8个等级,专业技术岗位分13个等级,工勤技能岗位包括技术工岗位和普通工岗位,技术工岗位分5个等级。事业单位实施岗位设置管理是推行聘用制度、实行收入分配制度改革的需要。收入分配改革实行岗位绩效工资,将岗位作为确定工资的主要依据。

四川省共有事业单位8.3万个,工作人员136万人,其中专业技术人员100万人。事业单位的管理人员、工勤技能人员已按照国家规定和本人现聘用的岗位执行了相应的岗位工资。但占事业单位人员近70%的专业技术人员,按规定执行的是本层级最低等级岗位工资。只有完成规范的岗位设置并按规定核准后,才能按明确的岗位等级执行相应工资标准。不同类别、不同等级的岗位与岗位工资对应,岗位设置、岗位聘用与工资待遇紧密结合,待遇随岗定。

这些单位包括四川省为了社会公益目的,由国家机关举办或其他组织利用国有资产举办,纳入机构编制部门管理、依法登记(备案)的事业单位,主要由财政拨款、部分由财政支持以及经费自理。使用事业编制的各类学会、协会、基金会也要实施岗位设置管理。人员对象包括建立人事关系的、在编在职的正式工作人员。管理人员(职员)、专业技术人员和工勤技能人员,都要纳入岗位设置管理。使用事业编制的各类学会、协会、基金会等社会团体中与之建立人事关系的、在编在职的正式工作人员同样纳入岗位设置管理。但是,经批准参照《中华人民共和国公务员法》进行管理的事业单位、社会团体,各类企业所属的事业单位和事业单位所属独立核算的企

业以及已经由事业单位转制为企业的单位,不纳入岗位设置管理。尚未实行聘用制度的事业单位,应按规定进行岗位设置,实行聘用制度,组织岗位聘用。

事业单位岗位设置分为管理岗位、专业技术岗位和工勤技能岗位三种类别。管理岗位是指担负领导职责或者管理任务的工作岗位;专业技术岗位是指从事专业技术工作,具有相应专业技术水平和能力要求的工作岗位;工勤技能岗位是指承担技能操作和维护、后勤保障、服务等职责的工作岗位。三个岗位总量的结构比例由政府人事行政部门和事业单位主管部门,根据事业单位的社会功能、职责任务、工作性质和人员结构特点等因素综合确定。

事业单位根据事业发展和工作需要,经批准,还可以设置特设岗位,用于聘用急需的高层次人才等。特设岗位是事业单位中的非常设岗位,不受事业单位岗位总量、最高等级和结构比例限制,岗位类别和等级根据具体情况确定。完成工作任务或特殊情况消失后,按照岗位核准权限予以核销。

长期以来,事业单位一直沿用党政机关工作人员的管理办法。随着各项改革的深入,原有的事业单位人事管理模式已不能完全适应社会事业发展需要,存在人事管理方式行政化、用人机制不灵活、身份终身制、效率不高等问题。"事业单位岗位设置管理,是事业单位工作人员由身份管理向岗位管理迈出的重要一步,打破了事业单位工作人员身份终身制。"省人事厅事业单位管理处相关负责人说,这将促进单位由固定用人转向合同用人,由身份管理转向岗位管理,实现人员能上能下,待遇能高能低。岗位设置管理最主要特点在于专业技术人员这一块,以前专业技术人员最多有5个级别,不利于激活专业技术工作人员的积极性。

岗位设置

教授也分级别拿工资。"以教授为例,他们也将实行等级划分,分级别拿工资。"据省人事厅有关负责人介绍,本次岗位设置将分为管理岗位、专业技术岗位和工勤技能岗位三种类别。管理岗位分为8级,即由高到低为3～10级职员岗位。事业单位现行的厅级正职、厅级副职、处级正职、处级副职、科级正职、科级副职、科员、办事员岗位依次分别对应管理岗位3～10级职员岗位。专业技术岗位分为13个等级,包括高级岗位、中级岗位和初级岗位。高级岗位分为7个等级即1～7级,其中,高级专业技术职务正高级岗位包括1～4级,副高级岗位包括5～7级;中级岗位分为3个等级即8～10级;初级岗位分为3个等级即11～13级,其中13级是员级岗位。工勤技能岗位的等级设置包括技术工岗位和普通工岗位。其中技术工岗位分为5个等级即1～5级;普通工岗位不分等级。事业单位中的高级技师、技师、高级工、中级工、初级工岗位,依次分别对应1～5级工勤技能岗位。

任职条件

新招人员应达大专学历以上事业单位工作人员的聘用,将根据"按需上岗、竞聘上岗、按岗聘用、合同管理"的原则确定具体岗位,明确岗位等级,并签订聘用合同。

管理岗位的职员应具有中专(中技、高中)以上学历,其中6级以上职员岗位应具有大专以上学历,4级以上职员则需本科以上,各等级职员岗位的基本任职年限也需达到最低2年以上。新招人员应具有大专以上学历。

专业技术岗位要求不仅要符合我国现行的专业技术职务评聘规定,而且实行职业资格准入控制的专业技术岗位,还应包括准入控制的要求。

工勤技能岗位中1级、2级岗位须在本工种下一级同类岗位工作满5年,并分别通过高级技师、技师技术等级考评。3级、4级岗位,则须在本工种下一级同类岗位工作满5年,并分别通过高级、中级工技术等级考核。新招聘的工勤技能人员,试用期满后可确定为5级工勤技能岗位。

收入变化、以岗定薪、岗变薪变

"根据工作年限、资历等条件的不同,同一个职位工作人员的待遇也可能不同。"省人事厅有关负责人说,事业单位岗位设置管理推行后,工作人员的收入将实行"以岗定薪、岗变薪变",一旦该岗位换人,其待遇水平依然留在原岗位。

岗位改革后的岗位工资主要体现在工作人员所聘岗位的职责和要求,根据工作人员的工作表现、资历和所聘岗位等因素,不同的岗位规定不同的起点薪级。事业单位人员岗位变动后,其新的岗位工资标准也将从变动后的下一个月开始执行。此外,按岗定薪还意味着处在同一个层次中的人,将再次产生竞争。如:专业技术人员中的中级职称,对应了8、9、10级3个岗位等级。岗位等级不同,工资待遇也不一样,同一职称的人,须从高到低竞争岗位等级。如中级职称的人将从最高的8级开始竞争,然后是9级,最后是10级。

四、工作岗位分类的步骤

工作岗位分类的步骤如下。

1. 岗位调查

岗位调查的内容包括:岗位工作内容及其特点;工作数量、处理各项工作所占的时间、工作流程和工作报酬;从事该岗位所需资格,包括年龄、性别、学历、所学专业、技能和能力素质等;该岗位与其他岗位的从属关系,以及工作环境和条件等。

岗位调查主要采取书面调查法、直接面谈法、实地观察法、综合并用法等。

2. 工作岗位的横向分类

根据岗位的工作性质及特征,将岗位划分为若干类别。

3. 工作岗位的纵向分类

根据岗位的繁简难易程度、责任轻重以及所需学识、技能、经验水平等因素,将岗位划分为若干档次级别。

4. 制定各类岗位的岗位规范

岗位规范(也称岗位说明书)是在岗位横向分类和纵向分类的基础上对每一岗位作标准化和尽可能定量化说明的书面文件。其主要内容包括:岗位名称和编码;工作概述,包括工作内容,职责与权力范围,以及与其他相关岗位之间的关系;工作标准;任职者应具备的资格条件;工资待遇、转任和升迁方向等。

5. 建立工作岗位分类图表

建立组织工作岗位分类图表,说明组织各类岗位的分布及配置情况。

第二节 工作岗位横向分类

一、工作岗位横向分类的含义

1. 相关概念

(1) 职系。

职系是由工作性质和基本特征相近似,而任务轻重、责任大小、繁简难易程度和任职要求不同的岗位所构成的岗位序列。简单地说,一个职系相当于一个专门的职业(如机械工程职系),职系是岗位分类的细类。职系是录用、考核、晋升、培训员工时,从专业性质上进行考核的依据。

(2) 职组。

职组是由工作岗位性质和特征相似相近的若干职系所构成的岗位群。职组是岗位分类中的中小类。例如,中学教师是一个职系,而教师是一个职组;医疗职系、护理职系、药理职系、理疗职系等构成了卫生职组。

(3) 职门。

职门是工作性质和特征相似相近的若干职组的集合。若干工作性质和特征相近的职组归结在一起,就构成了某一职门,凡是属于不同职门的岗位,他们的工作性质完全不同。职门是职业分类的大类。例如,教育工作者就是职门,教师是职组,中学教师是职系。

2. 工作岗位横向分类

工作岗位的横向分类就是在岗位分析的基础上,根据岗位工作性质的相似程度,将岗位区分为职门、职组、职系等类别的过程。

3. 职业分类的标准

岗位分类与职业分类密切相关。党的十一届三中全会决议明确提出:"要制定各种职业的资格标准和录用标准,实行学历文凭和职业资格两种证书制度。"《劳动法》规定:"国家确定职业分类,对规定的职业制定职业技能标准,实行职业资格证书制度。"对各行业职业进行科学分类,不仅是完善劳动力市场的重要基础工作,而且对岗位分类的科学化、规范化都具有积极的促进作用。各类职业分类标准是以企业单位、国家机关岗位分类为基础制定的,一旦这类标准建立之后,就对组织中的岗位分类起到重要的指导和规范作用,组织在进行岗位分类时,便可依据、参照或执行这些标准。目前比较权威的职业分类标准有如下六种。

(1)《国际标准职业分类》。

国际劳工组织1958年制定了《国际标准职业分类》,其修订版于1966年日内瓦第十一届劳工统计专家会议上通过,并于1968年第二次出版。《国际标准职业分类》把职业由粗至细分为四个层次,即8个大类、83个小类、284个细类、1 506个职业项目,总共列出职业1 881个。其中8个大类是:① 专家、技术人员及有关工作者;② 政府官员和企业经理;③ 事务工作者和有关工作者;④ 销售工作者;⑤ 服务工作者;⑥ 农业、牧业、林业工作者及渔民、猎人;⑦ 生产和有关工作者、运输设备操作者和劳动者;⑧ 不能按职业分类的劳动者。

(2) 加拿大《职业岗位分类词典》。

加拿大《职业岗位分类词典》是目前世界上已出版的同类工具书中篇幅最大、内容最充实的一部。不但在加拿大得到多方面的应用,并且在不同社会制度的国家中也有着广泛的通用性。该词典把分属于国民经济中主要行业的职业划分为23个主类,即① 管理行政及有关职业;② 自然科学工程和数学方面的职业;③ 社会科学及有关领域的职业;④ 宗教方面的职业;⑤ 教学有关职业;⑥ 医疗和保健方面的职业;⑦ 艺术、文学、表演艺术及有关职业;⑧ 体育及娱乐方面职业;⑨ 文书事务性工作及有关职业;⑩ 销售职业;⑪ 服务职业;⑫ 农业、园艺和畜牧职业;⑬ 渔业、捕捉及有关职业;⑭ 林业和采伐职业;⑮ 采矿和采石职业;⑯ 加工职业;⑰ 机械加工及有关职业;⑱ 产品制造、组装和修理职业;⑲ 土建行业的职业;⑳ 运输设备操作职业;㉑ 未归他类的职业;㉒ 材料搬运及有关职业;㉓ 其他手工工艺和设备操作职业。主类下分81个子类、489个细类、7 200多个职业。该词典还逐一说明了各种职业的内容及从业人员在普通教育程度、职业培训、能力倾向、兴趣、性格以及体质等方面的要求,有较大的参考价值。

(3)《国民经济行业分类和代码》。

《国民经济行业分类和代码》由国家发展计划委员会、国家经济委员会、国家统计局、国家标准局批准,于1984年发布,并于1985年实施。该标准主要按企业、事业单位、机关团体和个体从业人员所从事的生产或其他社会经济活动的性质的同一性分类,即按其所属行业分类,将国民经济行业划分为门类、大类、中类、小类四级。门类共13个:① 农、林、牧、渔、水利业;② 工业;③ 地质普查和勘探业;④ 建筑业;⑤ 交通运输业、邮电通信业;⑥ 商业、公共饮食业、物资供应和仓储业;⑦ 房地产管理、公用事业、居民服务和咨询服务业；⑧ 卫生、体育和社会福利事业；⑨ 教育、文化艺术和广播电视业；⑩ 科学研究和综合技术服务业；⑪ 金融、保险业；⑫ 国家机关、党政机关和社会团体；⑬ 其他行业。1994 年该标准进行了第一次修订，2002 年进行了第二次修订。

(4)《中华人民共和国国家标准——职业分类和代码》。

国家统计局、国家标准总局 1986 年公布了供第三次全国人口普查使用的《职业分类标准》。该标准将全国范围内的职业划分为大类、中类、小类三层，即 8 个大类、64 个中类、301 个小类。

(5)《中华人民共和国工种分类目录》。

1988 年原国家劳动部会同国务院各行业部委，组织各方面的专家、学者和技术人员，在广泛调研和充分论证的基础上，经过 4 年时间，编制完成了《中华人民共和国工种分类目录》。该目录将我国的近万个工种划分为 46 类、4 700 个。每一个工种都包括编码、工种名称、工种定义、适用范围、等级线、学徒期及熟练期等内容。该目录初步建立起行业齐全、层次分明、内容比较完整、结构比较合理的工种分类体系，为进一步做好职业分类工作奠定了坚实基础。

(6)《中华人民共和国职业分类大典》。

《中华人民共和国职业分类大典》是我国第一部对职业进行科学分类的权威性文献。1995 年 2 月，原劳动部、国家统计局和国家技术监督局联合中央各部委共同成立了国家职业分类大典和职业资格工作委员会，组织社会各界上千名专家，经过 4 年的艰苦努力，于 1998 年 12 月编制完成了《中华人民共和国职业分类大典》，并于 1999 年 5 月正式颁布实施。该大典将我国职业归为 8 个大类、66 个中类、413 个小类、1 838 个细类（职业）。8 个大类分别是：

第一大类：国家机关、党群组织、企业、事业单位负责人，其中包括 5 个中类、16 个小类、25 个细类；

第二大类：专业技术人员，其中包括 14 个中类、115 个小类、379 个细类；

第三大类：办事人员和有关人员，其中包括 4 个中类、12 个小类、45 个细类；

第四大类：商业、服务业人员，其中包括 8 个中类、43 个小类、147 个细类；

第五大类：农、林、牧、渔、水利业生产人员，其中包括 6 个中类、30 个小类、121 个细类；

第六大类：生产、运输设备操作人员及有关人员，其中包括 27 个中类、195 个小类、1 119 个细类；

第七大类：军人，其中包括 1 个中类、1 个小类、1 个细类；

第八大类：不便分类的其他从业人员，其中包括 1 个中类、1 个小类、1 个细类。

《中华人民共和国职业分类大典》是借鉴国际标准，第一次对我国社会职业进行了科学的划分和归类，全面反映了我国社会职业结构，填补了我国职业分类领域的空白，使得我国的职业分类也开始向国际职业分类接轨。

学习资料 7-4

工作岗位分类标准

01 经营管理类
0101 总裁/总经理/CEO
0102 行政总监
0103 技术总监 CTO/总工
0104 人力资源总监
0105 财务总监 CFO/总会计师
0106 首席信息官 CIO
0107 首席运营官 COO
0108 市场/营销总监
0109 联盟经理

02 公关/市场营销类
0201 公关经理
0202 公关专员
0211 市场经理/营销经理
0212 渠道经理
0213 产品/品牌经理
0214 市场助理/专员
0215 市场营销/推广/合作
0216 客户代表/营销代表
0217 市场策划
0218 市场分析/调研
0221 CI 设计与策划
0222 广告文案/媒体策划/设计

03 贸易/销售/业务类
0301 国内贸易
0302 国外贸易/涉外业务
0303 跟单员
0304 报关员

0311 销售经理/区域经理/商务经理

0312 销售工程师/销售代表

0313 销售助理/业务员

0314 商务代表/商务助理/业务助理

04 财务类

0401 财务经理/主任

0402 会计主管

0411 注册会计师

0412 会计

0413 出纳

0421 审计经理/主管/专员

0422 注册审计师

0431 统计

0432 计划

0433 稽核

0434 财务分析

0435 成本分析/核算

05 行政/人力资源管理类

0501 行政经理/主管

0502 行政专员/行政秘书/助理

0503 办公室主任

0511 人力资源经理/专员/助理

0512 培训经理/专员/助理

0513 招聘经理/专员/助理

0514 薪酬福利经理/专员/助理

0515 绩效考核经理/专员/助理

06 文职类

0601 图书情报/资料/文档管理

0602 文秘/高级文员

0603 资料/文档撰写/编辑

0611 计算机操作员/打字员/文员/校对
0612 前台/接待员/礼仪
0613 收发员/话务员/后勤
0621 英语翻译
0622 日语翻译
0623 法语翻译
0624 德语翻译
0625 韩语翻译
0626 其他语种翻译

07 客户服务类
0701 客户服务经理
0702 技术支持/客户培训
0703 售前/售后服务
0704 热线咨询
0705 客户关系处理
0706 客户分析
0707 投诉处理

08 工厂类
0801 厂长/副厂长
0802 厂务管理
0803 车间主任/拉长
0811 产品开发
0812 品质管理
0813 采购管理
0814 仓储管理
0815 物料管理
0816 设备管理
0817 安全管理
0821 配色美工
0822 计划/调度/协调员
0823 PMC/SMT 技术员

0824 生产控制文员

09 计算机/互联网类
0901 技术主管/项目经理
0902 信息经理/内容主管/栏目主持
0911 程序员/软件工程师
0912 系统集成/支持
0913 系统分析员
0914 硬件开发工程师/硬件工程师
0921 软件测试工程师
0922 硬件测试工程师
0931 网站/电子商务开发
0932 网络工程师
0933 网站策划
0934 网页设计与制作
0935 网站美工/电脑美工
0936 网站编辑
0941 数据库开发与管理
0942 系统/网络管理及维护
0943 系统/网络/信息安全
0951 多媒体设计与开发
0952 计算机辅助设计与绘图

10 电子/通信类
1001 技术主管/项目经理
1011 电子工程师
1012 无线电工程师
1013 电子元器件工程师
1014 电路设计/电子测试/半导体技术
1015 单片机/DSL/DSP/底层软件开发
1016 广播视听设备工程师
1017 电子/电器维修工程师
1018 电子测试工程师

1019 电子技术员
1021 工艺工程师
1021 仪器/仪表/测量工程师
1022 绘图工程师
1031 通信工程师

11 机械类
1101 机械工程师/模具设计
1102 机械制图工程师
1103 机械制造工程师
1104 机电工程师
1105 结构工程师
1106 注塑/电镀工程师
1111 机电技术员

12 规划/建筑/建材类
1201 城镇规划设计
1202 风景园林规划设计
1203 园艺工程师
1211 建筑设计
1212 土木建筑/工民建
1213 绘图/建筑制图
1214 结构工程师
1215 测绘工程师
1221 施工管理
1222 工程监理
1223 工程预决算
1231 装饰/安装工程师
1232 道桥设计与施工
1233 港口与航道设计与施工
1234 水电/管道工程师
1235 给排水工程师
1236 制冷暖通工程师

1237 智能楼宇设计与施工
1238 岩土工程师/地下工程
1241 安全注册主任
1242 安全员
1251 建材

13 房地产/物业管理类
1301 房地产开发/策划
1302 房地产经纪
1303 房地产评估/交易
1304 房地产销售
1311 物业管理经理/主管/主任
1312 物业管理员/助理

14 金融/经济
1401 银行会计
1402 储蓄员
1403 信贷/信贷风险控制
1404 银行国际业务
1405 投资银行
1406 外汇
1407 建筑审计
1411 证券经纪人
1412 证券投资顾问
1413 操盘手/交易员
1414 行业分析
1415 股评
1416 期货/股票经纪
1421 投资管理/顾问
1422 资产评估
1423 融资
1431 保险经纪人/保险业务员
1441 拍卖师

15 设计类
1501 平面设计
1502 动画设计
1511 产品外观设计
1512 装潢美术设计/室内外设计
1513 服装设计
1514 广告设计
1515 珠宝设计
1516 展览设计
1517 家具设计
1518 工艺品设计
1521 形象设计

16 法律类
1601 律师
1602 法律顾问
1603 法律助理

17 酒店/餐饮类
1701 酒店经理/餐馆经理
1702 大堂副理/楼面经理
1711 领班
1712 厨师
1721 服务员
1722 咨客

18 物流/交通运输类
1801 物流经理/主管
1802 货运仓储经理/主管
1811 船务
1821 运输管理/调度

19 商场类

1901 商场经理/主管
1902 业务经理/主任
1911 店面设计/陈列
1912 店长
1913 营业员/导购员/店员
1914 收银员
1915 促销员
1921 物价员

20 电气/电力类
2001 电力拖动与自动控制
2002 电机与电器
2003 电力工程师/电气
2011 电路布线设计
2012 智能大厦/综合布线/弱电
2013 灯饰研发工程师
2014 光源/照明
2015 变压器/磁电工程师
2021 家用电器研发
2022 家用电器维修

21 咨询/顾问类
2101 企业管理咨询
2102 企业管理顾问
2103 信息咨询/中介
2104 培训师

22 化工/生物类
2201 化工生产工程师
2202 精细化工工程师
2203 高分子材料工程师
2204 化工制药
2211 化验员/检验员

2212 化工生产技术员
2221 生物工程

23 文化/教育/体育类/艺术类
2301 图书情报/资料/文档管理
2311 高等教育
2312 中等教育
2313 小学教育/幼儿教育/保育员
2314 职业教育/培训/家教
2321 体育教练/健美教练
2331 模特
2332 舞蹈
2333 声乐
2334 器乐

24 医疗卫生/护理/保健类
2401 西医
2402 中医
2403 心理医生
2404 兽医/宠物医生
2405 医疗技术/医学检验师
2406 药剂师
2407 麻醉师
2411 护理人员/护士
2421 卫生防疫
2422 妇幼保健
2423 针灸推拿

25 新闻/出版/传媒类
2501 总编/主编
2502 文字编辑
2503 美术编辑/美工
2511 记者/新闻采编

2512 摄影录制

2521 节目主持/DJ/播音

2522 演员

2523 影视策划/制作

2524 音效师

26 公众服务类

2601 保安/消防员

2602 快递员

2611 旅游/导游

2612 声讯

2621 按摩师/美容/美发

2622 家政

2623 裁缝

2624 环卫工

27 印刷/染织类

2701 印刷主管

2702 印刷技工

2703 版房制版师傅

2704 晒版师

2711 染织类

28 技工类

2801 机器冷加工/车、铣、刨、磨、镗、锯等

2802 机器热加工/铸、锻、冲压、焊、金属热处理、注塑等

2803 装配工

2804 叉车工

2805 汽车修理工

2811 司机

2821 水/木/漆工

2822 电工

2823 空调工/电梯工/锅炉工

```
29   其他专业类
2901 食品类
2902 造纸类
2903 家具制造类
2904 农林牧渔/水利类
2905 地质/矿产类
2906 环境保护/监测/治理类
```

二、工作岗位横向分类的原则

工作岗位分类应遵循如下原则：

(1) 岗位分类的层次宜少不宜多。一般应控制在两个层次以下，比较复杂的大型组织单位最多也不宜超过三个层次。

(2) 大类、小类的数目多少与划分的粗细程度有关。各类组织在分类方面，应以实用为第一原则，不宜将类别划分得过细。在具体实施中，可通过控制类别的数目来限制划分的粗细程度，如限制大类不超过 4 个、小类不超过 8 个等。

(3) 直接生产人员岗位的分类应根据企业的劳动分工与协作的性质与特点来确定；而管理人员岗位的分类则应以它们具体的职能来划分。

由于不同组织的工作性质和特点相异，岗位分类并没有一套完整的体系和标准。表 7-2 是某公司设计的岗位分类标准，可供读者参考。

表 7-2　某建材企业横向岗位分类

职组（中类）	职系（小类）	岗 位 项 目
生产操作岗位	水泥及水泥制品工	水泥制造工、建筑预制件制作工、水泥配料工、水泥看磨工、水作工、水泥看风工等
	石棉及石棉制品工	石棉制品制造工、抗高温石棉制作工、抗酸石棉制作工、石棉瓦制作工等
	砖瓦制造工	采土机操作工、搅拌机操作工、制坯机操作工、烧窑工、出窑工、描瓦工等
	其他非金属矿物制品制造工	炭粉制造工、炭棒制造工、石墨制造工、石膏制造工、滑石粉制造工、炭刷制造工、云母片制造工等
	玻璃、陶瓷工	（略）

续表

职组(中类)	职系(小类)	岗位项目
辅助生产岗位	运输工	原料运输工、半成品运输工、成品运输工
	库工	原料仓库保管、半成品仓库保管、成品库保管等
	装卸搬运工	汽车装卸搬运工、火车装卸搬运工、手推车装卸搬运工等
	维修工	机械维修工、电器维修工、工具维修工、仪表维修工、砖窑维修工等
	其他辅助工	工具保管员等
后勤服务岗位	医疗卫生员工	(略)
	物业管理员工	(略)

学习资料7-5

卫生事业单位岗位设置

1. 卫生事业单位管理岗位等级设置

事业单位管理岗位是指担负领导职责或管理任务的工作岗位。管理岗位的设置要适应增强单位运转效能、提高工作效率、提升管理水平的需要。

职员岗位级别	职务
一级	
二级	
三级	厅级正职
四级	厅级副职
五级	处级正职
六级	处级副职
七级	科级正职
八级	科级副职
九级	科员
十级	办事员

2. 卫生事业单位专业技术高、中、初级岗位名称及岗位等级机构比例表

专业技术岗位是指从事专业技术工作,具有相应专业技术水平和能力要求的工

作岗位。专业技术岗位的设置要符合专业技术工作的规律和特点,适应发展社会公益事业与提高专业水平的需要。

专业技术职务及岗位			级别	结构比例
高级职务	正高级职务	特级主任医(药、护、技)师岗位	1	国家专设的特级岗位
		一级主任医(药、护、技)师岗位	2	1:3:6
		二级主任医(药、护、技)师岗位	3	
		三级主任医(药、护、技)师岗位	4	
	副高级职务	一级副主任医(药、护、技)师岗位	5	2:4:4
		二级副主任医(药、护、技)师岗位	6	
		三级副主任医(药、护、技)师岗位	7	
中级职务		一级主管医(药、护、技)师岗位	8	3:4:3
		二级主管医(药、护、技)师岗位	9	
		三级主管医(药、护、技)师岗位	10	
初级职务		一级医(药、护、技)师岗位	11	5:5
		二级医(药、护、技)师岗位	12	
		医(药、护、技)士岗位	13	
其他专业技术(次系列)职务		岗位名称和对应等级参照相关行业指导意见和标准执行,原则上沿用现行专业技术名称		

3. 卫生事业单位工勤技能岗位等级设置

工勤技能岗位是指担负技能操作和维护、后勤保障、服务等职责的工作岗位。凡是已经或者可以实行社会化服务的一般性劳务工作,不再设置相应的工勤技能岗位;暂时没有条件实行社会化服务的工勤技能岗位,严格按照岗位等级规范、技能水平和工作需要确定。

岗位等级		职务	占工勤技能岗位总量比例
技术工岗位	一级	高级技师	控制标准25%左右,其中一、二级岗位总量占5%左右,严格控制一、二级岗位数量
	二级	技师	
	三级	高级工	
	四级	中级工	
	五级	初级工	
不设等级		普通工	

三、工作岗位横向分类的步骤与方法

1. 工作岗位横向分类的步骤

岗位的横向分类是一个由粗到细的工作过程。图7-1表示在岗位分类之前,存在于一个组织当中的各种岗位分布状况,图中的方块与三角形分别代表不同性质的工作岗位。

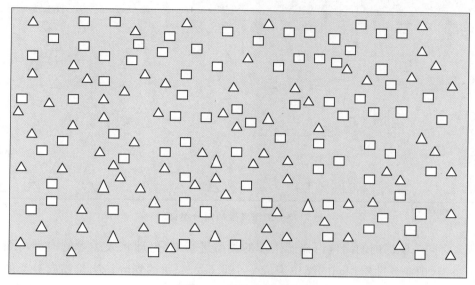

图7-1 岗位分类之前

(1) 将组织内全部岗位,按照工作性质划分为若干大类(职门)。图7-2表示将这些岗位中工作性质相近或相似的岗位归为一个职门甲或乙。

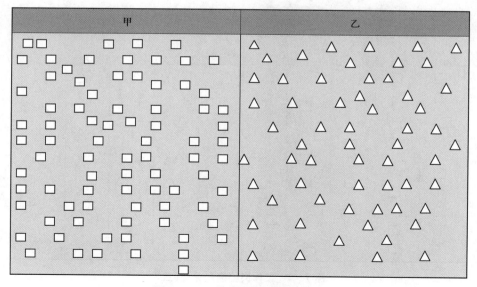

图7-2 工作岗位横向分类(一)

（2）将各职门内的岗位，根据工作性质继续划分，把业务相同的工作岗位归入相同的职组，即将大类细分为中类。如图7-3，将甲、乙两个职门继续划分为A、B、C、D四个职组。

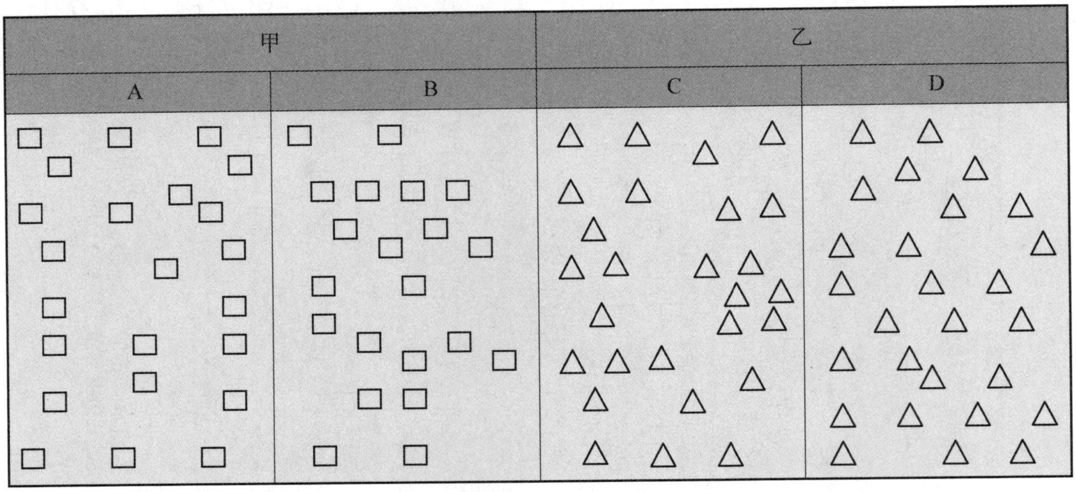

图7-3 工作岗位横向分类（二）

（3）将同一职组内的岗位再按照工作的性质进行划分，即将大类下的中类再细分为若干个小类，把业务性质相同的岗位组成一个职系。职系的划分是岗位横向分类的最后一步，每一个职系就是一种专门的职业。如图7-4所示，A-1、A-2、A-3、B-1、B-2、B-3、C-1、C-2、C-3、D-1、D-2、D-3均为专门的职业。

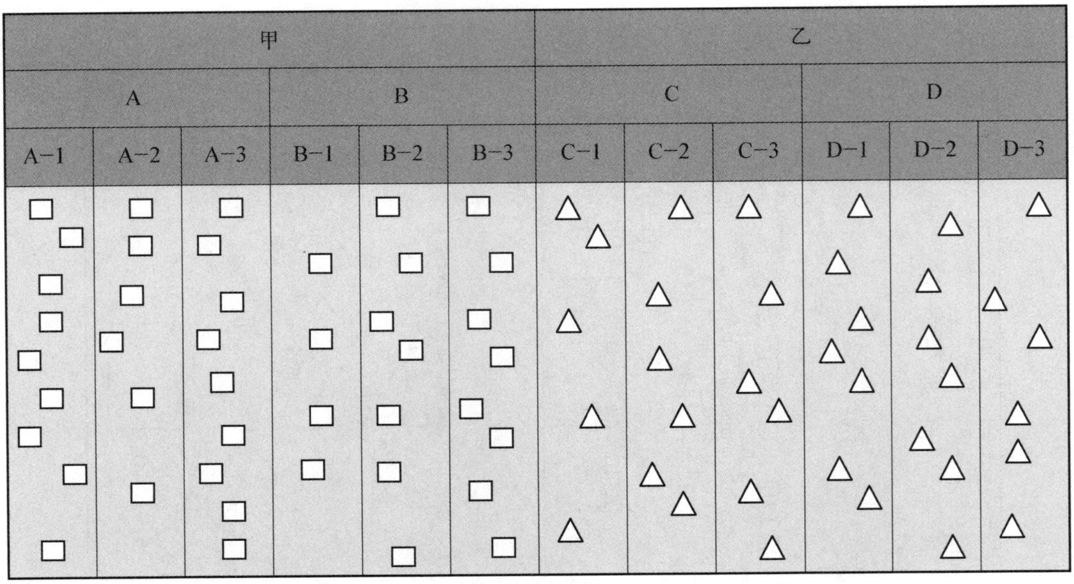

图7-4 工作岗位横向分类（三）

2. 工作岗位横向分类的方法

（1）按照岗位承担者的性质和特征，对岗位进行横向的区分。

根据岗位承担者的性质和特征，一般先将组织岗位划分为生产人员岗位和管理人员岗位两类；然后再根据任务分工、工作职责等性质，将岗位划分为若干中类或小类，划分层次最多不超过两个。以某企业为例，该企业先将全部岗位分为直接生产人员岗位和管理人员岗位两大类，然后，再按照任务分工的特点，将这两大类划分为若干中类或小类。以管理人员岗位为例，分为以下 8 个小类：生产管理类、行政管理类、市场营销类、财务审计类、工程技术类、人力资源管理类、后勤管理类及其他。以生产人员岗位为例，分为以下 3 个小类，即基本生产岗位、辅助生产岗位、生产生活服务岗位，或者划分为技术工人岗位和熟练工人岗位 2 个小类。

（2）按照岗位在组织机构运行过程中的地位和作用划分。

这种划分方法与组织自身的功能和运作方式有着密切的联系，不同的组织可能有不同的划分方法。例如，某电器公司将全部岗位分为生产岗位、技术岗位、管理岗位、市场营销和供应服务五大类岗位。对每一大类又细分为若干小类，以技术岗位为例，大致可分为科研岗位、设计岗位、工艺岗位、理化分析和质量检测岗位 5 个小类；以生产岗位为例，大致可分为车工、钳工、铣工、磨工、刨工 5 个小类。

第三节　工作岗位纵向分类

一、工作岗位纵向分类的定义

1. 相关概念

（1）岗级。

在同一职系内，工作繁简难易程度、任务大小、责任轻重以及所需人员的资格条件高低都十分相近的岗位群。岗级的岗位数量并不相同，少至一个，多至数个。例如，中学教师是个职系，而其中一级、二级、三级、四级教师则是按照上述因素对同一性质和特质的岗位进行归级，他们分别是这一职系中的四个岗级。岗级是录用、考核、培训、晋级人员时，从专业程度和能力上考虑的依据。

（2）岗等。

工作性质不同或主要职务不同，但其工作繁简难易程度、责任轻重以及所需人员的资格条件高低都十分相近的岗位群。同一岗等上职位的劳动报酬相同，所有的岗位都可以归入适当的岗等。岗等是工资、待遇、奖惩、调整的依据。

组织机构的岗等数目应由组织各自特点来确定，总的来讲，应考虑三个因素。第一，应考虑对员工行为激励的程度。岗位晋升频次的高低和晋升机会的多少，对员工的工作积极性有很大的影响。如果考虑给员工较多的晋升机会，应相对地多设岗等，让员工有工作满意感和成就感。一般来说，大企业岗等设置较多，而小企业岗等较少。第二，要体现企业员工工资管理的策略。岗等晋升一般意味着薪资的调整，所以如果薪酬设计差距小，岗等可以相应多设，反之则少设。第三，应充分考虑岗位工作任务难易程度。要从岗位工作的难易繁简程度上考虑企业全部岗位，从基层到最高层，需要区分为多少个层次。这是因为，岗等的划分如果没有与工作任务深层次的差异性相结合，那么制定统一的岗等标准也就失去了原有的意义。

2. 工作岗位纵向分类

工作岗位纵向分类是指在工作岗位横向分类的基础上，根据岗位工作繁简难易程度、责任大小以及本岗位人员任职资格条件等因素，对同一职系中的岗位划分出不同岗级，并对不同职系中的岗位进行统一规定岗等的过程。最终结果是将组织机构的所有岗位纳入由职组、职系、岗级和岗等构成的体系中。

学习资料 7-6

南方电网岗位纵向分布表

等级	领导、组织管理职系	专业技术职系	技能职系	辅助职系
22	公司总部部门正职	技术专家		
21	部门、子公司副职			
20	部门、子公司助理			
19	处长、供电企业正职	专业师	技能专家	
18	副处长			
17	处长助理			
16	科长	主责	高级作业师	
15	副科长			
14				
13		专责	作业师	
12				
11				
10		助责		
9			高级作业员	高级事务员

续 表

等级	领导、组织管理职系	专业技术职系	技能职系	辅助职系
8				
7				
6			作业员	事务员
5				
4				
3				
2			初级作业员	初级事务员
1				

二、工作岗位纵向分类的步骤

1. 岗位评价

岗位评价是纵向分类的前提，其实质是把提供不同使用价值的产品或服务的具体劳动还原为抽象劳动，进而使各种具体劳动之间可以相互比较，以确定各个岗位在组织中的相对价值。岗位评价是工作岗位纵向分类的基础性工作，有的组织机构仅仅依靠岗位头衔称谓来划分岗位等级，而不是依据岗位评估，这样有失准确和公平。例如，在某企业内部，尽管财务经理和销售经理都是经理，但他们在企业内的价值并不相同，所以岗位等级理应不同。同理，在不同企业之间，尽管都有财务经理这个岗位，但由于企业规模不同、该岗位的具体工作职责和要求不尽相同，所以岗位级别也不相同，待遇自然也不同。

2. 区分岗级、岗等

（1）区分岗级。就是将同一职系中的所有岗位，按工作轻重程度，划分为若干级别。这一程序有两个步骤。

一是运用岗位评价的结果，把同一职系的岗位按岗位相对价值（分数）的高低依次排列，高者在上，低者在下（如表7-3所示）。由于各个职系的工作性质和特点不同，岗位数目也不相同，所以各个职系里划分岗级的多少也是不等的。例如，出版业中的校对这一职系划分为一级校对、二级校对和三级校对这三个岗级；而在医疗卫生行业中，则将护理这一职系划分为主任护师、副主任护师、主管护师、护师和护士五个岗级。一个职系的岗位数目由该职系所有的岗位在工作轻重程度方面的差别程度决定。凡差别大的岗系，其划分的岗级就多；反之就少。

表 7－3　工作岗位纵向分类：划分岗级

甲						乙					
A			B			C			D		
A-1	A-2	A-3	B-1	B-2	B-3	C-1	C-2	C-3	D-1	D-2	D-3
①	①	①	①	①	①	①	①	①	①	①	①
②	②	②	②	②	②	②	②		②	②	②
③	③	③	③	③	③		③		③	③	③
④	④	④	④		④		④		④	④	④
⑤	⑤		⑤		⑤		⑤		⑤		⑤
⑥	⑥		⑥		⑥				⑥		
⑦			⑦		⑦				⑦		
			⑧		⑧				⑧		
			⑨						⑨		
									⑩		

二是将按顺序排列的岗位划分为一些小组。凡工作轻重程度（相对价值）相近的岗位就归为一组，每组就是一个岗级。同一岗级的所有岗位任职者应具备同样的资格条件，可规定同样的择优考试和实行同样的工资等级。

（2）区分岗等。就是将各职系的岗级按其岗位工作轻重程度（相对价值）高低互相比较，凡是程度相当的各岗系的岗级，列入同一阶层，这种阶层就是共同的岗等（如表 7－4 所示）。

正如上文提到的，由于岗位的复杂性和多样性，不同职系所划分的岗级数参差不齐，有的职系可能只有几个岗级，而有的职系则可能达到十几个乃至几十个岗级。各个职系中最高或最低岗级中的岗位，其工作的繁简难易程度、责任大小以及所需人员资格条件等因素也不尽相同，这样就产生一个问题，各职系的岗级既无法直接进行横向的比较，又不能在各个职系岗位之间建立起横向和纵向联系。为了便于相互关联的不同岗系之间的对比，就需要规定统一的岗等。划分岗等的意义即是将不同的职系中，工作难易繁简程度、工作责任大小、上岗资格条件等相似的岗级，纳入统一档次，使各个岗级之间打破岗系的界限，产生了纵向的平衡关系。

表 7-4 工作岗位纵向分类：统一岗等

岗等	甲						乙					
	A			B			C			D		
	A-1	A-2	A-3	B-1	B-2	B-3	C-1	C-2	C-3	D-1	D-2	D-3
1									①	①		
2							①			②		
3		①		①						③	①	
4	①	②		②				①		④		
5		③					②			⑤		
6		④		③	①			②		⑥	②	
7	②			④	②					⑦	③	
8	③	⑤		⑤	③	①		③		⑧	④	
9	④	⑥	①	⑥	④	②				⑨		
10	⑤		②	⑦		③		④		⑩		①
11			③	⑧		④						
12	⑥		④	⑨				⑤				②
13	⑦					⑤						③
14						⑥						④
15						⑦						⑤
16						⑧						

总之，将岗级归入统一的岗等，其基本目的是为了对岗位进行系统化管理。也就是说，无论某一个岗位在职系中处于什么岗级，都能和所有职系的岗级进行比较，即与自己处于同一岗等或不在同一个岗等的岗位进行对比。处于同一岗等的岗位，虽然岗位工作的性质千差万别，但工作的繁简难易程度、所承担的责任轻重程度以及对承担此岗位人员的资格条件要求等均是相似的，因而，它们的报酬待遇也应该是相同的。比如：中学教师职系中的二级教师与机械操作职系中的五级车工进行比较，虽然他们在工作性质和职务上存在很大差异，但如果从岗位对劳动者的素质能力要求以及体力脑力支出上看，他们在工作水平上存在相同或者相近似性，就可以将其划为同一岗等，规定同样的工资水平。

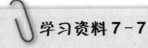

专业技术职位聘任应具备的专业技术资格条件对应表

专业技术职位	应具备的专业技术资格条件
第一职级职位	正高级专业技术资格
第二职级职位	副高级以上专业技术资格
第三职级职位	中级以上专业技术资格
第四职级职位	助理级以上专业技术资格
第五职级职位	助理级以上专业技术资格
第六职级职位	员级以上专业技术资格
第七职级职位	员级以上专业技术资格

学习资料7-8

2011年北京卫生学校校内岗位分类

一、教学岗

1. 专任教师岗：药剂学科、检验学科、中药学科、护理学科、影像学科、基础临床学科、普通一科、普通二科

2. 实验教师岗：实验中心

二、管理岗

1. 党群管理岗：党委办公室、工会、团委、离退休人员管理办公室

2. 行政管理岗：行政办公室、人事科、审计科、财务科、学生科、安全保卫科、教育教学研究督导室、招生实习就业管理办公室、宿管中心（主任及科员）、后勤管理办公室（主任及科员）、信息中心正副主任、培训中心主任

3. 教学管理岗：教务处、教学科室正副主任

4. 其他管理岗：信息中心（图书组、网络多媒体组、电教组）、后勤医务室、设备供应组（技术管理岗）

三、工勤岗

教务处教材文印组文印岗、司机班、设备供应组（工勤岗）、综合维修服务组、电工组、宿管中心宿管

管理、工勤岗位设置与编制
- 党委办公室：编制2
  主任：1，科员：1
- 行政办公室：编制3
  主任：1，科员：2
- 人事科：编制3
  科长：1，科员：2
- 审计科：编制1
  科长：1（兼职），科员：1
- 财务科：编制6
  科长：1，科员：5
- 安全保卫科：编制3
  科长：1，科员：2
- 离退休人员管理办公室：编制2
  主任：1，科员：1
- 教务处：编制11
  其中，主任：1，副主任：2，科员：7
  - 教材文印组：编制1
- 教育教学研究督导室：编制4
  主任：1，科员：1，督导员：2
- 学生科：编制27
  其中，科长：1，副科长：3
  　　 科员：5（含年级组长）
  - 宿舍管理中心：编制16
    主任（兼副科长）：1，科员：1
    宿管员：14
    专职班主任：编制2
- 工会：编制1
  干事：1
- 团委：编制2
  书记：1，干事：1
- 招生实习就业管理办公室：编制8
  主任：1，副主任：2，科员：5
- 后勤管理办公室：编制32
  其中，主任：1，副主任：2，
  　　 办公室科员：3
  - 设备供应组：7　其中，组长：1
  - 电工组：5　其中，组长：1
  - 综合维修服务组：5　其中，组长：1
  - 医务室：4　其中，组长：1
  - 司机班：5　其中，班长：1
- 培训中心：编制17
  主任：1，其他：16
- 信息中心：编制18
  其中，主任：1，副主任：1
  - 图书组：5　其中，组长：1
  - 网络多媒体组：7　其中，组长：1
  - 电教组：4　其中，组长：1

教学岗位设置与编制

- 药剂学科：编制 17
  其中，主任：1
  　　　副主任：1
  - 药品质量管理组：4　其中，组长：1
  - 药学服务组：5　其中，组长：1
  - 药物制剂组：3　其中，组长：1
  - 化学组：5　其中，组长：1

- 检验学科：编制 10
  其中，主任：1
  　　　副主任：1
  - 临检生化组：5　其中，组长：1
  - 微生物免疫组：5　其中，组长：1

- 中药学科：编制 7
  其中，主任：1
  　　　副主任：1
  - 中药鉴定组：4　其中，组长：1
  - 中药制剂组：3　其中，组长：1

- 护理学科：编制 11
  其中，主任：1
  　　　副主任：1
  - 基础护理组：5　其中，组长：1
  - 临床护理组：6　其中，组长：1

- 影像学科：编制 9
  其中，主任：1
  　　　副主任：1
  - 影像与医学设备组：6　其中，组长：1
    　　　　　　　　　　　　副组长：1
  - 电工电子组：3　其中，组长：1

- 基础临床学科：编制 15
  其中，主任：1
  　　　副主任：1
  - 医学基础组：5　其中，组长：1
  - 医学临床组：6　其中，组长：1
  - 口腔组：4　其中，组长：1

- 普通一科：编制 27
  其中，主任：1
  　　　科秘书：1
  - 语文组：5　其中，组长：1
  - 外语组/涉外英语组：13
    其中，组长：2　其中，副组长 1 人
  - 数学组：5　其中，组长：1
  - 计算机组：4　其中，组长：1

- 普通二科：编制 14
  其中，主任：1
  - 德育组：7　其中，组长：1
  - 体育组：7　其中，组长：1

- 实验中心：编制 28
  其中，主任：1
  　　　副主任：1
  - 实验一组：9　其中，组长：1，副组长：1
  - 实验二组：11　其中，组长：1，副组长：1
  - 实验三组：8　其中，组长：1，副组长：1

说明：1. 纪检专职副书记、团委书记不在竞聘岗位之列；
2. 督导员根据工作需要由个人申报，学校聘用；
3. 教学科室编制数＝教研组长＋教师（正、副主任、科秘书均含在本学科编制之内）；
4. 人事科、审计科合署办公；
5. 影像学科、护理学科各特聘专家 1 名，不占本学科岗位编制；
6. 培训中心中层以下人员编制根据培训中心工作需要设置，可在全校教职工范围内聘任。

> **讨论案例**
>
> ## 岗位之间的争执
>
> 估税员办公室每天上午8点开始一天的工作。它的全体员工包括一个主任、两个秘书、两个打字员和三个档案管理员。到去年为止,由于均衡的工作量和明确的责任,这个事务所一直运转平稳。
>
> 从去年开始,主任注意到在打字员和档案管理员之间出现了越来越多的争执。当他们找到主任讨论这些争执时,可以确定问题是由于对特定职责的误解造成的。由于打字员感到档案原有过多的空闲时间而流露出强烈的不满。另一方面,秘书和打字员必须经常加班来做他们认为档案管理员很容易承担起来的工作。而档案管理原则强调他们不应承担任何额外的职责,因为他们的薪水没有反映额外的责任。
>
> 这个办公室每个人都有一份几年前编写的一般工作说明书。然而,从那以后由于实施了计算机系统,因此绝大多数职位的本质都发生了相当大的变化,但这些变化一直未被写入书面材料之中。

【案例讨论与练习题】

1. 你建议该主任采取什么行动?
2. 你认为应该何时进行工作分析?

本章复习题

1. 简要陈述本章主要的基本概念。
2. 工作岗位分类的主要原则是什么?
3. 工作岗位分类的主要方法有哪些?
4. 概述工作岗位分类的主要步骤。
5. 工作岗位分类的主要功能有哪些?

第八章 工作分析系统评估

【本章要点】

通过对本章内容的学习,你应了解和掌握如下问题:
- 工作分析系统评估的意义、作用、原则
- 工作分析系统评价的标准和方法
- 工作分析中存在的主要问题

导读案例

职位分析真的是"雾里看花,水中望月"吗

A公司是我国中部省份的一家汽车制造公司。随着公司的发展和壮大,员工人数大大增加,组织和人力资源管理问题逐渐凸显出来。

面对这样严峻的形势,人力资源部开始着手进行人力资源管理的变革,变革首先从进行职位分析、确定职位价值开始。职位分析、职位评价究竟如何开展,如何抓住职位分析、职位评价过程中的关键点,为公司本次组织变革提供有效的信息支持和基础保证,是摆在A公司面前的重要课题。

首先,他们开始寻找进行职位分析的工具与技术。在阅读了国内目前流行的基本职位分析书籍之后,他们从其中选取了一份职位分析问卷,作为收集职位信息的工具。然后,人力资源部将问卷发放到了各个部门经理手中,同时他们还在公司的内部网上也上发了一份关于开展问卷调查的通知,要求各部门配合人力资源部的问卷调查。

据反映,问卷在下发到各部门之后,却一直搁置在各部门经理手中,而没有发下去。很多部门是直到人力部开始催收时才把问卷发放到每个人手中。同时,由于大家都很忙,很多人在拿到问卷之后,都没有时间仔细思考,草草填写完事。还有很多人在外地出差,或者任务缠身,自己无法填写,而由同事代笔。此外,据一些较为重视这次调查的员工反映,大家都不了解这次问卷调查的意图,也不理解问卷中那些陌生的管理术语,何为职责、何为工作目的,许多人对此并不理解。很多人想就疑难问题向人力资源部进行询问,可是也不知道具体该找谁。因此,在回答问卷时只能凭借自己个人的理解来进行填写,无法把握填写的规范和标准。

一个星期之后,人力资源部收回了问卷。但是,他们发现问卷填写的效果不太理想,有一部分问卷填写不全,一部分问卷答非所问,还有一部分问卷根本没有收上来。辛苦调查的结果却没有发挥它应有的价值。

与此同时,人力资源部也着手选取一些职位进行访谈。在试着谈了几个职位之后,发现访谈的效果也不好。因为,在人力资源部能够对部门经理访谈的人只有人力资源部经理一人,主管和一般员工都无法与其他部门经理进行沟通。同时,由于经理们都很忙,能够把双方凑在一起,实在不容易。因此,两个星期时间过去之后,只访谈了两个部门经理。

人力资源部的几位主管负责对经理级以下的人员进行访谈,但在访谈中,出现的情况却出乎意料。大部分时间都是被访谈的人在发牢骚,指责公司的管理问题,抱怨自己的待遇不公等。而在谈到与职位分析相关的内容时,被访谈人往往又言辞闪烁,顾左右而言他,似乎对人力资源部这次访谈不太信任。访谈结束之后,访谈人都反映对该职位的认识还是停留在模糊的阶段。这样持续了两个星期,访谈了大概1/3的职位。王经理认为时间不能再拖延下去了,因此决定开始进入项目的下一个阶段——撰写职位说明书。

可这时,各职位的信息收集却还不完全。怎么办呢?人力资源部在无奈之中,不得不另觅他途。于是,他们通过各种途径从其他公司中收集了许多职位说明书,试图以此作为参照,结合问卷和访谈收集到一些信息来撰写职位说明书。

在撰写阶段,人力资源部还成立了几个小组,每个小组专门负责起草某一部门的职位说明,并且还要求各组在两个星期内完成任务。在起草职位说明书的过程中,人力资源部的员工都颇感为难。一方面不了解别的部门的工作,问卷和访谈提供的信息又不准确;另一方面,大家又缺乏写职位说明书的经验。因此,写起来都感觉很费劲。规定的时间快到了,很多人为了交稿,不得不急急忙忙、东拼西凑了一些材料,再结合自己的判断,最后成稿。

最后,职位说明书终于出台了。然后,人力资源部将成稿的职位说明书下发到了各部门,同时还下发了一份文件,要求各部门按照新的职位说明书来界定工作范围,并按照其中规定的任职条件来进行人员的招聘、选拔和任用。但是,这却引起了其他部门的强烈反对,很多直线部门的管理人员甚至公开指责人力资源部,说人力资源部的职位说明书是一堆垃圾文件,完全不符合实际情况。

于是,人力资源部专门与相关部门召开了一次会议来推动职位说明书的应用。人力资源部经理本来想通过这次会议来说服各部门支持这次项目。结果却恰恰相反,在会上人力资源部遭到了各部门的一致批评。同时,人力资源部由于对其他部门不了解,对于其他部门所提的很多问题,也无法进行解释和反驳,因此,会议的最终结论是,让人力资源部重新编写职位说明书。后来,经过多次重写与修改,职位说明书始终无法令人满意。最后,职位分析项目不了了之。

人力资源部的员工在经历了这次失败的项目后,对职位分析彻底丧失了信心。他们开始认为,职位分析只不过是"雾里看花,水中望月"的东西,说起来挺好,实际上却没有什么大用,而且认为职位分析只能针对西方国家那些管理先进的大公司,拿到中国的企业来,根本就行不通。原来雄心勃勃的人力资源部经理也变得灰心丧气,但他却一直对这次失败耿耿于怀,对项目失败的原因也是百思不得其解。

那么,职位分析真的是他们认为的"雾里看花,水中望月"吗?该公司的职位分析项目为什么会失败呢?

问题的提出:
1. 该公司为什么决定从职位分析入手来实施变革,这样的决定正确吗?为什么?
2. 在职位分析项目的整个组织与实施过程中,该公司存在着哪些问题?
3. 该公司所采用的职位分析工具和方法主要存在着哪些问题?

第一节 工作分析系统评估概述

一、工作分析系统评估定义

评估是指以科学的方法对一件事物或一个组织依照事先设定的标准,评定其可行性和绩效,进而分析其优劣并提出改进建议的过程。

工作分析系统评估是指按照一定的标准,采用科学的方法对工作分析系统的目标和任务进行检查,以确定工作分析系统成果的一种有效性的管理方法。工作分析系统评估是一项巨大的系统工程,既涉及对工作分析信息的评估,又涉及对工作分析过程的评估,还涉及对工作分析结果的评估;既要对工作分析的真实性进行评估,又要对工作分析的实用性进行评估。

二、工作分析系统评估的意义和作用

工作分析是人力资源管理中一项基础性工作。工作分析的结果(工作描述和任职说明)广泛运用于组织机构的工作设计、甄选录用、薪酬管理、绩效评估、培训开发等各项工作,是人岗匹配管理和绩效管理的基础。分析结果的质量好坏直接影响所有后续管理工作的效率与质量,因此对工作分析的质量和效果进行鉴定必不可少。

工作分析系统评估是衡量组织工作分析效果和质量的重要途径和手段，通过对工作分析系统的评估，可以了解组织开展工作分析的价值（对员工的自我了解、自我认识的提高，对组织人力资源管理工作的促进），可以对当前工作分析系统的效果进行反馈，可以对组织工作分析系统的改进提供借鉴，从而确保工作分析真正地发挥其作为人力资源管理中的基础性作用。

应该指出的是，工作分析工作并不是一件简单的事情，它是一个相对复杂的过程。没有任何一种工作分析系统是十全十美的，一种工作分析系统可能在某些方面是优于另一种系统，而在别的方面并不如另一种系统。因此，对工作分析系统的评估应该是多方面、全方位的。无论如何，评估本身并非目的，我们并不是为了评估而评估，按照评估的结果采取有效的行动才能确实发挥评估的真正效用。

三、工作分析系统评估的基本原则

1. 科学性原则

科学性原则是指在工作分析系统评估过程中，应依据评估的目的和不同的评估对象，采用科学的定性和定量分析方法，制订符合客观实际的工作分析评估方案，从而使评估的方法和结果具有一致性，使其准确有效。为此，评估人员要进行深入的调查研究，一丝不苟地进行工作。

2. 客观性原则

客观性原则是指在工作分析系统的评估过程中，本着一切从客观实际出发的原则，在充分占有资料的基础上，通过调查研究和定量定性分析，借助于科学的评估方法和指标体系，得出能够正确反映事实的评估结论。客观性原则要求评估主体确保提出评估的工作分析结果必须是真实的。

3. 定性方法和定量方法相结合原则

定性方法和定量方法在实际操作中各有利弊。如果对工作分析系统只进行定性评估，就只能反映工作性质等特点；如果对工作分析系统只进行定量考核，就可能会忽视工作分析工作的质量特征。因此，对工作分析系统的评估不能完全依赖某一种分析方法，应将定量评估与定性评估结合起来，才能形成有效、全面的对工作分析工作的客观评价。

4. 前瞻性原则

工作分析的结果不仅要为当前的组织人力资源管理服务，还要为未来的组织发展提供参考依据，所以工作分析的结果要具有一定的前瞻性。前瞻性原则就要求在开展工作分析系统评估的时候，要从此项工作的长远发展来考虑，设定其工作条件和人员配备等方面要求，不能拘泥于现有的组织需求。

5. 静态评估与动态评估相结合原则

对工作分析系统的评估不仅包括对工作分析结果文件的静态评价，还应对它们做出符合组织实际发展的动态预测。静态评估与动态评估相结合才能使工作分析系统的评估更加全面。

6. 结果评估与过程评估相结合原则

对工作分析结果的评估固然重要,对工作分析过程的评估也不可缺少。对工作分析过程的评估是保证结果科学合理的前提,因此必须把结果评估与过程评估相结合。

7. 目标一致性原则

工作分析系统评价应与工作分析的目的和主客体的特点保持一致。这种一致性的要求不仅包括内容上的一致性,还包括完整性的含义。评估指标应该能够完整地反映工作分析工作系统运行总目标的各个方面。

8. 可测性原则

工作分析系统评估指标应该是可以测量的,这就要求工作分析的评估指标指向的变量具有变异性。在进行工作分析系统评估时还要考虑评估中可能遇到的种种现实问题,同时要注意确定获取所需信息的渠道和是否有相应的评定人能够对该指标做出评价等。评估指标本身的特征和该指标在评估过程中的现实可行性共同决定了评估指标的可测性。

四、工作分析系统评估的主体和客体

1. 工作分析系统评估的主体

工作分析系统评估是一种自上而下的集体参与的过程,一般由组织机构的最高领导层和人力资源部门规划设计,人力资源部门负责实施,专家提供咨询,相关部门负责人配合信息数据收集。工作分析系统评估的主体,即由谁来做工作分析,从实践来看,一般包括任职者、直接上级、人力资源部门、外聘专家和组织机构的高层领导等。

(1)任职者。

任职者对所从事工作的内容、地点、条件、资格是比较清楚的,由员工自己做工作分析系统评估既省时又省力。但是,受各方面条件因素的制约,任职者对自己工作的内涵不见得十分了解,甚至有不少任职者对自己工作的名称是什么、应该对谁负责都不清楚。另外,任职者拘泥于自身岗位,很难从组织整体发展的角度思考问题,因此在进行工作分析系统评估时存在着一些局限。

(2)直接上级。

任职者的直接上级最需要了解下属的工作情况,只有对任职者的工作十分清楚才能对其进行领导和绩效考核。一般来说,任职者的直接上级对所管辖部门十分了解,而且比任职者看问题更全面、深远,更注重组织机构的整体功能。因此,由任职者的直接上级对工作分析系统进行评估不仅有助于组织机构提高人力资源管理效能,而且能够增强组织机构的凝聚力和团队协作能力。

(3)人力资源部门。

工作分析系统评估是人力资源部门的当然职责,人力资源部门负责整个企事业单位人事配置工作,对每个员工与部门职责都有一定了解,由他们来做评估既权威又有利于管理工作科学化。人力资源部门能够结合组织的实际,从专业角度去考察评估工作分析系统,是工作分析系统评估的中心环节。

(4) 专家组。

专家组能从专业角度对工作分析系统进行客观、公正的评估。不过,专家对组织机构的情况并不熟悉,要花费时间与组织进行沟通,评估时应充分考虑这一点。

(5) 组织的高层领导。

高层领导从组织机构的发展考虑,一般十分关心工作分析系统的质量和效果,会支持工作分析系统的评估,但限于时间和精力,他们不会具体实施评估。

在实践中,一般是组建以人力资源部门为主导、专家为重要参考、直接上级为辅助,结合任职者参与、领导支持的评估团队,对组织机构的工作分析系统进行评估。

2. 工作分析系统评估的客体

工作分析系统评估的客体大致包括以下三个方面。

(1) 工作分析的过程信息:对工作分析过程的总体评价如何,是否满意,是否影响了他们的工作,如何改进等。工作分析过程的评估包括以下一些方面:

● 准备阶段:工作分析的目标、任务和对象是否清晰明确,工作分析小组成员的选择是否合理。

● 计划阶段:工作分析的方案是否可行,周期是否合理,成本是否适当,信息渠道是否畅通可靠,收集资料的方法是否可行有效。

● 调查阶段:工作职责、工作内容、学历水平、知识技能、心理素质、身体素质等是否清楚、准确。

● 分析总结阶段:是否有效、完整地分析了组织中的某个工作信息。

● 描述阶段:工作描述的内容是否完备、清晰,语言是否通俗易懂,是否与工作岗位性质契合。

● 运行阶段:把工作分析结果运用到组织机构的人力资源管理实践中时,是否能发挥信息提供的作用。

(2) 工作分析的内容信息:是否全面反映了工作的信息,是否体现了岗位性质与特征,是否科学界定了岗位的任职资格与条件等。工作分析的内容信息主要体现在工作分析的结果中,工作分析的结果是三份文件:工作描述书、职位说明书、任职说明书。这三份文件在组织的工作设计、甄选录用、薪酬管理、绩效评估、培训开发中发挥着非常重要的作用。

① 工作描述书是对组织中各类工作岗位的工作性质、工作标准、工作环境、工作关系等所做的统一说明,用以说明该工作岗位在组织内部的地位。其基本内容是职位基本情况、工作条件、职位关系、工作背景,对工作描述书的评估主要从这四个方面进行考察。

职位基本情况:职位名称是否完整正确,职位编号是否正确且简单,工资水平是否填写,职位地位是否完整。

工作条件:工作地点、工作环境、设备工具是否正确详细。

职位关系:本职位的晋升路线及相应条件是否正确合理。

工作背景:对工作关系的描述是否正确、全面。

② 职位说明书是对组织中各类工作岗位的工作职责和职位级别的说明,其基本内容包括工作岗位的职责和职位培训两项,对职位说明书的评估主要从这两个方面进行考察。

工作职责:是否用简练的语言描述了工作的性质、任务以及要达到的目标,各项职责是否详细、准确,各项活动的标准是否正确、清晰,工作权限是否合理,考核是否到位,是否符合组织机构的实际。

职位培训:培训项目是否合理,是否符合职位的要求。

③ 任职说明书是对组织中各类工作岗位的任职资格的说明,其基本内容包括资格要求、知识技能要求、工作态度及个人素质方面的要求,对任职说明书的评估主要是从这四个方面进行考察。

资格要求:对文化程度、专业技能、工作经历的要求是否恰当。

知识技能要求:对知识水平和知识结构的要求是否合理。

工作态度:对工作责任、工作主动性方面的要求是否合适。

个人素质:对职业素质、健康状况、身高、性别、年龄等方面的要求是否符合企业实际。

(3) 工作分析的效果信息:是否达到预期目的,是否明确了岗位职责与相互关系,是否提高了工作绩效,是否规范了岗位的操作方式与流程等。

第二节 工作分析系统评估的标准和方法

一、 工作分析系统评估应该考虑的因素

目前工作分析系统评估的理论还很不成熟,已经落后于实践,特别是工作分析系统评估的标准在学术界和实际部门还有很多的争论,直接影响了工作分析系统评估的广泛运用。因此,这里只能就工作分析系统评估的一般的、公认的标准进行阐述和说明。在评估任何一种工作分析系统时,应该考虑如下因素:

(1) 适应性:该工作分析系统与组织的内外环境以及组织目前发展阶段的适应。

(2) 匹配性:该工作分析系统与组织当前人力资源管理目的的关联度。

(3) 标准化:该工作分析系统能否适应于不同时间和不同信息来源的工作分析资料。

(4) 接受程度:工作分析系统使用者能否接受此系统以及掌握的程度。

(5) 理解程度:工作分析系统使用者、被分析者以及受分析影响者对此系统的了解

程度。

（6）培训需求：使用该工作分析系统者需要接受培训的基本要求。

（7）便利性：使用改工作分析系统的复杂程度。

（8）时间：完成整个工作分析流程需要耗费的时间。

（9）信度：不同的工作分析人员对同一工作的分析所得结果的一致性和同一工作分析人员在不同时间对同一工作的分析所得结果的一致性。

（10）效度：该工作分析系统对工作内容、工作对任职者的要求描述的准确性。

（11）成本和收益分析：该工作分析系统耗费的成本及通过该工作分析系统获得的收益。

二、工作分析系统评估的步骤

1. 工作分析的需求评估

工作分析的需求评估一般包括以下三个方面的内容。

（1）组织分析。要在给定的组织管理环境下，决定工作分析工作的侧重点，为工作分析提供可利用的信息资源。

（2）任务分析。明确工作分析的职责及各种工作对任职者的知识、技能和行为方式等方面的要求。

（3）人员分析。判断可能影响企业人力资源管理职能发挥的因素，哪些问题可以通过工作分析加以解决，确定哪些职能需要和应该提供何种的工作分析结果。

2. 工作分析的目标评估

良好的工作分析目标应该让工作分析人员和任职者知道自己做什么。工作分析目标的基本要求是明确、可检验和可衡量。

3. 工作分析工作的组织与实施评估

工作分析工作的组织与实施比较灵活多样，但不管采取什么样的形式，组织必须有专门的职能机构负责组织实施，各级领导应该密切配合，协调好各部门之间的关系，不至于因产生矛盾而使工作分析工作停滞。

4. 工作分析过程的评估

在工作分析工作开展的每一个阶段和过程中，都不能忽视对其的有效控制和评估，保证其能够按照计划顺利进行，达到预期的目标。

5. 工作分析系统成果的评估

工作分析系统是服务于组织人力资源管理职能的，工作分析系统的最终价值体现在其对组织人力资源管理的应用效果。

6. 中长期评估

从中长期来看，工作分析系统的评估还必须包括成本分析。如果成本太高，而长期没有收益，则工作分析系统是不成功的。中长期评估通常可以在工作分析结束之后半年或一年进行，可以检验工作分析对人力资源管理中的岗位评价、薪酬设计、人力资源规划、劳动关系、员工职业生涯规划等各个方面的基石力量是否发挥。

7. 工作分析总结归档评估

工作分析总结归档是工作分析的后续管理工作，它是开发企业人力资源、分析工作分析需求、总结工作分析成果、控制工作分析成本、提高工作分析质量、进行员工个人职业生涯设计等各项工作的重要依据。在工作分析总结归档过程中应建立工作质量保证体系，以工作分析负责人牵头，由人力资源部门归档保存。工作分析总结归档评估的主要指标包括工作分析文件资料保存的完整性以及工作分析文件的动态维护。

三、 信度评估

1. 信度

信度是指测量结果的一致性、稳定性及可靠性，用来衡量测量工具的稳定性或可信赖程度。其一般通过使用同一测量系统进行不同测量，分析各测量结果之间联系的方法来评价信度。如果各测量结果之间联系密切，即信度系数越高，表示该测量的结果越一致、稳定与可靠，则认为测量是可信的。评价信度的方法主要有重测信度、复本信度、内部一致性信度。

（1）重测信度。

重测信度是指以同样的测量工具、同样的测量方法，在不同的时间，测量同样的对象所获得的测量结果之间的相关程度。结果越是相关，差异越不显著，则信度越高。

（2）复本信度。

复本信度是指用两个形式不同的等价测量工具，对同一组对象在不同的时间进行测量，两次测量结果间的相关程度。

（3）内部一致性信度。

内部一致性信度是用于衡量测量系统中反映同一因素的几个或多个项目的一致性程度。其中最常见的是折半信度，折半信度是通过将测量项目分成两半，计算这两半测量之间的相关性而获得的信度系数。

2. 工作分析系统信度评估

工作分析系统的信度即不同分析人员对同一工作的分析所得到结果的一致性或同一工作分析人员在不同时间对同一工作分析所得到结果的一致性。

工作描述是工作分析的关键一环，一般来说，影响工作描述信度的因素有以下三个方面。

（1）调查所用的工具。如果问卷设计不合理、问题表述不清晰等，均会降低工作描述的信度。

（2）工作分析者自身因素。工作分析者缺乏科学严谨的态度，调查研究不细致、不深入，导致工作描述与实际情况存在较大出入，从而降低工作描述的信度。

(3) 其他因素。在进行工作分析时受到外界环境的干扰以及数据处理过程中的重大失误也会降低工作描述的信度。

近年来,国内外专家通过对工作分析系统的比较研究,大致得出如下结论:总的来说,职位分析问卷法的信度最高,临界特质分析法次之,工作要素分析法信度最低。因为,工作要素分析法的信度很大程度上要依赖于评价人的数量,而增加评价人的数量就要提高工作分析的成本。对大多数企业而言,找到多名熟悉同一工作又精通工作要素分析法的人并不容易,而且召集多名专家进行头脑风暴式的讨论需要耗费大量的时间。职位分析问卷法和临界特质分析法则不存在这方面的困难,比较少的工作分析人员就能得到较高的信度。

四、效度评估

1. 效度

效度表示一项测量的真实性和准确性程度,又称真确性,一项测量所得结果必须符合其目标才是有效的,因而效度也就是达到目标的程度。效度越高,表示测量结果越能显示出所要测量的对象的真正特征。效度是一个多层面的概念,它是相对于特定的研究目的和研究侧面而言的。因而,检验效度必须针对其特定的目的功能及适用范围,从不同的角度收集各方面的资料分别进行。美国心理学会(APA)在1974年把效度分为三种:内容效度、关联效度、结构效度。

学习资料 8-1

信度与效度的联系

(1) 信度低,效度不可能高。因为如果连测量的数据都不准确,当然也就不能有效地说明所研究的对象。

(2) 信度高,效度未必高。例如,如果我们准确地测量出某人的经济收入,也未必能够说明他的消费水平。

(3) 效度低,信度很可能高。例如,即使一项研究未能说明社会流动的原因,但它有可能很精确、很可靠地调查各个时期各种类型的人的流动数量。

(4) 效度高,信度也必然高。

(1) 内容效度。

内容效度是指实际测量到的内容与事先所想测量内容的一致性程度。实际测量到的内容与事先所想测量内容越趋于一致时,说明测量结果的内容效度越高,测量结果就越有效。内容效度的分析,主要是分析被包括在测量范围之内的所有被测行为样本(项目)是否有代表性,代表程度如何。具体包括两方面的内容:测量工具所测量的是否正是调查人员所想要测量的那种行为；测量工具是否提供了有关的那种行为的适当样本。如果经过评估，我们能够确信，包含在测量范围之内的行为样本，没有遗漏任何重要的成分，所测对象中的每一种基本成分都没有被忽略或过分地强调，则测量结果在内容上与所测对象是一致的，测量结果具有很高的内容效度。

(2) 关联效度。

关联效度表示每一个指标与某些效标变量之间的相关程度，所谓"效标"，就是为评定评估指标的效度所设定的测量标准。当我们对同一现象或概念进行测量时，我们可以使用多种测量工具，每种测量方式与效标的一致性就成为关联效度。

(3) 建构效度。

建构效度就是要了解测量工具是否反映了概念和命题的内部结构，这种方法常常在理论的研究中使用。由于它是通过与理论假设相比较来检验的，因此建构效度也被称为理论效度。

2. 工作分析系统的效度

工作分析系统的效度是指工作分析系统能在多大程度上真实地反映被分析工作的内容以及工作对任职者的要求。

以工作描述为例，对定量的工作描述的鉴定要看其描述的工作信息与现实情况的相关度，描述的工作信息与现实情况的相关性越高，则工作描述的效度越高；反之越低。鉴定工作描述效度的方法如下：

(1) 让不同的鉴定群体评价同一工作描述的有效性，再比较他们的评价结果。常见的做法是比较任职者和其主管的评价结果。

(2) 专家实地考察后再评价工作描述的有效性。

(3) 对使用不同方法得到的工作描述的效度进行相关分析。

(4) 用有关信度的数据来代替效度。

定性的工作描述的效度应从当前和长远两个方面考虑。对当前效度的考察，可参照高层领导、部门经理以及专家的意见。而对长期效度的判断，则有如下的方法：

(1) 从招聘者、培训者、人力资源主管以及其他工作分析使用者那里获取对工作描述有效性的评价。

(2) 考察人力资源管理的产出并提取与效度有关的指标。即找出工作描述在多大程度上对人力资源管理做出了积极贡献。

近年来，国内外专家通过对工作分析系统的比较研究，大致得出如下结论：在工作分析人员能够正确使用工作分析系统的前提下，职位分析问卷法、临界特质分析法、工作要素分析法均能准确地对工作进行分析，能够准确地预测具备什么样条件的任职人员能够胜任工作，具备什么样条件的人能够在该岗位上发挥出色。但是，在内容效度上，职位分析问卷法和临界特质分析法不如工作要素分析法。工作要素分析法针对特定工作岗位采取头脑风暴法，比较开放，如果正确使用，就能全面准确地反映工作岗位的基本要求，内容效度较高。职位分析问卷法和临界特质分析法虽然能对所包含的元素做出准确判断,但在内容的全面性上要稍逊一筹。不过工作要素分析法的使用成本较高,对工作分析人员素质和能力的要求也较高。

五、应用性评估

工作分析作为人力资源管理中一项基础性工作,其结果要服务于人力资源管理的某项或几项职能。总的来说,工作分析在人力资源管理的以下十个领域中会有应用。

(1) 工作描述:对工作内容、职责、权责、范围等的有效描述。

(2) 工作分类:按照一定标准将类似的工作进行分类,以便于针对不同性质的工作采取不同的管理策略。

(3) 工作设计:将原有工作包含的内容聚集在一起,根据工作的难易程度或内容性质进行重新组合。

(4) 工作评价:确定组织机构中各个工作的相对价值,作为薪酬结构的基础。

(5) 人员选用:人员招聘、甄选、配置等。

(6) 绩效评估:对员工取得的绩效进行评价。

(7) 员工培训:确定员工的需求等。

(8) 人员流动:主要是为员工设计职业生涯,并为员工职业生涯发展提供通道,便于他们合理流动。

(9) 工作效率:职责明确、人事匹配能够提高工作效率。

(10) 人员规划:确保合适的人在合适的时间地点做合适的事情。

应该指出的是,一种工作分析系统不可能在所有的应用范围内都发挥作用,不同的工作分析系统在不同的应用领域表现出不同的价值。一般情况下,工作描述、工作分类、工作评价是工作分析的直接目的,后面几种是工作分析的间接目的,不过在某些情况下,它们也可能成为工作分析的直接目的。

1983年利维等人对93位著名的工作分析专家进行了访谈,利用五分量表对TTA(临界特质分析法)、PAQ(职务分析问卷法)、JEM(工作要素分析法)、CIT(关键事件法)、TIA(任务清单分析法)、FJA(职能工作分析法)等几种工作分析系统在不同应用领域中的有效性进行了评估(见表8-1)。

表8-1 几种工作分析方法的应用性比较

	TTA	PAQ	JEM	CIT	TIA	FJA
工作描述	2.95	2.86	2.66	2.59	4.20	4.07
工作分类	3.11	3.67	2.73	2.19	4.18	3.81
工作设计	2.73	2.99	2.59	2.52	3.72	3.64

续 表

	TTA	PAQ	JEM	CIT	TIA	FJA
工作评价	2.80	3.70	2.72	2.37	3.46	3.52
人员选用	3.68	3.36	3.64	2.86	3.19	3.58
绩效评估	2.80	2.72	3.07	3.91	3.24	3.58
员工培训	2.74	2.76	3.33	3.42	3.65	3.63
人员流动	2.67	2.78	2.62	2.20	3.34	3.07
工作效率	2.34	2.46	2.30	3.08	2.79	2.81
人员规划	2.61	2.83	2.60	2.24	3.41	3.11

根据以上评估结果，大致可以得出如下结论：

（1）在工作描述方面，工作倾向的工作分析系统要优于人员倾向的工作分析系统，其中 TIA 和 FJA 的有效性明显高于其他工作分析系统；

（2）在工作分类方面，TIA 和 FJA 的有效性明显高于其他工作分析系统，CIT 的有效性明显低于其他工作分析系统；

（3）在工作设计方面，CIT 和 FJA 优于其他工作分析系统，PAQ 显著优于 JEM、CIT，但并不显著优于 TTA；

（4）在工作评价方面，PAQ、FJA 和 CIT 显著优于其他工作分析系统；

（5）在人员选用方面，JEM 和 TTA 具有明显的优势；

（6）在绩效评估方面，CIT 显著优于其他工作分析系统；

（7）在员工培训方面，TIA 和 PAQ 不如其他工作分析系统；

（8）在人员流动方面，TIA 和 FJA 比较有效，而 CIT 的效果则较低；

（9）在工作效率方面，工作倾向的工作分析系统优于人员倾向的工作分析系统；

（10）在人员规划方面，TIA 和 FJA 比较有效。

六、实用性评估

工作分析系统的实用性是指运用某种工作分析系统进行工作分析时的可行性与难易程度，一般从以下八个方面对工作分析系统的实用性进行考察。

（1）职业适用的广泛性：工作分析系统所适用的职业范围的大小（见表 8-2）。

表 8-2 工作分析方法适用的工作类型比较

工作分析方法	适用的工作类型
访谈法	各类工作
观察法	工作简单、标准化、重复性的操作类工人与基层文员

续表

工作分析方法	适用的工作类型
工作日志法	各类工作
问卷调查法	除操作类工作以外的所有工作
文献分析法	除操作类工作以外的所有工作
主题专家会议法	中高层管理职位
职位分析问卷法	操作工人与基层管理职位
管理职位分析问卷法	中高层管理职位
工作要素法	中高层管理职位
临界特质分析法	各类工作
能力要求法	各类工作
关键事件法	各类工作
职能工作分析法	各类工作
任务清单分析法	中高层管理职位

（2）被调查者接受的难易程度：工作分析系统是否容易被被调查者或者系统的使用者所接受。

（3）可操作性：该套工作分析系统在当前的环境条件下是否就能实施。

（4）工作分析人员学习该分析系统所需要的培训：工作分析人员需要多长时间，花费多大精力才能独立实施该套工作分析系统。

（5）可即时使用性：该套工作分析系统是可即时使用还是要经过单独修改才能使用。

（6）所需样本的规模：该套工作分析系统需要多大规模的被调查者或者资料信息提供者才能获取足够信息进行正确分析。

（7）成本花费：运用该套工作分析系统需要的成本，包括材料费用、培训费用、咨询费用、人工成本等。

（8）时间成本：采用工作分析系统，从收集信息到得出分析结果需要多长时间。

国外有专家对不同工作分析系统的实用性进行了评估，见表8-3。

表8-3 几种工作分析方法的实用性比较

	TTA	PAQ	JEM	CIT	TIA	FJA
职业范围	3.74	3.82	3.58	3.86	4.13	4.06
被调查者接受的难易程度	2.96	3.12	3.16	3.19	3.43	3.44
学习该分析系统所需的培训	2.73	2.78	2.68	3.04	2.39	2.57
可操作性	2.96	4.20	3.52	3.42	4.04	3.85

续 表

	TTA	PAQ	JEM	CIT	TIA	FJA
样本规模	2.78	3.53	3.16	3.04	2.08	3.26
可即时使用性	3.20	4.51	3.03	2.43	2.98	3.28
成本花费	2.87	3.29	2.96	2.57	2.29	2.80
耗费时间	3.31	3.43	2.93	2.17	1.93	2.57

注：第四行数值越高表示学习该分析系统所需的培训越少；第六行数值越高表示所需样本规模越小；第七行数值越高表示成本花费越小；第八行数值越高表示时间成本越小。

根据以上评估结果，对工作分析系统实用性的评估结果如下：

（1）对于职业范围和被调查者接受的难易程度，TIA和FJA适用的范围稍广于其他四种工作分析系统；

（2）对于学习该分析系统所需的培训，各工作分析系统之间没有明显的差异；

（3）对于可操作性，PAQ、TIA和FJA相对而言比较易于操作；

（4）对于样本规模，PAQ、JEM和FJA所需要的样本量相对较少；

（5）对于可即时使用性，PAQ的即时使用性最高，CIT最不具有即时使用性，其他四种工作分析系统之间没有明显的差异；

（6）对于成本花费，PAQ耗费的成本相对较低，TIA耗费的成本较高，其他四种工作分析系统之间没有明显的差异；

（7）对于耗费时间，PAQ、TTA耗费时间较少，TIA和CIT时间耗费较多。

一般认为，多种工作分析的组合会比单独使用一种系统更有效，最常见的系统组合是：① PAQ和TIA；② CIT和FJA；③ CIT、TIA和FJA；④ PAQ和CIT。

第三节　工作分析中存在的主要问题

目前工作分析的方法与技术在人力资源管理工作中已经有了广泛的运用，但不少组织机构对工作分析的理解和运用还有偏差，导致工作分析的重要作用难以实现，存在的问题归结起来有以下五个方面。

一、重视技术层面的设计，缺乏对组织战略目标的系统思考

工作分析存在的价值就是帮助组织实现整体目标，因此工作分析不能脱离组织的战略目标而独立存在和运行，必须与具体组织的特性及组织的发展目标结合起来。因此，工作分析需要首先确定组织的战略目标，并依据组织自身需要而确定具体的工作目标。在

战略目标和具体工作目标指导下开展的工作分析才可能运用恰当的分析技术,遇到问题时才能够以目标为导向产生解决问题的思路和办法。

然而,在实际操作过程中很多组织却将其本末倒置,往往不先去确定组织目标、战略、流程,不对业务流程以及部门与岗位设置进行充分分析和优化,而是先期投入巨大的人力、物力来进行工作分析,形成工作描述书、职位说明书、任职说明书。当所有的工作完成之后,往往又要对部门和岗位设置进行较大规模的调整,导致工作说明书经常被调整和修改,不仅增加了工作量,还降低了工作说明书的权威,从而影响了工作分析的实施效果。

二、过于强调系统性与稳定性,不能适应组织变革的需要

从人力资源管理科学化、规范化的要求出发,工作分析保持一定的稳定性是必要的,但也应当看到,随着组织面临的不确定性因素(如市场化、全球化)逐渐增加,各类组织普遍面临着经济知识化、信息化的外部环境和组织结构弹性化、制度体系创新化的内部环境,工作分析必须能体现大背景下工作内容和性质的发展变化趋势,增强对外部环境的反应能力与灵活性。特别是当前在组织中正出现一种所谓的"工作废除"趋势,这种趋势的内容就是把组织看作一个需要被人完成的工作领域,而不是由单个个人所占据的零散的工作集合。随着时间的变化,个人所扮演的角色以及工作对他的要求也在发生相应的变化。除了要担负起新职责之外,还被要求在许多不同的领导手下工作,实现各种不同的目标和履行不同的工作时间表,同时还要在不同的团队位置以及不同团队成员的多种工作时间表之间进行协调。这就要求组织必须采取更为灵活的组织结构,在编写工作描述和工作规范时需要保持更大的灵活性[①]。

而现有的工作分析系统重点关注的是仍是静态的、现实的工作岗位,工作分析者仍然持"工作是静态的和稳定的"的观点,即认为过去的工作和现在的工作性质是相似的,现有工作所需要的知识、技能和能力等信息,都可以通过对过去的工作分析中获得,认为现有工作的信息对于未来发展的人力资源管理决策是适用的。一律强调工作分析结果的系统性与稳定性,忽视了分层分类与动态管理,从而难以满足持续的组织优化的内在需要和要求,造成组织变革与职位分析的脱节。特别是组织的现实发展趋势(如规模缩减和组织再造)常常导致新的工作出现或者对现有工作进行再设计。

三、重视工作分析结果,忽视过程的管理和控制

工作分析结果是工作分析的最后一个环节,工作分析结果形成的几份文件是人力资源管理活动中不可缺少的基础性材料。但应当看到,高质量的工作分析结果建立在对准备、调查、分析、完成等几个阶段过程科学管理与控制的基础上。工作分析的过程意义还

---

① 孟海玲,"工作分析面临的问题及解决对策",《黑龙江对外经贸》,2004年第5期,第57—58页。

在于通过工作分析,帮助组织对部门、流程和岗位进行全面系统的梳理,提高组织及流程设计及职位设置的合理性,并帮助任职者形成对职位及周边环境的系统理解,这里面反映着比工作结果更多的信息,产生着比工作结果更大的价值。因此,工作分析的过程意义远远大于结果的生成意义。

然而,在实践中很多组织机构单纯用工作分析结果本身的形式质量来评价工作分析系统的价值与意义,片面追求工作分析结果表现形式上的美观,忽视了工作分析过程本身的价值,缺乏过程控制的意识与经验,导致整个工作分析过程中信息失真、分析肤浅,工作分析结果的质量大打折扣①。

四、忽视工作分析内在逻辑结果,造成工作分析与工作流程脱节

任何工作岗位都不是独立存在的,不同工作岗位都是处于一定的逻辑联系之中,这种逻辑联系都必须在一定的流程中找到自身存在的价值和理由,必须根据流程来确定工作内容与角色要求,因此工作分析必须与工作流程相呼应。对工作岗位之间内在逻辑和工作流程的把握:一是有利于形成任职者对岗位的系统理解,使任职者能够按照岗位的流程来安排工作;二是有利于把握不同工作岗位对组织整体目标的贡献,找到努力的方向和重点,优化人力资源的配置;三是有利于找到职能履行中的难点,为绩效的改进找到突破口和切入点。

很多组织在开展工作分析时,片面强调对岗位内在要素的详尽描述,而没有把握岗位与岗位之间以及岗位与周边环境之间的逻辑联系,往往把完整的工作流程分割得支离破碎,造成工作分析与工作流程的脱节。

五、工作分析技术滞后,影响了工作分析的质量

工作分析在国外各类组织中的运用已经有了相当长的一段历史,并且相关的工作分析工具、方法历经众多组织的筛选、验证和改进,已经基本成熟,然而受各种因素的制约,这些好的经验和做法并没有被国内很好地吸收,一些组织即使引进了国际先进的分析工具,却很少进行本土化和适宜性的取舍,从而忽视了由于文化背景和战略导向的不同导致的组织要素选择的不同。

更为突出的是,国内组织机构所采用的工作分析技术还处于较为初级的阶段,一方面缺乏定量化的技术与方法,另一方面对传统的定性分析方法缺乏系统性的总结。很多组织在进行工作分析时还主要依靠感觉与经验来建立标准,完全根据个人感觉和主观臆断对各个要素进行打分,使得工作分析本身的系统性、准确性和可信度受到影响,并进而使工作说明书在招聘、录用、考核等组织与人力资源管理中的运用受到限制。

---

① 彭剑锋、朱兴东、张成露,"职位分析面临的问题及应对策略",《中国人才》,2003年第7期,第29页。

以上列出的几个问题虽然不一定会集中出现,但会在不同的组织中有不同程度的暴露,值得深入思考。应该指出的是,工作分析没有一劳永逸的成果,无论做多大努力,工作分析的质量不可能全部让人满意。原因有二:一是每个岗位的员工及其直接领导,客观上总会存在理解能力、工作责任上的差距;二是管理工作带来的岗位变化随时发生,工作分析结果需要根据岗位变化进行不断调整。随着知识经济的来临和组织结构的深刻变化,工作分析还将面临许多新情况、新问题,这为工作分析的研究和实践提出了大量全新的课题。

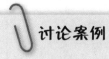

讨论案例

HI 信息服务公司的工作分析

背景资料:

赵珍大学刚毕业就顺利进入了 HI 信息服务公司(以下简称 HI)。赵珍学的是国际企业管理专业,因此公司将她安排在人力资源部工作。在应聘和面谈过程中,她了解到这是一家中外合资企业,主要的经营业务是为企业和个人提供软件和硬件。公司自 1994 年创办以来发展迅速,通过灵活的经营手段、高质量的产品、优良的售后服务,在信息激烈的竞争中保持了领先地位。HI 管理层深知,作为一个知识密集型的企业,公司的发展将主要依赖于它所拥有的人力资源,企业间的竞争实质是对高质量人力资源的竞争。因此,HI 非常注重通过提高员工的工作满意度来留住他们。迄今为止,它的人员流动率接近于行业的平均水平。赵珍为自己能进入这样一个充满活力的公司而暗自高兴。

但是,在听了人力资源部张经理的一番谈话后,赵珍原来乐观的想法改变了。张经理告诉她,尽管从表面上看,HI 有骄人的经营业绩和良好的发展势头,但是事实上公司内部的管理制度有很多不完善的地方,这些方面将严重阻碍 HI 的进一步发展。张经理举例说,作为人力资源管理基础工作之一的工作分析,在 HI 就没有得到很好的贯彻落实,随着公司规模的扩大,新的工作不断增加,但是相应的工作描述和工作说明书却没有制定,原有的一些工作描述和工作说明书的内容也与实际情况不完全匹配了。张经理交给赵珍一份旧的工作说明书(见表 8-4)。造成这种状况的原因在于,初创时期 HI 的员工较少,公司内部的局域网可以使上下级之间和同事之间非常顺畅地沟通,相对平坦的组织结构也使公司各个层次的员工很容易接近。同部门的工作经常由员工们共同协力完成,职位在 HI 被定义成员工之间关于特定技术、专业能力和兴趣的竞赛。有超常能力和成就的员工常被录用,接着很快获得晋升。正因为如此,HI 并不注重为每个工作制定工作描述和工作说明书,因为从某种意义上来说,这只是一纸空文。

表8-4 一个旧的工作说明书

职位： 　助理程序员。
基本目的： 　在项目经理的监督下进行编码、测试、调试程序。
具体任务： 　根据总体的程序设计，编码、测试、调试程序，开发程序的文件资料。 　在使用系统时培训用户，为用户提供帮助，按要求向管理者汇报服务管理信息。
任职资格： 　最低要求： 　　在相关领域里具有BA/BC学位或相当的经验和知识； 　　具备FORTRAN语言编程知识； 　　在经营和财务应用方面具有较好的工作知识。 　希望： 　　具有在分时环境下计算机编程经验； 　　在COBOL、PLI或者装配语言方面受到培训或者教育。

但是，这种忽视工作分析的做法随着HI的规模日益扩大，显示出越来越多的对人力资源管理工作的负面影响。张经理坦率地告诉赵珍，在HI人力资源部被认为是一个低效率的团队。比如说，本来通过绩效评估发现员工绩效不符合标准的原因，并安排各种培训和锻炼机会以提高这部分员工的技能，增强他们的信心，这应该是人力资源部门的职责，但是由于缺乏准确的工作描述和工作说明书，人力资源部门就没有确切的标准来衡量员工的工作绩效，因而也无从发现员工究竟哪些方面需要改进和提高，更别提为员工制订适宜的培训计划了。因此，在HI没有部门认为人力资源部的员工有这方面的能力和经验。另外，公司主要的奖励系统也似乎与人力资源部没有太大关系。甚至公司的年度职工表彰会也被认为是来自外方总经理的奖赏而与人力资源部无关。而按惯例，员工的薪酬奖励计划应该是由人力资源部根据工作描述和工作说明书，判断每个工作岗位的相对价值以后，再以此为依据制订的。

正是由于缺乏细致的工作分析，HI的人力资源部在开展工作时显得力不从心。近期，HI又将大规模招聘新员工，张经理决定先从工作分析这一环节抓起，彻底改变人力资源部以往在人们心中的形象。他将此重任交给赵珍，要求她在6个月的时间内修正所有的职位说明书。

【案例讨论与练习题】

1. 如果你是赵珍，你如何看待工作分析在人力资源管理职能中的作用？

2. 为了修改旧的工作说明书,制定新的工作说明书,你将通过哪些具体步骤开展这一工作?

3. 你将采取哪些方法收集必要的工作分析信息?

4. 请尝试修改助理程序员的工作说明书。

本章复习题

1. 工作分析系统评估的原则是什么?
2. 工作分析系统评估的主要标准有哪些?
3. 工作分析系统评估的主要方法有哪些?
4. 工作分析中经常出现的问题有哪些?

参 考 文 献

[1] 周亚新、龚尚猛:《工作分析的理论、方法及运用》,上海财经大学出版社,2007年。
[2] 张培德、胡志民:《工作分析与应用》,华东理工大学出版社,2008年。
[3] 高艳、靳连科:《工作分析与职位评价》,西安交通大学出版社,2006年。
[4] 彭剑锋:《人力资源管理概论》,复旦大学出版社,2007年。
[5] 董克用等:《人力资源管理概论(第二版)》,中国人民大学出版社,2007年。
[6] 马国辉、张燕娣:《工作分析与应用》,华东理工大学出版社,2008年。
[7] 董临萍:《工作分析与设计》,华东理工大学出版社,2008年。
[8] 彭剑锋等:《职位分析技术与方法》,中国人民大学出版社,2004年。
[9] 刘昕:《薪酬管理》,中国人民大学出版社,2007年。
[10] 萧鸣政:《工作分析的方法与技术》,中国人民大学出版社,2002年。
[11] 朱勇国:《工作分析与研究》,中国劳动社会保障出版社,2006年。
[12] 付亚和:《工作分析》,复旦大学出版社,2004年。
[13] 周文、刘立明、黄江瑛:《工作分析与工作设计》,湖南科学技术出版社,2005年。
[14] 郑晓明、吴志明:《工作分析实务手册(第2版)》,机械工业出版社,2006年。
[15] 李永杰、李强:《工作分析理论与应用》,中国劳动社会保障出版社,2005年。
[16] 武欣:《绩效管理实务手册(第2版)》,机械工业出版社,2005年。
[17] 饶征、孙波:《以KPI为核心的绩效管理》,中国人民大学出版社,2003年。
[18] 董克用:《人力资源管理概论(第2版)》,中国人民大学出版社,2003年。
[19] 姚月娟:《工作分析与应用(第4版)》,东北财经大学出版社,2017年。
[20] 方雯:《工作分析与职位评价(第1版)》,西安电子科技大学出版社,2017年。
[21] 陈俊梁,陈瑜:《工作分析理论与实务(第1版)》,中国人民大学出版社,2017年。
[22] Richard I. Henderson. *Compensation Management in a Knowledge-Based World*. New York: Prentice Hall, 2002.
[23] Sidney A. Fine & Steven F. Cronshaw. *Functional Job Analysis: A Foundation for Human Resources Management*. Lawrence Erlbaum Associates, Inc., 1999.
[24] Sidney A. Pine. *Functional Job Analysis: A Foundation for HRM*. Lawrence Erlbaum Associates, Inc., 1999.
[25] Sidney A. Pine & Manry Getkate. *Benchmark Tasks for Job Analysis-A Guide for Functional (FJA) Job Analysis Scales*. 1995.

[26] Jai Ghorpade. *Job Analysis: A Handbook for the Human Resource Director*. Prentice Hall, 1988.

[27] James P. Clifford. Manage Work Better to Better Manage Human Resources: A Comparative Study of Two Approaches to Job Analysis, *Public Personnel Management*. 1996, Vol. 25, No. 1(Spring), pp. 89–102.

[28] Edward L. Levine, Ronald A. Ash, Hardy Hall & Frank Sistrunk, Evaluation of Job Analysis Methods by Experienced Job Analysts. *Academy of Management Journal*. 1983, Vol. 26, No. 2, pp. 339–348.

[29] Roy Edwards, Job Analysis on the LMS: Mechanization and Modernization c. 1930–c. 1939. *Accounting, Business & Financial History*. Mar. 2010, Vol. 20, No. 1, pp. 91–105.

[30] T. A. Stetz, J. M. Beaubien, M. J. Keeney & B. D. Lyons, Nonrandom Response and Rater Variance in Job Analysis Surveys: A Cause for Concern? *Public Personnel Management*. Summer 2008, Vol. 37, No. 2, pp. 223–241.

[31] R. D. Goffin & D. E. Woycheshin, An Empirical Method of Determining Employee Competencies/KSAOs From Task-Based Job Analysis. *Military Psychology*. Apr. 2006, Vol. 18, No. 2, pp. 121–130.

[32] Fiona Patterson, Eamonn Ferguson & Sarah Thomas, Using Job Analysis to Identify Core and Specific Competencies: Implications for Selection and Recruitment. *Medical Education*. Dec. 2008, Vol. 42, No. 12, pp. 1195–1204.

图书在版编目(CIP)数据

工作分析:基本原理、方法与实践/潘泰萍主编. —2版. —上海:复旦大学出版社, 2018.8(2024.12重印)
(复旦卓越.21世纪管理学系列)
ISBN 978-7-309-13819-1

Ⅰ.①工… Ⅱ.①潘… Ⅲ.①人力资源管理-高等学校-教材 Ⅳ.①F243

中国版本图书馆CIP数据核字(2018)第177052号

工作分析:基本原理、方法与实践(第二版)
潘泰萍　主编
责任编辑/张美芳

复旦大学出版社有限公司出版发行
上海市国权路579号　邮编:200433
网址:fupnet@fudanpress.com　http://www.fudanpress.com
门市零售:86-21-65102580　团体订购:86-21-65104505
出版部电话:86-21-65642845
上海新艺印刷有限公司

开本 787 毫米×1092 毫米　1/16　印张 15.5　字数 313 千字
2024 年 12 月第 2 版第 5 次印刷

ISBN 978-7-309-13819-1/F·2482
定价:42.00元

如有印装质量问题,请向复旦大学出版社有限公司出版部调换。
版权所有　侵权必究